Dirk Tröndle

Mustafa Kemal Atatürk –
Mythos und Mensch

PERSÖNLICHKEIT UND GESCHICHTE

Band 169

MUSTER-SCHMIDT VERLAG GLEICHEN · ZÜRICH

Dirk Tröndle

Mustafa Kemal Atatürk

Mythos und Mensch

MUSTER-SCHMIDT VERLAG GLEICHEN · ZÜRICH

PERSÖNLICHKEIT UND GESCHICHTE

Biografische Reihe im Muster-Schmidt Verlag
Begründet von Prof. Dr. Günther Franz
Herausgegeben von Prof. Dr. Detlef Junker

Dirk Tröndle
Geboren 1967 in Stockach/Bodensee, studierte Geschichte und Kultur des Nahen Orients sowie Turkologie, Politische Wissenschaften und Volkswirtschaft in München, İstanbul und Konstanz. Er lebte und arbeitete annähernd 20 Jahre in der Türkei. Seit dem Jahr 2013 lebt und arbeitet er in Berlin.

Titelbild: Die Lammfellmütze als Ausdruck der nationalen Souveränität (1922)

Bibliografische Information der Deutschen Bibliothek.
Die Deutsche Bibliothek verzeichnet diese Publikation in der Deutschen Nationalbibliographie; detaillierte bibliografische Daten sind im Internet über http://dnb.ddb.de abrufbar.

ISBN 978-3-7881-0169-5

2. überarbeitete Auflage 2023
Verlagsgesellschaft Hans Hansen-Schmidt mbH · Gleichen · Zürich
www.muster-schmidt.de
Gesamtherstellung: Verlagsgesellschaft Hans Hansen-Schmidt mbH, Gleichen
Printed in Germany

Inhaltsverzeichnis

… für Kayra, Tuna und Aybars

Vorwort 2. Auflage

Mustafa Kemal Atatürk ist augenscheinlich die historische Person aus dem osmanisch-türkischen Kulturraum, die am besten beschrieben und erforscht ist. Seine Beiträge und Leistungen als Anführer des türkischen Unabhängigkeitskrieges, Begründer der türkischen Republik sowie als Reformer werden in zahlreichen Biografien und Geschichtsbüchern gewürdigt und sind inner- wie außerhalb der Türkei unumstritten. Er und seine Mitstreiter verordneten dem Land einen tief greifenden Modernisierungs- und Verwestlichungsprozess. Einher gingen mit dieser erziehungsdiktatorischen Transformation aber stellenweise große politische, kulturelle und gesellschaftliche Opfer für die Bevölkerung.

Die Reformen haben das Land nachhaltig auf dem Weg der Annäherung an das „Niveau der zeitgenössischen Zivilisationen", so das von Atatürk formulierte Ziel, positiv verändert. Zur Wahrheit gehört aber auch, dass insbesondere die Genese religionspolitischer Reformen die Verwerfungen zwischen Säkularen und Konservativen verstärkte. Gleichwohl die Versöhnung von Religion und Politik in der Türkei stark vorangeschritten ist, kommen diese Brüche immer wieder bei diversen innenpolitischen Debatten zum Vorschein. Lange Zeit galt das „türkische Modell" der Koexistenz von Sakralem und Säkularem als Prototyp und Blaupause für die islamische Welt. Das Scheitern des Arabischen Frühlings hat scheinbar den Niedergang des türkischen Sonderwegs und den Fall des islamischen Liberalismus eingeleitet.

Als dieses kleine Büchlein vor über einem Jahrzehnt entstand, geschah dies nicht mit der Intention, bisher unbekannte biografische Aspekte aufzudecken. Dieser kleine Band erhebt keine Ansprüche an eine wissenschaftliche Publikation und richtet sich an ein breites Publikum. Das Format der Reihe „Persönlichkeit und Geschichte" bietet kaum Raum für einen größeren Fußnotenapparat und die Quellenangaben wurden absichtlich restriktiv gehalten. Im

Mittelpunkt steht der Versuch einer Darstellung Mustafa Kemal Atatürks aus einer rein türkischen Perspektive. Neben Primärquellen wie den achtbändigen Notizbüchern Atatürks, gehört populärwissenschaftliche Sekundärliteratur von Zeitgenossen und engen Mitarbeitern zum Quellenkorpus. Der Autor ist sich bewusst, dass diese weniger ein kritisches Bild, denn den Mythos um den Staatsgründer stärken. Hinzu kommen populärwissenschaftliche Quellen, die in der Türkei der Jahre 2002 bis 2010 erschienen.

Dieses knappe Jahrzehnt der neueren türkischen Geschichte zeichnet sich durch eine starke Annäherung an die EU und ihre politischen Standards, sowie Stärkung von Minderheiten- und Grundrechten, wichtige sozial- und arbeitsrechtliche Reformen und eine starke politische und ökonomische Liberalisierung aus. Rückblickend mag man durchaus positive Auswirkungen der liberalen und marktliberalen Politik einer in jener Phase islamdemokratisch agierenden Regierungspartei AKP (*Adalet ve Kalkınma Partisi* – Partei für Gerechtigkeit und Entwicklung) und der Erfüllung der Kopenhagener Kriterien auf die Weiterentwicklung der von Atatürk propagierten zivilisatorischen Ziele attestieren. So war es die AKP, die durch grundlegende Verfassungsreformpakete u. a. das zivile Gesetzbuch modernisierte und damit die rechtliche Gleichstellung von Frau und Mann stärkte.

Eine Ironie der Geschichte, dass gerade konservative, an das Osmanische Reich rekurrierende und damit auch in Teilen rückwärtsgerichtete Kräfte, die durch religionspolitische und andere Reformen der Republik ins politische Abseits manövriert werden sollten, in diesen Jahren eine teilweise Finalisierung des Erbes von Atatürks anstrebten. Spätestens mit dem Präsidialsystem wurden in den letzten Jahren viele Freiheiten und demokratische Standards wieder zurückgenommen und ein autokratischer Staat installiert. Trotzdem werden die AKP und Präsident Erdoğan im Jahr 2023 die Feierlichkeiten zum hundertjährigen Bestehen der Republik Türkei nutzen, um ihre Politik der letzten Jahrzehnte als Erfolg zu feiern.

Der Liberalisierungsprozess hatte auch Auswirkungen auf die Atatürk-Historiografie in der Türkei. So erschienen in jenen Jahren viele populärwissenschaftliche Atatürk-Beschreibungen, die kritischer als die offizielle Erzählung bisher, politische Entscheidungen Atatürks infrage stellen oder verstärkt den Privatmann in den Fokus heben. Die Phase des Postkemalismus begann jedoch spätestens am Beginn der 1950er Jahre und den Regierungen der Demokratischen Partei *(Demokrat Partisi – DP)* sowie mit der Rücknahme einiger kemalistischer Reformen. Die teilweise Wiederbesetzung des öffentlichen Raums durch religiöse Symbole wie das Kopftuch sind hier insbesondere zu nennen.

Das öffentliche Erscheinungsbild Atatürks hat sich seit den 1990er Jahren stark gewandelt. Atatürk wurde in der offiziellen Geschichtsschreibung bis in die 1990er Jahre überwiegend als Soldat und Staatsmann mit ernsten Charaktereigenschaften dargestellt; das zeigt sich an den Bildern in türkischen Amtsstuben, die überwiegend in Einklang mit diesen Charaktereigenschaften stehen. Neben die Bilder und Elemente einer „offiziellen" Atatürk-Erinnerungskultur im öffentlichen Raum wie Monumente, Büsten, Straßen, Staudämme, Parkanlagen, Krankenhäuser und Kulturzentren traten andere populärkulturelle Bilder. Anstelle des unnahbaren Staatsmanns erscheint Atatürk als Mensch, der lächelt, mit Kindern spielt und Sport treibt sowie mit Frauen tanzt. Dieses neue Bild hat zeitgenössische Formen der Atatürk-Verehrung befördert. So trägt man heute T-Shirts oder trinkt Kaffee aus Bechern mit dem Atatürk-Konterfei, klebt seine Unterschrift auf Autos oder lässt sich diese gleich als Tattoo stechen.

Dieses Büchlein versucht diesen Entwicklungen Rechnung zu tragen. Die 2. Auflage ist überdies leicht überarbeitet. Neben einem neuen Vorwort wurde der Text orthografisch überarbeitet und den neuen Rechtschreibregeln angepasst. Neben Rechtsschreibefehlern wurden einige historische Ungenauigkeiten glatt gezogen. Mein Dank gebührt an dieser Stelle einigen wissenschaftlichen Rezensenten, die nach der Publikation Anfang 2012 das Büchlein einem kritischen Blick unterwarfen. Die zentralen Kritikpunkte wurden überprüft und angepasst. Der grundlegenden Kritik, wie der Vorwurf, dass dieses Büchlein sich nicht entscheiden konnte zwischen einem populärwissenschaftlichen oder wissenschaftlichen Anspruch oder der Quellenkritik, kann auch diese 2. Auflage nicht gerecht werden. Ausländische Standardwerke der Atatürkforschung blieben bewusst unberücksichtigt. Das Büchlein sollte ursprünglich im Jahre 2009 zur Frankfurter Buchmesse erscheinen als die Türkei Gastland war, und der Text war Ende 2007 Großteils abgeschlossen. Dieses kleine Büchlein erhebt keine Ansprüche auf ein wissenschaftliches Standardwerk, sondern ist eine Hommage an die Stadt Ankara und den türkischen Staatsgründer, in der der Autor mit seiner Familie fast 13 Jahre leben durfte.

Dirk Tröndle

Einleitung

„Ich bin Türke, ich bin aufrichtig und strebsam. Mein Grundsatz lautet: die Kleinen zu schützen, die Erwachsenen zu achten, meine Heimat und meine Nation mehr zu lieben als mich selbst. Mein Ideal lautet: emporzusteigen und voranzuschreiten. Heda großer Atatürk; ich leiste den Eid auf dem von Dir geebneten Weg und Deinem vorgewiesenen Ziel unentwegt zu folgen. Mein Dasein sei ein Geschenk für die türkische Existenz. Wie glücklich, wer von sich sagt, ‚Ich bin Türke'!"[1]

So lautet der Eid, mit dem türkische Grundschüler (seit 1997 einschließlich der Sekundarstufe I bis Klasse 8) täglich ihren Schultag beginnen. Im Jahr 1933 hatte der damalige Erziehungsminister *Reşit Galip* den Text vorbereitet; zum Teil soll er auf eine Niederschrift Mustafa Kemal Atatürks selbst zurückgehen. Die Schulkinder stehen dabei in Reih und Glied. Lehrer und Eltern in den Korridoren gedenken ebenfalls ehrfürchtig dem Gründer der modernen Republik Türkei. Diese Faszination, die in türkischen Bildungseinrichtungen um Mustafa Kemal Atatürk und sein Lebenswerk sehr lebendig gehalten wird, begann mein Interesse zu wecken, als unsere Kinder in die türkische Schule kamen. Ein nicht ebenso wenig bedeutendes Motiv für dieses Buch stellt die neuere Geschichte Ankaras dar, die von 2000 bis 2013 unsere Heimat war. Obschon sie als antikes Ancyra (Angora) auf eine tausendjährige Geschichte zurückblicken kann, geriet sie erst mit dem Wirken Mustafa Kemal Atatürks und der Entscheidung für Ankara als neue Hauptstadt im Jahre 1923 in den Mittelpunkt der neueren türkischen Geschichte. Die Strahlkraft der kemalistischen Revolutionen spiegelt sich in der fulminanten Entwicklung dieser Stadt wider.

Mustafa Kemal Atatürk ist Begründer der modernen türkischen Republik, und er ist allgegenwärtig. In jeder noch so kleinen türkischen Stadt sind Straßen und Plätze nach ihm benannt, und auf Straßenkreuzungen und in Parkanlagen stehen Denkmäler und Statuen.

Zur obligatorischen Ausstattung eines jeden Klassenzimmers und jeder Amtsstube gehört ein Bild des Staatsgründers. Mustafa Kemal Atatürk und sein Erbe definieren die wichtigsten Existenzgrundlagen der modernen Türkei; selbst bei der in der Türkei und im Ausland viel diskutierten Frage nach einer EU-Mitgliedschaft des Landes. Der anvisierte EU-Beitritt der Türkei stimmt weitgehend mit der politischen Vision Atatürks überein, in deren Zentrum die Ausrichtung der jungen Republik und der nationalen Kultur an den Errungenschaften der westlichen Zivilisationen steht.

Mustafa Kemal Atatürk und sein Erbe sind per Gesetz geschützt. Das „Gesetz über Straftaten gegen das Ansehen Atatürks" *(Atatürk Aleyhine İşlenen Suçlar Hakkında Kanun)* aus dem Jahr 1951 war eine Reaktion auf die zunehmenden Zerstörungen von Statuen und Denkmälern des Staatsgründers in jenen Jahren. Das Gesetz wird in neuerer Zeit aber zweckentfremdet, wenn Gerichtsverfahren gegen Personen eröffnet werden, die in schriftlicher oder mündlicher Form Aussagen über Mustafa Kemal Atatürk getroffen haben, die konträr zur offiziellen Geschichtsschreibung stehen. Der Ankaraer Politikwissenschaftler Prof. Dr. Atilla Yayla hatte bei einer öffentlichen Veranstaltung Ende 2006 die frühen Jahre der Republik als wenig demokratisch bezeichnet, den Personenkult um Mustafa Kemal Atatürk kritisiert und vom Staatsgründer etwas respektlos als „diesem Mann" gesprochen. Die Journalistin İpek Çalışlar hatte in ihrem mit dem Titel „Mrs. Atatürk – Latife Hanım: Ein Porträt" ins Deutsche übersetzte Buch, den Staatsgründer als „Angsthasen" dargestellt, der sich in einem Tschador verkleidet aus lebensbedrohlicher Lage zu retten wusste. Beide wurden v.a. aufgrund dieses Gesetzes angeklagt. Während Çalışlar freigesprochen wurde, verhängte der Richter bei Yayla eine 15-monatige Bewährungsstrafe, mit der Auflage, für die Dauer von zwei Jahren öffentlich nicht über Atatürk zu sprechen oder zu schreiben.

Die offizielle türkische Geschichtsschreibung zeichnet ein sehr unkritisches, beschönigendes und durchaus verherrlichendes Bild von Mustafa Kemal Atatürk. In jüngster Zeit stehen aber auch vermehrt bisher unbekannte oder nebensächliche Bilder und Facetten des Staatsgründers im Blickfeld. Eine jüngere Generation von Wissenschaftlern und Autoren hat begonnen, bisherige Erkenntnisse zumindest vorsichtig zu hinterfragen und Primärtexte, wie die Rede Atatürks *(Nutuk)*, mit kritischeren Augen zu lesen. Neuerdings kommt es weiterhin zu Tabubrüchen, wie bei der seit Jahren andauernden Reformdebatte um eine neue „zivile" Verfassung. Mitglieder einer von der Regierung eingesetzten Expertenkommission forderten zwischenzeitlich gar, den „Kemalismus" als Staatsdoktrin aus dem Verfassungstext ganz zu streichen. Im Spiel- und Dokumentarfilm „Mustafa" des Journalisten und Autors Can Dündar (Can Dündar lebt aufgrund der politischen Situation und eines Strafverfahrens wegen Spionage und Verrat von Staatsgeheimnissen seit Jahren im Berliner Exil.), der Ende 2008 in die Kinos kam, wurde Mustafa Kemal Atatürk u. a. als einsamer, zum Schluss ängstlicher Mensch dargestellt, der in Phasen seines Lebens täglich eine große Flasche Rakı getrunken habe. Über den Film wurde in der türkischen Öffentlichkeit viel diskutiert, und gegen Dündar wurde eine Strafanzeige gestellt. Begründung: der Film höhle die Werte der Republik, die Einheit der Türkei und das Ansehen Atatürks aus, und dies führe unweigerlich zu einer Spaltung des Landes. Der Film ist auch aus dem Grund bedeutend, weil sich bisher selbst Hollywood nicht an den Stoff zu wagen schien. Obschon in den letzten 60 Jahren für ein solches Projekt Schauspieler wie Douglas Fairbanks Jr., Yul Brynner, Charlton Heston, Omar Scharif, Kirk Douglas, Marlon Brando, Robert de Niro, Kurt Russel, Antonio Banderas, Jude Law und zuletzt Kevin Costner als potenzielle Atatürk-Darsteller gehandelt wurden. Staatspräsident Kenan Evren hatte Anfang der 80er Jahre eigens die Tabaksteuer erhöht; mit den Mehreinnahmen sollte ein solcher Film finanziert werden. Der Filmkritiker Atilla Dorsay bewertete diesen Prozess folgendermaßen:

> *„So wie Filme über Ghandi oder Che Guevara gedreht wurden, ist es notwendig, dass wir auch einen Atatürk-Film drehen. Jeder hat ein Bild von Atatürk in seinem Kopf, wir müssen den Meinungen Respekt zollen. Er trank Alkohol, aber nie hat ihn jemand betrunken gesehen. Er hatte natürlich auch Beziehungen zu Frauen. Meiner Ansicht nach ist das*

nicht das Problem, sondern ideologisch begründete Schwierigkeiten. Wir sind eine sehr starre Gesellschaft und nicht offen für Kritik.“[2]

Im vorliegenden Buch soll neben dem Offizier und Staatsmann auch dem Zivilisten und Privatmenschen Atatürk Raum verliehen werden. Diesem Buch liegt die Intention zugrunde, Mustafa Kemal Atatürk im Spiegel gegenwärtiger und zeitgenössischer türkischsprachiger Literatur nachzuzeichnen. Bezug genommen wird auf wissenschaftliche Publikationen, populärwissenschaftliche Literatur, wie auch Biografien und Memoiren seiner Zeitgenossen. Die vorliegende Biografie behandelt die Grundzüge des Wirkens und Lebens Mustafa Kemal Atatürks.

Ein großer Dank gebührt Dr. Stefan Hibbeler (İstanbul) und dem Historiker Dr. Josef Ackermann (Göttingen) für die unzähligen Anregungen, Anmerkungen und Korrekturvorschläge. Dr. Josef Ackermann war im Jahre 2006 der Initiator für dieses Buch. Ebenfalls danken möchte ich Frau Dr. Kathrin Misera-Lang (Ankara/Berlin) für ihre Durchsicht des Manuskripts mit vielen hilfreichen Ratschlägen. Das Bildmaterial wurde überwiegend von den Atatürk-Alben der Webseite des türkischen Staatspräsidentenamtes (www.tccb.gov.tr) übernommen. Eine Auflistung der Bildquellen findet sich im Anhang. Verantwortlich für die Inhalte dieses Buches ist ausschließlich der Autor.

Vorbemerkungen und Literaturangaben

In der Türkei kann nach wie vor von einer Renaissance des Buches gesprochen werden. Historische Romane, in denen u.a. das Leben Atatürks eingeflochten wird, stehen seit einigen Jahren auf den Bestseller-Listen ganz oben. Im Vergleich zur Literatur aus der Frühzeit der Republik, als Mustafa Kemal und andere bedeutende Persönlichkeiten gerne idealtypisch überzeichnet wurden, stehen bei den zeitgenössischen Romanen auch die Menschen und alltägliche Aspekte im Mittelpunkt der Handlung. So verarbeitet z.B. der Historienroman von *Hıfzı Topuz*, Mustafa Kemal Atatürks Zuneigung zu seiner Geliebten Fikriye. *„Gazi und Fikriye"*, so der Titel des im Jahr 2001 erschienenen Romans, erzählt die Geschichte einer Frau, die aufrichtig liebte; dass diese Liebe aber nicht in gleicher Weise erwidert wurde, führte zu einem tragischen Ende. *Atilla İlhans* Roman *„Gazi Paşa"* handelt auf fast 500 Seiten die letzte Phase des Unabhängigkeitskrieges mit der Rückeroberung der Hafenstadt İzmir ab. Das Epos *„Diese verrückten Türken (Şu Çılgın Türkler)" Turgut* Özakmans übertrifft alles. Im Mittelpunkt seines 750 Seiten starken Buches steht der griechisch-türkische Krieg zwischen 1920–1922, der Unabhängigkeitskrieg aus türkischer Sicht. Das im Jahr 2005 publizierte Buch erreichte durch unzählige Nachdrucke eine geschätzte Gesamtauflage von über 750 000 Exemplaren.

Einige Quellen nehmen für dieses Buch einen besonderen Stellenwert ein. So die Biografie *„Çankaya – das Leben Atatürks von Geburt bis zu seinem Tode"* des türkischen Journalisten *Falih Rıfkı Atay*. *Atay* war von 1923 bis zum Tode Atatürks ein sehr enger Beobachter, weshalb seine Einschätzungen sehr wertvoll sind. Daneben existieren die Memoiren enger Mitstreiter, wie die des Adjutanten und späteren Abgeordneten *Salih Bozok* mit dem Titel *„Adjutant erzählt von Atatürk"*. Diesem Buch ist wie anderen Darstellungen enger und vertrauter Beobachter (*Kılıç Ali* oder *Cevat Abbas*) zu eigen, dass die Beschreibungen stellenweise sehr subjektiv gehalten werden. Zwar enthalten diese Bücher viele Anekdoten und zitierfähige Aussagen Mustafa Kemal Atatürks, jedoch sind sie selten kritisch und ihre Autoren behandeln das Thema mit großer Diskretion.

Ferner sind die Erzählungen der Adoptivtochter Atatürks, Prof. Dr. Afet Inan, die im Buch *„Die Karlsbad-Erinnerungen Mustafa Kemals"* Teile der handschriftlichen Tagebücher wiedergibt, die er 1918 bei einem Aufenthalt in Karlsbad verfasst hatte, wichtig. Die Erinnerungen der Schwester Makbule Atadan, die sie auf dem Sterbebett dem türkischen Journalisten *Şemsi Belli* diktierte, sind ebenfalls von Bedeutung. Unter dem Titel *„Makbule Atadan erzählt: Mein großer Bruder Mustafa Kemal"* lieferte sie jedoch auch zugleich verwirrende Aussagen.

In Kapitel 8, Person und Ehemann, wird stark Bezug genommen auf das türkische Original *„Latife Hanım"* der Journalistin *İpek Çalışlar*. Das Buch ist mittlerweile ins Deutsche übersetzt. Die Bücher von *İsmet Bozdağ„Latife und Fikriye – Atatürk zwischen zwei Lieben"*, *Liliana Serafimova „Die Geschichte einer hoffnungslosen Liebe – Mustafa Kemal und Miti Kowatscheva"* und *„Atatürks Privatleben"* von *İsmet Görgülü* liefern private und intime Eindrücke. Ferner müssen die beiden Bücher des Journalisten und Autors *Can Dündar „Dokumente und Erinnerungen aus dem Privatarchiv"* und *„Sarı Zeybek – Die letzten 300 Tage Atatürks"* erwähnt werden. So auch *Taha Akyols* Buch *„Aber welcher Atatürk?"*, im Mittelpunkt dessen die Darstellung des durchaus pragmatisch veranlagten und zielorientierten Staatsgründers der frühen Jahre steht. Eine wichtige Quelle ist das Buch des englischen Journalisten *Andrew Mango „Atatürk – Der Gründer der modernen Türkei"*. Für die Datierung einzelner Vorkommnisse ist das Werk *„Von der Geburt bis zum Tod: ein Atatürk-Tagebuch mit Quellen" – „Doğumundan ölümüne kadar: Kaynakçalı Atatürk Günlüğü"* von *Prof. Dr. Utkan Kocatürk* unentbehrlich. Hier hat der Autor von der Geburt des Staatsgründers an in chronologischer Abfolge Eintragungen zum Leben Mustafa Kemals zusammengetragen und sie mit Dokumenten und Quellen angereichert.

Als Primärquellen gelten die Notizbücher Atatürks „*Atatürkün Not defterleri*". Das Direktorat für Militärgeschichte und Strategische Studien des türkischen Generalstabs *(ATASE – Askeri Tarih ve Stratejik Etüt)* hat die 34 Notizbücher Atatürks überarbeitet und in zwölf Bänden zusammengefasst; bis Juli 2009 waren acht Bände erschienen. Diese Tagebücher sind stellenweise sehr regelmäßig geführt und beinhalten überwiegend in osmanischer Handschrift verfasste Notizen. Band III handelt von den osmanischen Kriegen und Schlachten auf dem Balkan und gegen Russland, Band IV von den osmanisch-griechischen Kriegen und Band V auf 300 Seiten vom Deutsch-Französischen Krieg von 1870–71. Diese Notizen entstanden teilweise während der Jahre auf der Militärakademie und sind Mitschriften aus dem Unterricht. In den übrigen Bänden lassen sich viele Überlegungen und politische Ideen finden. Die Reden und Erklärungen Atatürks *(Atatürk'ün söylev ve demeçleri)* sind als Quelle für Zitate ebenso wichtig wie die lange Rede *(Nutuk)*. Trotz dieser Quellenlage werden immer noch Primärquellen, wie zum Beispiel Briefe von seiner Frau *Latife Hanım* an Atatürk, unter Verschluss gehalten. *Latife Hanım* hatte bis zu ihrem Tod 1975 trotz zahlreicher Anfragen nie über ihren Ehemann gesprochen. Sie war der Überzeugung, dass man über Atatürk weder etwas schreiben, noch über ihn etwas aussagen sollte.

Mit Nationalisten werden in diesem Buch die Anhänger Atatürks bezeichnet, die das Ziel der Schaffung eines Nationalstaates verfolgten. Mustafa Kemal Atatürk wird von seinen Biografen und selbst engen Mitarbeitern mit verschiedenen Namen bezeichnet. Mustafa Kemal, Gazi Mustafa Kemal Pascha, Atatürk, Gazi Mustafa Kemal Atatürk, etc. werden stellenweise synonym verwendet. Da Familiennamen per Gesetz erst Ende 1934 eingeführt wurden und damit Mustafa Kemal erst den Nachnamen Atatürk zu jenem Zeitpunkt annahm, soll für die Zeit zuvor nicht von Atatürk gesprochen werden, um Anachronismen zu vermeiden. Die Namen werden in ihrer historischen Erscheinung gebraucht, und Namenszusätze wie Efendi, Bey und Hanım etc. werden im türkischen Original verwendet, soweit es keine entsprechende eingedeutschte

Form gibt, wie bei Pascha. Die Begriffe Osmanisches Reich und Türkei, osmanisch und türkisch etc. werden mit Beginn der Nationalbewegung 1919 synonym verwendet. Die meisten Zitate wurden vom Autor aus dem türkischen Original übersetzt, der für etwaige Übertragungsfehler die Verantwortung trägt.

1.

Das Osmanische Reich am Ende des 19. Jahrhunderts

Als das osmanische Belagerungsheer unter Führung des Großwesirs Kara Mustafa Pascha am 12. September 1683 am Kahlenberg vor Wien vernichtend geschlagen wurde, war dies in der Rückbetrachtung mehr als nur eine Niederlage. Es war der Anfang vom Ende, der Beginn des Niedergangs des Osmanischen Reiches. Der Einfluss der „Hohen Pforte" auf dem Balkan und in Europa sollte in den kommenden 200 Jahren langsam zurückgehen. Der Respekt vor der „Türkengefahr" und der Nimbus der Unbesiegbarkeit der Osmanen bröckelten. Der Verlust der militärischen Vormachtstellung – die europäischen Heere waren in vielerlei Hinsicht enteilt – beförderten in diesen Jahrhunderten Militärreformen, die sich positiv auswirken sollten. Am Ende dieser Entwicklung wurden die einst so gefürchteten Janitscharen als Prätorianereinheit durch Sultan Mahmud II. 1826 aufgelöst.

Politische und gesellschaftliche Entwicklungen, Reformen und Revolutionen in Europa, wie die Renaissance und die Französische Revolution, hatten auch Auswirkungen auf das Osmanische Reich. In der als *Tanzimat* (Neuordnung) bezeichneten Reformperiode von 1838 bis 1876 kam es zu grundlegenden politischen und gesellschaftlichen Umwälzungen. U. a. wurden Nichtmuslime und Muslime rechtlich gleichgestellt, und aus den vormaligen Untertanen wurden rechtlich freie Individuen. Neben den Schariagerichten wurden u. a. weltliche Handelsgerichte eingeführt. Durch eine neue Steuergesetzgebung sollte mehr Steuergerechtigkeit erzielt werden, indem Steuerquoten nach der Höhe des Einkommens erhoben wurden. Im Zuge der Reformen folgten ein neues Erbschaftsrecht und eine allgemeine Wehrpflicht für alle Untertanen. Somit wurden offiziell auch Nichtmuslime zum Militärdienst eingezogen. Reformen im Bildungswesen führten zur Eröffnung neuer Schultypen, wie z. B. der Kunst- und Lehrerschule für Mädchen *(Kız Sanat ve Öğretmen Okulları)*. Beflügelt von dieser Reformbewegung begannen die Jungosmanen, eine Gruppe von Intellektuellen, Bürokraten und einflussreichen Notabeln, offen das politische System in Frage zu stellen. Sie forderten eine Kontrolle des herrschenden Sultans durch die Autorität des Volkes. Ein Ergebnis der Reformen war die erste osmanische Verfassung *Kanun-i Esasi* im Jahr 1876. Damit war der Weg frei für das erste osmanische Parlament im gleichen Jahr, und die Epoche des ersten Konstitutionalismus *(I. Meşrutiyet)* begann. Das Parlament bestand aus zwei Kammern, die eine bestehend aus gewählten Abgeordneten und die andere aus vom Sultan ernannten Senatoren. In der durch Wahl bestimmten Kammer *(Meclis-i Mebusan)* waren von den 115 Abgeordneten 46 Nichtmuslime.[3] Die Souveränitätsrechte des osmanischen Sultans waren jedoch nicht eingeschränkt, und die Exekutive befand sich vollständig in seinen Händen. Er konnte beliebig den als Regierungschef agierenden Großwesir *(Sadrazam)* und die Minister ein- und absetzen und ebenso willkürlich das Parlament auflösen. Sultan Abdülhamid II. hatte knapp ein Jahr später von diesem Recht Gebrauch gemacht, woraufhin das Parlament bis 1908 suspendiert blieb.

Zum Ende des 19. Jahrhunderts war der Glanz früherer Epochen längst verblichen. Der Balkan – einst Stammland des Osmanischen Reiches – war zum großen Teil verloren. Die Osmanen schlugen 1876 einen Aufstand in Bulgarien nieder, woraufhin Serbien und Montenegro den Osmanen den Krieg erklärten; auf Seiten der slawischen Brüder trat daraufhin Russland in den Krieg mit ein. Russland eroberte die gesamte südliche Balkanhalbinsel. Mit dem Frieden von San Stefano (heutiger Stadtteil İstanbuls *Yeşilköy*) am 3. März 1878 endete dieser russisch-türkische Krieg; damit wurden aber auch die Unabhängigkeiten Serbiens, Montenegros und Rumäniens rechtsgültig. Russland sollte Gebiete in Bessarabien, Teile von Armenien sowie die osmanischen Provinzen Kars, Batum und Ardahan erhalten. Auf dem Berliner Kongress im gleichen Jahr wurden dann zwischen den Parteien Deutschland, Österreich-Ungarn, Frankreich, Großbritannien, Italien, Russland und dem Osmanischen Reich große Teile des Friedensvertrages von San Stefano bestätigt. Ferner wurde Griechenland eine weitere Ausdehnung seiner Staatsgrenzen Richtung Norden in Aussicht gestellt. Bulgarien sollte um die Gebiete Ostrumelien und Makedonien bis zur Ägäis ausgedehnt werden. Die Osmanen besaßen noch Teile Thrakiens bis weit in das heutige Griechenland hinein.

Die Neuordnung des Balkans ging deutlich zulasten des Osmanischen Reiches. Die Nationalstaatsidee erfasste auf dem Balkan alle Völker und hat zur Herausbildung von Vorformen des türkischen Nationalismus geführt. Insbesondere in Makedonien und in der Stadt Saloniki (heutiges Thessaloniki, türk. *Selanik*) waren neue politische Ideen wie der Nationalismus besonders ausgeprägt. Das damalige Saloniki zählte etwa 70 000–100 000 Einwohner unterschiedlicher religiöser und ethnischer Zugehörigkeit; es war traditionell schon immer ein Schmelztiegel, in dem verschiedene Religionen und Kulturen aufeinandertrafen. Neben Muslimen, Türken und Albanern lebten bedeutende Minoritäten von Griechen, Juden und versprengte Entitäten von Walachen in der Stadt. Die weitaus größte Gruppierung bildeten Südslawen, also Bulgaren und Serben, die durch die Nationalstaatsbestrebungen Serbiens und Bulgariens eigene nationalistische Begehrlichkeiten entwickelten. Durch die Grenzlage zum Königreich Griechenland und den neuen Staaten Bulgarien und Rumänien wirkten weitere politische Ideen auf Makedonien und Saloniki. Die Nationalstaatsidee stieß auch bei vielen türkischen Intellektuellen und Offizieren offene Türen ein, und nicht zufällig hatte die jungtürkische Bewegung ihren Ursprung und stärkste Bastion in Saloniki.

2.

Familie, Kindheit und Ausbildung

In diesen unruhigen und politisch durchaus spannenden Zeiten wurde im Jahr 1880 oder 1881 ein Junge im Stadtteil *Koca Kasım Paşa* in der *Islahane Caddesi* in der Stadt Saloniki geboren, der auf den Namen Mustafa hören sollte. Vater *Ali Rıza Efendi* hatte dem Neugeborenen bei der Abtrennung der Nabelschnur diesen Namen nach der Tradition dreifach ins Ohr geflüstert. Diese Zeremonie des *göbek adı* (Nabelname) wird heute noch vielfach in der Türkei so oder in abgeänderter Form durchgeführt; nach dem Volksglauben wird man mit diesem Namen im Paradies gerufen. Der Vater soll den Namen Mustafa im Andenken an seinen gleichnamigen Bruder ausgewählt haben, der als Kleinkind aus der Wiege gefallen und an den Folgen des Sturzes verstorben sein soll.[4] Damals wurden Neugeborene nicht automatisch kurz nach der Geburt erfasst und auf elterlichen Antrag stellenweise erst Monate später registriert. Viele Muslime trugen die Geburtsdaten ihrer Kinder in den Koran oder in andere wichtige Bücher ein.[5] So wurde auch der Geburtstag des kleinen Mustafa in einem der beiden Korane des Hauses vermerkt. Da dieser jedoch verloren ging und kein offizielles Geburtsdokument Mustafas existiert, ist eine exakte Datierung der Geburt nicht möglich. Aussagen seiner jüngeren Schwester Makbule zufolge soll er während der „eiskalten vierzig Tage“, einer berüchtigten Kälteperiode des makedonischen Winters, geboren worden sein.

Das Geburtsjahr Mustafas war das Jahr 1296 nach der damals gültigen islamischen Zeitrechnung. Nach dem gregorianischen Kalender entspricht dies einem Zeitraum vom 13. März 1880 bis zum 12. März 1881. Das offizielle Geburtsdatum des Staatsgründers, der 19. Mai 1881, wurde erst im Jahr 1936 nachträglich festgelegt. Eine Anfrage der britischen Botschaft in jenem Jahr nach dem offiziellen Geburtsdatum und der Wunsch einer Biografie für eine englische Enzyklopädie führten zu dieser Entscheidung. Auf Vorschlag des

Chefs der Staatspräsidentenkanzlei, *Rıza Soyak*, entschied sich Atatürk für den 19. Mai 1881 als Geburtsdatum in symbolischer Anlehnung an den 19. Mai 1919, dem Beginn des anatolischen Aufstandes. Seitdem feiert die türkische Jugend am 19. Mai jeden Jahres den Tag des Andenkens an Atatürk, der Jugend und des Sports.

Mustafa war viertgeborener der sechs Geschwister *Fatma* (1872–1875), *Ahmet* (1874–1883), *Ömer* (1875–1883), *Mustafa* (1881–1938), *Makbule* (1885–1956) und *Naciye* (1889–1901) des Ehepaars *Ali Rıza Efendi* und *Zübeyde Hanım*. Aus denselben Umrechnungsabweichungen existieren leicht unterschiedliche Datierungen der Geburts- und Todesjahre seiner Geschwister. Unumstritten ist jedoch, dass zwei seiner drei Schwestern und seine beiden Brüder im Kindesalter verstarben. Seine älteste Schwester *Fatma* starb schon lange bevor er geboren wurde. Auch seine beiden älteren Brüder *Ahmet* und *Ömer* verstarben während einer Diphtherieepidemie, die in jeder Dekade einmal über das Land kam, bevor er sich hätte an sie erinnern können. Aus diesen Gründen umsorgte Mutter *Zübeyde* den kleinen Mustafa mit all ihrer Liebe und Fürsorge aus Angst, das vierte Kind auch noch zu verlieren. Bald nach der Geburt soll aufgrund dieser Ängste die Muttermilch versiegt sein. *Vehbi Koç*, Gründer des Koç-Imperiums – eine der beiden größten türkischen Unternehmensgruppen – beschreibt in seiner Biografie diesen Umstand der Kindersterblichkeit mit den Worten: *„(...) in jener Zeit gab es in Anatolien eine Tradition (...). Der Wunsch nach Kindern war der nach Söhnen, und man erhoffte sich vier. Einer für die Mutter, einer für den Vater, einen als Märtyrer und einen als Ersatz. (...).“*[6]

Zübeyde wurde 1857 in einem Yörüken-Dorf namens Langaza (heute Langadas) nahe Saloniki geboren. Die Yörüken waren und sind sesshaft gewordene Nomaden, die ursprünglich aus dem Altaigebirge nach Kleinasien einwanderten. Die Vorfahren der Mutter stammen aus der Region *Konya/Karaman*, und auch die Vorfahren des Vaters, ebenfalls Yörüken, sollen aus der Region *Aydın* nach Makedonien gekommen sein. *Zübeyde Hanım* hatte eine helle Hautfarbe und blaue Augen und war ein schönes junges Mädchen.

Die Ähnlichkeit zwischen Mustafa und seiner Mutter ist verblüffend. Der Vater in spe, der Zollbeamte *Ali Rıza Efendi*, soll in einem Traum einen weisen Greis und ein blondes Mädchen gesehen haben. Der Greis hatte auf das Mädchen gezeigt und ausgesagt, dass es sein Schicksal bestimmen werde. Ali Rıza hat daraufhin seine Schwester als Brautschauerin *(görücü)* beauftragt. Schwester Makbule gab die Geschichte, wie sich Vater und Mutter kennenlernten, folgendermaßen wieder: *Zübeyde* habe sich eines Tages mit einer Steppnadel am Knie verletzt und wurde nach Saloniki zum Arzt gebracht. Die Steppnadel konnte entfernt werden, doch sie fand Gefallen an der großen Stadt. Zufällig begegnete ihr der 20 Jahre ältere *Ali Rıza Efendi*, der in ihr das Mädchen aus seinem Traum erkannte.[7] Als sie 1870 oder 1871 heirateten, war *Zübeyde* 15 oder 16 Jahre alt.

Ali Rıza Efendi wurde in die kleine Ortschaft *Papazköprüsü* (Die Brücke des christlichen Priesters) am Fuße des Olympus-Berges 120 Kilometer von Saloniki entfernt an einen kleinen Grenzübergang zwischen Griechenland und dem Osmanischen Reich versetzt. Die Versorgung an der unwirtlichen Grenze war schlecht; es gab keine ordentliche Verkehrsanbindung, und die Ortschaft bestand überwiegend aus den Gebäuden der Grenzstation und den Unterkünften der Zollbeamten. Die Lebensbedingungen waren schlechter als in Saloniki, und alsbald bot sich für *Ali Rıza Efendi* eine neue Chance. Über die kleine Grenzstation wurde überwiegend Holz nach Griechenland exportiert, und der Vater lernte einen Holzhändler namens *Cafer Efendi* kennen, der ihm die Teilhaberschaft anbot. *Ali Rıza Efendi* gab seine Beamtenanstellung auf, schickte seine Familie nach Saloniki zurück und erwirtschaftete als Holzhändler ein deutlich besseres Einkommen. Das Geschäft lief so gut, dass er im Stadtteil *Ahmet Subaşı* ein dreistöckiges rosafarbenes Haus anmieten und dazu noch eine Haushälterin einstellen konnte.[8] Das neue Leben sollte aber nicht von langer Dauer sein, weil er an der Grenze von Banditen entführt und erst gegen ein hohes Lösegeld freigelassen wurde. Der Holzhandel wurde eingestellt und die Wälder an der Grenze kontrolliert abgebrannt.

Schulzeit

Als Mustafa im Jahre 1886/87 sechs Jahre alt war, stellte sich die Frage, welche Schule er besuchen sollte. Dabei soll es zwischen den Eheleuten zu einer Meinungsverschiedenheit gekommen sein. Die sehr gläubige Mutter, die aufgrund ihres religiösen Ansehens als *Mollah Hanım* und *Zübeyde Mollah* gerufen wurde, wollte den Jungen traditionell in eine religiöse Grundschule, in die *Hafiz-Mehmet-Efendi*-Schule einschreiben. Der Schulleiter *Mehmet Efendi* war ein Hafız, jemand der den Koran vollständig auswendig rezitieren konnte. Insofern war diese Schule im weitesten Sinne eine *Medresse* (Koranschule), in der man den Koran auswendig und Arabisch lernen konnte. Der Vater hingegen bevorzugte die *Şemsi-Efendi*-Schule. Die Einrichtung trug den Namen des einzigen Lehrers *Şemsi Efendi*, der in seinem Haus und Garten einige Kinder im Lesen, Schreiben und in Mathematik unterrichtete. In jener Zeit begannen sich solche Schulen als Konkurrenz zu den traditionellen Einrichtungen zu etablieren, und nicht selten wurden ihre Lehrer von Traditionalisten angefeindet. Mustafa Kemal Atatürk erzählte Jahre später, dass sein Vater sich einer List bedient habe, weil er ihn offiziell in der *Medresse* anmeldete und ihn kurz danach an die „moderne" Einrichtung wechseln ließ.[9]

Als der Vater an Tuberkulose erkrankte und nach dreijährigem Leiden 1888 verstarb, zog die Mutter mit Mustafa und den beiden Mädchen *Makbule* und *Naciye* in die Nähe ihres Geburtsortes Langaza zu ihrem Stiefonkel *Hüseyin Ağa*, der Verwalter eines großen landwirtschaftlichen Anwesens war. Die Familie gewöhnte sich alsbald an das Landleben, und Mustafa hatte von seinem Großonkel auch einige Aufgaben bekommen. So hatte er den Auftrag, mit seiner Schwester *Makbule* auf den Feldern und Äckern die Krähen zu verscheuchen. Nicht wenige Atatürk-Biografen machen diese Phase auf dem Land für sein späteres Interesse an Landwirtschaft und Ackerbau verantwortlich, welches in Ankara in seinem persönlichen Engagement für das „landwirtschaftliche Anwesen" *(Atatürk Orman Çiftliği)* gipfeln sollte. Die Ausbildung der Kinder war jedoch problematisch, weil es keine Schule gab. Mustafa besuchte für kurze Zeit den von einem griechisch-orthodoxen Priester geleiteten Dorfunterricht. Er fand daran aber scheinbar keinen Gefallen, und die Mutter schickte den Sohn alleine zurück nach Saloniki zu einer Tante, wo er in einer zivilen Mittelschule *(Selanik Mülkiye Rüştiyesi)* eingeschrieben wurde. Auch dort verweilte er nicht lange, zumal ein Lehrer namens *Kaymak Hafiz* ihn bei einer Gelegenheit schwer verprügelt hatte. In eigenen Worten beschreibt er den Vorfall so:

> *(...) Eines Tages habe ich mich mit einem Jungen gestritten, und der Streit war laut. Der Lehrer hat mich zu fassen bekommen und schwer geschlagen, sodass mein ganzer Körper blutete. (...)*[10]

Schon früh hatte er seiner Mutter gegenüber den Wunsch geäußert, Soldat werden zu wollen. Er hatte Interesse an Pferden und Waffen und war von den Uniformen der Offiziere und der Schuluniform eines Nachbarjungen aus Saloniki, der in eine Militärschule ging, begeistert. Die Mutter war prinzipiell gegen eine militärische Ausbildung, obwohl es auch sehr gute Argumente für Militärschulen gab. Es fiel kein Schulgeld an, weil es sich um Eliteschulen für die Rekrutierung des Nachwuchses für die Armee handelte. Mustafa hatte sich ohne Wissen und Einverständnis seiner Mutter für die Aufnahmeprüfung auf die Militärmittelschule *(Selanik Askeri Rüştiyesi)* im Sommer 1893 angemeldet. Als er die Aufnahmeprüfung bestand, war sie vor vollendete Tatsachen gestellt und akzeptierte die Entscheidung ihres Sohnes.

Ein bedeutendes Vorkommnis auf dieser Militärschule hat mit Mustafas gleichnamigen Mathematiklehrer Hauptmann *Mustafa Sabri Bey* aus *Üsküp* (Skopje) zu tun. Mathematik war Mustafas Lieblingsfach, und der Lehrer verlieh seinem Schüler den Beinamen *Kemal.* Kemal bedeutet Reife oder Vollendung, und damit wollte der Lehrer die mathematischen Leistungen Mustafas hervorheben. Gleichzeitig konnte mit dem Beinamen auch der Lehrer vom Schüler besser getrennt werden. Somit war Mustafa Kemal „geboren“ und der Lehrer ungewollt zum Namensgeber des späteren Kemalismus geworden. Einen prägenden Einfluss hatte auch der Französischlehrer Hauptmann *Nakiyüddin Bey*, der Voltaire und Rousseau lesen ließ.[11] Ob die jungen Kadetten dabei alles verstanden, bleibt offen. Der Lehrplan beinhaltete elf Unterrichtsfächer, u. a. Logik, Arithmetik, Buchhaltung, Geometrie, Geografie, Verwaltung, Französisch, türkische Orthografie und islamische Geschichte. Mustafa erzielte in allen Fächern die Bestnote und Ende 1895/Anfang 1896 schloss der mittlerweile 15-Jährige die militärische Mittelschule in Saloniki als Viertbester ab.

Seine Mutter hatte einige Jahre nach dem Tod des Vaters den Beamten *Ragıp Bey* geheiratet, der beim staatlichen Tabakmonopolisten angestellt war. Dieser war ebenfalls Witwer und brachte vier Kinder mit in die Ehe. Mustafa Kemal hatte später zwar nie schlecht über seinen Stiefvater gesprochen, aber er brauchte einige Jahre, um zu akzeptieren, dass seine Mutter nochmals eine Ehe schloss. Er hat dazu später ausgesagt:

> *„Meine Mutter war eine junge Frau, als sie meinen Vater verlor. Nach seinem Tod sind wir aus dem rosaroten Haus in ein kleineres Haus nebenan umgezogen. Für eine Zeit lang habe ich bei meinem Onkel gewohnt. Jedoch haben sie mir bedeutet, dass anstelle meines Vaters ein anderer Mann treten wird und mich emotional darauf vorbereitet. Eines Tages haben wir mit meinem Onkel das kleine Haus besucht. Meine Mutter hatte ein neues Kleid angezogen und mich sehr freudig begrüßt. Drinnen saß ein fremder Herr. Meine Mutter hielt sich in seinem Beisein ohne Kopfbedeckung auf, so wie es früher Tradition war. Ich habe verstanden. Jedoch wollte ich diesen Mann, den ich anstelle meines Vaters sah, nicht ertragen. An der Wand erblickte ich Vaters Krummschwert, und wollte, einem Gefühl aus meinem Inneren folgend, dieses ergreifen und den unschuldigen Herrn angreifen. Jedoch bin ich ohne etwas zu sagen davongelaufen. Danach habe ich über Monate meine Mutter nicht gesehen. Später jedoch, habe ich mit diesem vornehmen Herrn Freundschaft geschlossen (...).“*[12]

Nach dem Schulabschluss 1896 schrieb er sich in eine höhere Militärschule *(Manastır Askerî İdadisi)*, in ein Lyzeum in Manastir (heutiges Bitola), ein. In diesen Militärschulen wurde eine junge

Generation von Offizieren herangebildet, die in den folgenden Jahren die Basis der jungtürkischen Bewegung stellte und die künftigen Geschicke des Landes leiten sollte. Mustafa Kemals sehr gute Schulleistungen setzten sich fort. In der dritten und letzten Klasse des Militärgymnasiums sah der Lehrplan Fächer in Technik, Kosmografie und Lehre von Dogmen und den Inhalten des Islam *(Akaid)* vor. Somit verbanden die Militärschulen teilweise die Tradition mit modernen Erkenntnissen; ein wichtiges Merkmal der Grundstimmung der Zeit, in der Mustafa Kemal heranwuchs.

Nachdem er als einer der Jahrgangsbesten abschloss, setzte er seine schulische Laufbahn ab 1899 als Offiziersanwärter der Infanterie an der Militäroberschule *(Mekteb-i Harbiye-i Şahane – Harp Okulu)* in İstanbul fort. Damit betrat der mittlerweile 18-Jährige zum ersten Mal die Hauptstadt des Osmanischen Reiches und verließ seine gewohnte Umgebung in der Heimat Makedonien. Der Lehrplan auf der Militäroberschule beinhaltete verstärkt Fächer aus dem militärischen Bereich, wie Lehre der Topographie, Kartenkunde und Exerzierübungen; aber auch Sprachunterricht in Französisch, Deutsch und Russisch. Nach weiteren drei Jahren schloss er im Schuljahr 1901–1902 als Achtbester unter 459 Absolventen mit dem Rang eines Leutnants *(Mülâzim – Teğmen)* ab. Um seine Französischkenntnisse zu verbessern – ein künftiger Offizier sollte seiner Ansicht nach wenigstens einer Fremdsprache mächtig sein – nahm er Privatunterricht bei einer französischen Dame in İstanbul. Danach schrieb er sich 1902 auf der Militärakademie *(Erkan-ı Harbiye Mektebi – Harp Akademisi)* ein, an der er weitere drei Jahre auf den Beruf des Soldaten und Offiziers vorbereitet wurde.

Eine wichtige Änderung war zu Beginn seines Studiums eingetreten. Waren bis 1899 alle Studenten der Militärakademie mit ihrem Abschluss automatisch Offiziere im Generalstab, wurden die Studenten nun zu Offizierskandidaten für den Generalstab herabgestuft, und die Klassengröße wurde von 15 auf 40 Studenten heraufgesetzt. Die Reform des osmanischen Bildungsministers *Esat Pascha* zielte auf eine qualitative Verbesserung des Studiums durch strengere Auslese ab. Nur 5–10 % der besten Absolventen schlossen die Akademie als Generalstabsoffiziere ab. Zu den schon bekannten Fächern kamen noch einige neue militärische Fachgebiete, wie u. a. Geografie für Heeresführer, leichtes Manöver und Exerzieren, Waffenkunde und Theorie, Kriegsgeschichte und Theorie der militärischen Ausbildung hinzu. Mustafa Kemal schloss Ende 1904 als Sechstbester seines Jahrgangs mit dem Rang als Hauptmann im Generalstab seine Ausbildung ab und war mit knapp 24 Jahren als junger Offizier bereit für seinen ersten Einsatz.

Die Jahre von 1899–1905 in İstanbul verliefen durchaus nicht unproblematisch. Sultan Abdülhamid II. betrieb weiter ein sehr harsches Regime und führte gegen die vielen neuen politischen Ideen, die gerade unter den jungen Offizieren Anhänger fanden, mit dem *„Jurnalcilik"* ein ausgeklügeltes Berichts- und Spitzelwesen ein. Der erste Geheimdienst *Yıldız İstihbarat Teşkilat* wurde 1880 gegründet; dieser berichtete direkt an den Sultan. Anfangs war der Dienst nur im Inland tätig und sammelte Informationen über Armenier, die Mitglieder armenischer Komitees waren. Später waren die Agenten sogar in europäischen Hauptstädten wie Paris, Rom und London aktiv, in denen Gegner der osmanischen Monarchie und Jungtürken im Exil lebten. An den Militärschulen und Akademien trafen sich die jungen Offiziere in konspirativen Zirkeln und bildeten erste Komitees. Die Gefahr, entdeckt zu werden, war gerade in der Hauptstadt İstanbul sehr groß. Mustafa Kemal nahm an solchen Treffen anfangs teil und wurde später zu einer treibenden Kraft, die neue politische Ideen artikulierte und die konstitutionelle Monarchie hinterfragte. Der Kreis nannte sich pathetisch „Vaterland" *(Vatan)*, und da vorgesetzte Offiziere und der Schulleiter mit den Ideen der jungen Kadetten sympathisierten, ließ man sie zunächst gewähren. Mustafa Kemal verfasste kleinere handschriftliche Artikel, die unter den jungen Offiziersanwärtern zirkulierten. Als er dann aber einen Keller anmietete und eine Druckerpresse kaufte, um aus der „Vatan" eine richtige Zeitung zu machen, griff der Geheimdienst ein, nahm ihn fest und brachte ihn ins Gefängnis. Durch die Fürsprache befreundeter Offiziere wurden diese Aktivitäten als Jugendsünden und Kavaliersdelikte abgetan, und er kam frei.

Mustafa Kemal (rechts) als junger Offizier mit Mutter Zübeyde (Mitte) und Schwester Makbule (links)

Mustafa Kemal in Janitscharenuniform

Der Held von Gelibolu

Mustafa Kemal in Zivil (Mitte) während des Kongresses in Sivas

Mustafa Kemal gedankenversunken vor dem Großen Angriff

3.

Der junge Offizier – Lehrjahre und politisches Engagement

Im Januar 1905 erhielt er seinen ersten Einsatzbefehl zur 5. Armee/30. Kavallerieregiment nach Damaskus. Unter Berücksichtigung der weltpolitischen Großwetterlage war die Abkommandierung auf den Außenposten in die syrische Wüste nach Damaskus eine Strafversetzung. Junge, politisch engagierte Stabsoffiziere wünschten sich eine Versetzung an Orte wie İstanbul oder Saloniki und nicht nach Syrien an die Peripherie des Reichs. In der Personalakte Mustafa Kemals wurde vermerkt, dass er an einen Ort versetzt werden sollte, von dem aus er die Stadt Saloniki nicht erreichen konnte.[13]

In Damaskus konnte er aber bald einen Kreis von Sympathisanten der jungtürkischen Bewegung um sich scharen und gründete mit anderen Offizieren im Jahr 1906 die Organisation „Vaterland und Freiheit" *(Vatan ve Hürriyet)*, die ähnlich revolutionäre Ziele wie die jungtürkische Bewegung verfolgte. Zweigstellen dieser Organisation konstituierten sich in Beirut, Jaffa und Jerusalem, und damit stellte sich Damaskus nachträglich für politische Aktivitäten als ideal heraus. Hier waren die Offiziere unbeobachteter als in der Hauptstadt, und das Agentennetz des Sultans war am Rande des Reiches sehr weitmaschig. Die Wirkungsmöglichkeiten waren jedoch regional begrenzt. Da Mustafa Kemal Ambitionen für eine Führungsposition hegte, musste er früher oder später nach Saloniki reisen. Mitte 1906 machte er sich heimlich nach Saloniki auf, um eine Zweigstelle seiner Organisation zu gründen und mit anderen konspirativen Kreisen der Widerstandsbewegung der Jungtürken in Kontakt zu treten. Im Grunde war er aber desertiert, auch wenn er über Kontakte zu einem befreundeten Offizier, dessen Vater Armeekommandeur war, einen Urlaubs- und Krankenschein erhalten hatte. Damit reiste er über Jaffa nach Alexandria, und von dort schiffte er sich nach Piräus ein. In Saloniki hatte er schnell eine

Zweigstelle gegründet, doch der Zugang zum Führungskreis der Jungtürken blieb ihm verwehrt.

Die ersten jungtürkischen Zellen bildeten sich nach unterschiedlichen Angaben 1889 unter Medizinstudenten der Armee in İstanbul. Gleichzeitig bildeten sich außerdem in Paris, Genf und Kairo Exilantengruppen, die nachdrücklich Reformen und eine grundlegende Modernisierung des Osmanischen Reiches einforderten. Dieser Teil der Jungtürken rekrutierte sich aus gebildeten Eliten, von denen ein Teil gute Beziehungen zum osmanischen Hof unterhielt. An der Spitze dieser Gruppe stand Prinz Sabahattin, ein Urenkel Sultan Mahmut II., der 1899 nach Paris exilierte. Ferner profitierten von den Bildungsreformen neue Staatseliten wie Beamte, Offiziere und auch Lehrer, die anfangs eher im Hintergrund agierten. Nach der jungtürkischen Revolution 1908 traten diese in der Phase des II. Konstitutionalismus in den Vordergrund, und ab 1913 fanden sich viele in einflussreichen Positionen wieder. Aktive jungtürkische Zellen existierten in den europäischen Provinzen des Osmanischen Reichs, die von Nationalismen und Abspaltungsbestrebungen bedroht waren; so auch in Makedonien. In Saloniki rief 1906 der Postbeamte *Mehmet Talat* eine „Osmanische Freiheitsgesellschaft“ *(Osmanlı Hürriyet Cemiyeti)* ins Leben, die sich 1907 unter Teilnahme verschiedener jungtürkischer Vertreter in das Komitee für Einheit und Fortschritt *(İttihat ve Terakki)* umwandelte. Diesem schloss sich auch Mustafa Kemal mit seiner Bewegung *„Vaterland und Freiheit“* an. Obgleich er mit den späteren Protagonisten, insbesondere mit *Enver Pascha*, ein sehr kritisches Verhältnis pflegte, war er in der Freiheitsbewegung zentral verankert. Im Nachhinein wurde Mustafa Kemals Rolle in der jungtürkischen Frühphase stark überbewertet: *„Er war selbst kein Element, welches der Vereinigung später beigetreten wäre. Er war einer der wahren Begründer, der die größten Revolutionen mit ausgearbeitet hatte.“*[14]

Die Väter dieser Bewegung hatten ein für damalige Verhältnisse sehr demokratisches Programm erarbeitet. Im Mittelpunkt stand der Parlamentarismus, aber auch die Überzeugung, dass das westliche Entwicklungsniveau nur dann zu erreichen war, wenn der Westen zum Vorbild wurde. Dafür musste ein offenes, aufgeklärtes Erziehungswesen aufgebaut und u. a. Frauen verstärkt in alle gesellschaftlichen Entwicklungsprozesse mit einbezogen werden. Ferner war den Minderheiten eine tragende Rolle zugedacht. Die Jungtürken hatten weitreichende Mitbestimmungsrechte und Autonomien für nichtmuslimische Minderheiten vorgesehen. Sie wollten den osmanischen Vielvölkerstaat, die osmanische Idee, in einem modernen Verständnis weiterleben lassen, ohne der Tatsache Rechnung zu tragen, dass sich die Rahmenbedingungen verändert hatten. Damals war nicht abzusehen, dass nur wenige Jahre später am Beginn des Ersten Weltkrieges und trotz der ungebrochenen Loyalität eines überwiegenden Teils der osmanischen Armenier gegenüber dem osmanischen Staat, die anatolischen Armenier auf schrecklichen Todesmärschen in die syrische Wüste deportiert und massakriert würden. Westliche Historiker und viele türkische Intellektuelle bezeichnen diese „Verschickung“ als einen der ersten Genozide weltweit. Für die Republik Türkei ist die Bezeichnung Völkermord weiter Tabu, auch wenn sie bemüht ist die „tragischen Ereignisse“ anzuerkennen und im Jahr 2009 durch eine „Fußballdiplomatie“ mit der Republik Armenien ins Gespräch kam.

Zurück in Syrien

Die Militärverwaltung in İstanbul hatte in der Zwischenzeit einen Offizier nach Syrien entsandt, um die Lage vor Ort zu inspizieren und Mustafa Kemal aufzusuchen. Auch in Saloniki wurde nach ihm gefahndet, weil er sich von der Truppe unerlaubt entfernt hatte; schließlich berechtigte eine Krankenbestätigung nicht zu einem Ausflug nach Saloniki. Als er Kenntnis von dem drohenden Ungemach erhielt, kehrte er unverzüglich nach Jaffa zurück. Jedoch war der Offizier aus İstanbul schon in Damaskus eingetroffen. Mustafa Kemals Vorgesetzter in Damaskus hielt den Untersuchungsoffizier mit einem fingierten Befehl für Mustafa Kemal an der ägyptischen Grenze solange hin, bis dieser wieder in Syrien eingetroffen war.

Mustafa Kemal wurde Mitte 1907 zum *Kolağası (Kiydemli Yüzbaşı)* befördert – ein Dienstgrad zwischen Hauptmann und Major. Er beantragte zum wiederholten Male seine Versetzung nach Thrakien; endlich wurde seinem Gesuch stattgegeben. Am 13. Oktober 1907 wurde er nach Makedonien in die Stadt *Monastir* (Manastir-Bitola) in den Stab der 3. Armee abkommandiert. Er erhielt dort das Kommando über eine Einheit, die für den Schutz und die Überwachung der wichtigen Eisenbahnlinie von Saloniki nach Skopje (Üsküp) verantwortlich war. Somit war er an seinem Wunschziel angekommen, weil er praktisch in Saloniki saß. Die Zweigstelle seiner Organisation „Vatan" war in der Zwischenzeit schon vom Komitee für Einheit und Fortschritt einverleibt worden. Er selbst trat im Februar 1908 mit der Mitgliedsnummer 322 dem Komitee bei. Jedoch konnte er in Saloniki keinen großen Einfluss innerhalb der Organisation ausüben, weil sich der enge Führungszirkel schon gebildet hatte. Neben *Talat Bey*, dem Chef des Post- und Telegrafenamtes der Stadt, waren Oberst *Celal Bey* und insbesondere der junge Offizier *Enver*, der Militärattaché an der osmanischen Vertretung in Berlin war, die führenden Persönlichkeiten des Komitees.

Außenpolitisch hatte der heroische Sieg Japans gegen Russland 1905 starke Wirkung auf die jungen osmanischen Offiziere. Die Jungtürken sahen mit Unbehagen den Zerfall des Osmanischen Reichs und suchten die Schuld beim Sultan bzw. dem System. Dem Sultan wurde als Herrscher und Kalif in der geplanten Einführung einer konstitutionellen Monarchie eine bedeutende Rolle zugewiesen. Damit sollte die Weiterexistenz des Reichs garantiert werden. Als im Juni 1908 der Sold ausblieb, meuterten einzelne Militäreinheiten in Thrakien und Anatolien. In Thrakien verschanzten sich erst einzelne Offiziere mit ihren Mannschaften in den Bergen; dann griff der Widerstand und Aufstand auf die 3. Armee in Saloniki und die 2. Armee in Adrianopel (Edirne) über. Sultan Abdülhamid II.

wollte eine blutige Auseinandersetzung verhindern, und als die Jungtürken mit einem Marsch auf İstanbul drohten, ging er auf die Reformwünsche ein. Der wichtigsten Forderung nach Wiedereinsetzung der seit 30 Jahren suspendierten Verfassung kam er am 23. Juli 1908 nach. Dies zog Parlamentswahlen nach sich, und am 17. Dezember 1908 trat das neue Parlament offiziell zusammen: Diese politische Entwicklung wird als die Phase des 2. Konstitutionalismus *(II. Meşrutiyet)* bezeichnet. Viele Mitglieder und Sympathisanten des Komitees für Einheit und Fortschritt wurden ins neue Parlament gewählt. Die Jungtürken stellten zwar noch nicht die Regierung, aber sie übten viel Einfluss auf die Regierungsgeschäfte aus. Das Komitee für Einheit und Fortschritt schaffte das Spionagenetz des Sultans ab, hob die Pressezensur auf und ließ durch eine Amnestie politische Gefangene frei. Die politische Öffnung des Landes erreichte auch die Nichtmuslime. Die Jungtürken forderten Nichtmuslime und ihre Organisationen zu Kooperation in allen Bereichen auf.

Die Zugeständnisse des Sultans an die Jungtürken wurden in der Hauptstadt von den Traditionalisten als Schwäche bewertet und stark kritisiert. Die Gegner der Jungtürken, die sultanstreuen Truppen, konservative Kräfte und eine durch islamische Geistliche aufgestachelte Bevölkerung, versammelten sich am 13. April 1909 vor dem Parlamentsgebäude, um einen Umsturz einzuleiten. Sie forderten eine Rückkehr zu religiösen Grundsätzen und der strengeren Befolgung der Scharia sowie eine größere Autorität des Kalifen. Sultan Abdülhamid II. unterstützte diesen Aufstand und besiegelte damit sein eigenes Ende. Die Konsequenz der als „Aufstand des 31. März" bezeichneten Vorfälle war die unfreiwillige Abdankung des 36. osmanischen Sultans. Großwesir und Regierungschef *Hüseyin Hilmi Pascha* suchte einen Kompromiss mit den Aufständischen und trat zurück. Die Abgeordneten des Komitees für Einheit und Fortschritt fürchteten um ihr Leben. Einige verließen überstürzt die Hauptstadt, und die meisten tauchten unter. Einige wurden von der Menge getötet, ebenso auch Offiziere, die sich offen zum Komitee bekannt hatten.

Während in der Hauptstadt ein blutiger politischer Kampf ausgetragen wurde, reagierten die Jungtürken umgehend, indem sie unter dem Oberbefehl von *Mahmut Şevket Pascha* die 3. Armee aus Saloniki vor die Tore İstanbuls nach San Stefano (heutiges *Yeşilköy*) verlegten. Diese Truppenverlegung erfolgte unter dem Befehl des Divisionsstabschefs Major Mustafa Kemal, der dabei sein militärisches Organisationstalent unter Beweis stellen konnte. Vom 23. auf den 24. April 1909 erreichten die Truppen die Hauptstadt und schlugen sogleich den Aufstand nieder. Mit der Niederschlagung kam es zugleich auch zu einer Festigung und Etablierung der politischen Ambitionen des Komitees für Einheit und Fortschritt. Der Ausnahmezustand wurde ausgerufen und die Anführer des Aufstandes in Kriegsgerichtsverfahren zum Tode verurteilt. Beide Kammern des Parlaments traten zusammen und beschlossen am 27. April 1909 die Absetzung Sultan Abdülhamids II. Auf Betreiben *Talats* – dieser war schon Abgeordneter des Parlaments – erstellte der oberste Geistliche, der Scheich-ül Islam, ein islamisches Rechtsgutachten *(Fetwa)*, mit dem die Absetzung des Sultans auch aus religiöser Sicht legitimiert wurde. Der alte Sultan musste ins Exil nach Saloniki und wurde durch seinen willfährigen Bruder Mehmet Reşat V. ersetzt. Er sollte der vorletzte der insgesamt 38 osmanischen Sultane sein, die, angefangen vom Namensgeber der Dynastie Osman I., seit 1288 herrschten.

Der neue Sultan stand von Anfang an unter Einfluss der Jungtürken, die erst im Hintergrund und später als Triumvirat um *Enver*, *Cemal* und *Talat Pascha* die Geschicke des Reichs bestimmen sollten. Im Mai des gleichen Jahres wurde die Verfassung verändert und die Kompetenzen des Sultans und der von ihm ernannten 1. Kammer sehr eingeschränkt. Die Aufgaben des gewählten Parlaments und der Regierung hingegen wurden ausgeweitet, wodurch sich das Komitee die politische Grundlage für die kommenden neun Jahre gesichert hatte.

Nationalistische und patriotische Themen und Emotionen verbreiteten sich langsam unter den Offizieren des Komitees. Darüber hinaus wurde eine großtürkische, panturanistische Idee geboren, die alle türkisch sprechenden Völker in einem gemeinsamen Reich vereinen sollte. Mittelasien, der Kaukasus und Teile Russlands sollten dazu gehören. Diesem Chauvinismus setzte Mustafa Kemal aber damals schon eine realistische Sichtweise entgegen; schon früh entwickelte er abweichend von der jungtürkischen Führungsriege Ideen wie die Abschaffung des Sultanats und Kalifats, Trennung von Religion und Staat und die Hinwendung zur westlichen Zivilisation im Rahmen eines türkischen Nationalstaats. Auf dem zweiten Kongress des Komitees für Einheit und Fortschritt im September 1909 in Saloniki traten die Differenzen offen zutage. Mustafa Kemal sprach sich zum ersten Mal nachdrücklich für die Idee aus, dass Militär und Politik voneinander getrennt sein müssten. Er forderte die Vertreter des Komitees auf, von ihren militärischen Rängen zurückzutreten. Daneben sollte das Komitee zu einer politischen Partei werden.[15] Es kam zu heftigen Diskussionen bei diesem Thema, und obwohl ein Teil der Versammlung die Idee wie *Ismet Bey (Inönü)* unterstützte und etliche Offiziere zurücktraten, behielten die führenden Vertreter wie *Enver* ihre militärischen Ränge bei. Einige Konferenzteilnehmer empfanden diese Forderung als so abwegig, dass sie gar einen Anschlag auf Mustafa Kemal planten, der jedoch nicht zur Ausführung gelangte. Mustafa Kemal zog sich erst einmal aus dem Komitee zurück und konzentrierte sich verstärkt auf seinen Beruf als Soldat.

Er wurde Stabschef des Generals *Mahmut Şevket Pascha*, der die Aufstände in Albanien im Mai 1910 niederschlug. Ende 1910 nahm er als Vertreter und Beobachter der osmanischen Armee an französischen Manövern in der Region Picardie teil. Diese erste Reise nach Westeuropa, bei der er auch die Schweiz, Belgien und die Niederlande besuchte, wäre unbedeutend, wenn nicht ein prägendes Erlebnis damit verbunden wäre. Während der Manöver wurde die türkische Delegation von einem europäischen Beobachter abfällig auf ihre Kopfbedeckung, den Fes, angesprochen. Mustafa Kemal erkannte, dass man die Osmanen/Türken mit dieser Kleidung wohl zu Recht nicht ernst nehmen müsse. Dieser Vorfall soll der symbolische Beginn eines Gedankenprozesses gewesen sein, der 15 Jahre später 1925 in die „Hutreform" münden sollte.[16] Die türkische Delegation hatte überdies den Eindruck gewonnen, dass, wer solch umfangreiche Manöver abhielt, sich wohl auf einen Krieg vorbereitete.

Das Osmanische Reich auf dem Weg in den Ersten Weltkrieg

Neben inneren Krisen war das Osmanische Reich aber insbesondere von außen bedroht. Die sogenannte Orientfrage wurde in den europäischen Hauptstädten immer häufiger gestellt. Das Osmanische Reich war schon längst auf die Sichtweise eines „Kranken Mannes am Bosporus" reduziert. Die Außengrenzen wandelten sich von jahrhundertealten Konstanten zu Variablen, und das Reich geriet zwischen die Fronten der europäischen Großmächte, die sich verschiedene Einflusszonen sichern wollten. 1908 annektierte Österreich-Ungarn Bosnien-Herzegowina, um russischen Expansionswünschen entgegen zu wirken. Russland wiederum ließ Italien mit seiner imperialistischen Außenpolitik im Mittelmeerraum gewähren. Italien fühlte sich insbesondere durch das französische Protektorat in Marokko herausgefordert, wodurch die eigene Vormachtstellung im Mittelmeer bedroht schien.

Aus diesem Grund besetzten italienische Truppen Teile Libyens, den Küstenstreifen der Kyrenaika und Tripolitanien. Zudem erklärte Italien am 29. September 1911 dem Osmanischen Reich den Krieg. Italien hatte schon seit dem Prozess seiner Wiedervereinigung, des „Risorgimento" seit 1870, reges Interesse an diesen Gebieten, die in unmittelbarer Nachbarschaft Siziliens lagen. Diese Region in Nordafrika war zwar keine osmanische Kernprovinz, aber hatte seit 1551 praktisch den Vasallenstatus und stand unter osmanischer Oberhoheit. Allen voran der osmanische Verteidigungsminister *Mahmut Şevket Pascha* erkannte, dass das Reich in Tripolitanien gegen Italien keinen regulären Abwehrkrieg, sondern nur punktuell einen lokalen Widerstand organisieren konnte. Die Besetzung Tripolitaniens erregte die Gemüter vieler junger Offiziere in der osmanischen Armee, und viele meldeten sich freiwillig für einen Kriegseinsatz in Libyen. Neben dem jungen *İsmael Enver*, dem späteren Kriegsminister *Enver Pascha*, der 1911 als Militärattaché an der osmanischen Vertretung in Berlin seinen Dienst versah, meldete sich auch Mustafa Kemal freiwillig. *İsmail Enver* traf Ende Oktober 1911 in der Hafenstadt Benghazi ein und übernahm das Oberkommando der osmanischen Streitkräfte. Mustafa Kemal reiste getarnt als Journalist der Zeitung *Tanin* mit Namen Mustafa Şerif über Ägypten ein. Auf dem Weg nach Benghazi erkrankte er. Er erholte sich einige Tage in Alexandria, bevor er mit einer Gruppe osmanischer Offiziere weiterreisen konnte. Die Gruppe musste sich bei der Durchreise durch das neutrale, von den Briten besetzte Ägypten als Beduinen verkleiden. In Libyen versuchten sie, den Widerstand der einheimischen Stammesfürsten gegen die italienischen Besatzer zu organisieren. Die Rivalität zwischen *Enver* und Mustafa Kemal bekam in Benghazi nun deutliche Züge. Mustafa Kemal versuchte, in seinem Abschnitt Derna eine Beduinenabwehr zu organisieren. Er ließ Einheiten zusammenstellen und koordinierte den Guerillakrieg der einzelnen Clanchefs. Währenddessen gab *Enver* für die Stammesfürsten Empfänge, auf denen er große Reden schwang und seine politischen Fantasien kundtat.

Fürst Ferdinand ließ sich im September 1908 zum König der Bulgaren ausrufen, was die europäischen Großmächte Monate später anerkannten. Kreta deklarierte daraufhin ebenfalls seine Sezession vom Osmanischen Reich und vereinigte sich mit Griechenland. Die Osmanen zogen sich langsam vom Balkan zurück, und unter russischer Schirmherrschaft schlossen sich 1912 Serbien, Bulgarien, Griechenland und Montenegro trotz etlicher Vorurteile und Misstrauen in einem Balkanbund zusammen. Da die Aufmerksamkeit der Osmanen den neuen Entwicklungen auf dem Balkan galt, gaben sie die nordafrikanischen Provinzen praktisch verloren und schlossen mit Italien im Oktober 1912 das Abkommen von Lausanne Ouchy. Die italienischen Truppen blieben in ihren Stellungen, und Italien besetzte Rhodos und die Inselgruppe nahe der türkischen Küste, den Dodekanes. Diese waren überwiegend von

Griechen bewohnt und in den Jahrhunderten der osmanischen Oberhoheit relativ unabhängig. Das Abkommen sah ferner vor, dass das Osmanische Reich alle Soldaten und Reichsvertreter aus Libyen abzog. Einzig ein geistlicher Würdenträger als Vertreter des Kalifats durfte in Libyen bleiben. Italien verpflichtete sich im Gegenzug zur Abschaffung der umfangreichen Kapitulationen. Ab 15. Oktober 1912 zogen sich die osmanischen Truppen aus der Region zurück, womit das Reich die letzten Einflussgebiete auf dem afrikanischen Kontinent verlor. Mustafa Kemal hatte sich bei den Kämpfen eine Augenverletzung zugezogen. Auf der sehr umständlichen Heimreise über Alexandria, Marseille, Wien, Bukarest und Konstanza nach İstanbul, die einer Irrfahrt glich, nutzte er den Stopp in Wien für eine Behandlung.

Der Friedensschluss der Osmanen mit Italien und der Abzug aus Nordafrika waren vorausschauend, da im gleichen Jahr der Balkankrieg begann. Der Balkanbund beinhaltete auch eine militärische Beistandsverpflichtung für den Fall, wenn eine der Parteien angegriffen werden sollte. Die weltpolitische Lage und die Schwäche des Osmanischen Reichs ließen insbesondere in Griechenland und Bulgarien Hoffnungen auf weitere Gebietsgewinne wachsen. Als Montenegro am 8. Oktober 1912 den Osmanen den Krieg erklärte, war der Kampf um die verbliebenen Gebiete eröffnet. Innerhalb weniger Tage erklärten auch die anderen drei Staaten den Krieg. Bulgarische Truppen stießen sehr schnell bis zur Meerenge der Dardanellen und auf İstanbul vor, bis sie in Çatalca vor den Mauern der Hauptstadt zum Stillstand kamen. Seit 1453, dem Jahr der Eroberung Konstantinopels durch die Osmanen, rückte keine fremde Macht mehr so bedrohlich an die Hauptstadt heran.

Mustafa Kemal erhielt Ende November 1912 den Befehl über eine Einheit auf der Halbinsel Gallipoli (Gelibolu), wo er eine Landenge bei *Bolayir* gegen die bulgarischen Truppen verteidigen sollte; ein durchaus schwieriges Unterfangen. Wieder hatten Mustafa Kemal und *Enver*, der mittlerweile zum Pascha befördert worden war und mit einer großen Streitmacht zum Entsatz nach Edirne aufbrechen sollte, unterschiedliche Auffassungen. Streitpunkt war die Landung der türkischen Truppen in *Tekirdağ*, die von Mustafa Kemal als gefährlich eingeschätzt wurde, weil die Flanken ungeschützt waren. *Enver Pascha* gab unbeirrt den Befehl, und die landenden Truppen hatten schwere Verluste zu beklagen. Erst als Teile der bulgarischen Truppen abgezogen wurden, weil sie an anderen Fronten gebraucht wurden, gelang *Enver Paschas* Entsatz; er konnte die Stadt Edirne ohne Gegenwehr zurückerobern. Durch diesen Erfolg wurde *Enver Pascha* zum General befördert und am 3. Januar 1914 zum osmanischen Kriegsminister berufen. Der um ein Jahr jüngere *Enver* enteilte Mustafa Kemal damit in der militärischen Karriere. *Aydemir* beschreibt das Verhältnis von *Enver* und Mustafa Kemal seit ihrem ersten Aufeinandertreffen als problematisch. *Envers* Antipathie sollte sich im Laufe der Zeit zu einem richtigen Komplex entwickeln. Grund dafür waren die grundverschiedenen Charaktere und Lebensgewohnheiten der beiden. *Enver* war ein frommer Muslim, der keinen Alkohol trank und auch ansonsten keinen Vergnügungen frönte. Mustafa Kemal hingegen hatte schon während seiner Ausbildung an der Militärakademie keinen Hehl daraus gemacht, dass er Alkohol trank und anderen weltlichen Freuden zugeneigt war.[17]

Saloniki ergab sich am 8. November 1912 den herannahenden griechischen Truppen. Der Verlust der Stadt sowie großer Teile des als Rumelien bezeichneten Gebietes wäre keinem vaterlandsliebenden Osmanen in jenen Jahren auch nur in den Sinn gekommen; er bedeutete einen schweren moralischen Rückschlag. Zehntausende Muslime flohen nach İstanbul und Kleinasien. Mustafa Kemal hatte Mutter und Schwester schon längst nahegelegt, die geliebte Heimat zu verlassen. Sie kamen ermüdet mit einem Tross von Flüchtlingen vor den Toren İstanbuls in einem Lager an, wo er sie ausfindig machen konnte. Er hatte im İstanbuler Stadtteil *Beşiktaş-Akaretler* schon eine Wohnung angemietet, in der er gemeinsam mit seiner Mutter und Schwester lebte. Der Verbleib des Stiefvaters *Ragıp Bey* und seiner Kinder zu jenem Zeitpunkt ist unklar. *Zübeyde* hatte sich aber von ihrem zweiten Ehemann getrennt.

Durch eine Regierungsumbildung in İstanbul wurde *Kıbrıslı Mehmet Kamil Pascha* neuer Großwesir; er stand unter Sultan Abdülhamid II. drei Mal in der Regierungsverantwortung. Er arbeitete mit den Balkanstaaten einen Waffenstillstand aus, der am 3. Dezember 1912 unterzeichnet wurde. Um auf lange Sicht die komplizierte Balkanfrage einer Lösung zuzuführen, wurde eine weitere internationale Konferenz in London angesetzt. Hier verhandelte man über den Grenzverlauf zwischen dem Osmanischen Reich und den Balkanstaaten, über die strittigen Grenzfragen zwischen den Balkanstaaten und die Frage, wie die vom Osmanischen Reich abgetrennten Gebiete untereinander aufzuteilen waren. Der Anspruch Bulgariens auf Edirne wurde von den europäischen Großmächten mit einer diplomatischen Note für İstanbul unterstützt, in der sie die Osmanen zur Aufgabe ihrer Ansprüche auf Edirne und auf die ägäischen Inseln aufforderten. Und das, obwohl Briten und Franzosen noch zu Beginn des Balkankrieges versicherten, dass eine Korrektur von Grenzverläufen auf dem Balkan nicht vorgesehen sei. Dies brachte die neue Regierung *Kamil Paschas* sehr in Bedrängnis, und die Jungtürken putschten daraufhin am 23. Januar 1913 gegen die Regierung. Der wutentbrannte *Enver Pascha* stürmte in die Staatskanzlei *Babıali* und zwang den alternden *Kamil Pascha* mit vorgehaltener Pistole zum Rücktritt. Der nachfolgende Regierungschef *Mahmut Şevket Pascha* hatte ebenfalls kein Glück, weil die kriegerischen Auseinandersetzungen wieder begannen und der Waffenstillstandsvertrag obsolet wurde. Daraufhin wurde die Stadt Edirne (Adrianopel) wieder belagert. Die griechische Marine war auf dem direkten Weg in die Dardanellen und besetzte die Insel Lemnos am Eingang der Meerenge.

Im İstanbuler Vorort *Yeşilköy* kam es am 29. September 1913 zum Friedensschluss zwischen Bulgarien und dem Osmanischen Reich. Die Städte *Kırklareli*, *Edirne* und *Dimetoka* fielen an das Osmanische Reich, und der Fluss Maritza wurde zur neuen Grenze. Ferner wurde der türkischen Minderheit in Bulgarien das Recht auf Umsiedlung innerhalb der nächsten vier Jahre in die Türkei zuerkannt. Denjenigen, die in Bulgarien bleiben wollten, wurde eine

Religions- und Konfessionsfreiheit garantiert, und Türkisch wurde als Unterrichtssprache in Grund- und Mittelschulen eingeführt. Auch wurden die Besitzrechte und -titel der Türken garantiert. Das Osmanische Reich hatte auch mit Griechenland und Serbien Separatfrieden ausgehandelt. Die Osmanen verloren endgültig Kreta an Griechenland. Das Schicksal der anderen ägäischen Inseln war offen, weil die europäischen Großmächte dort als Treuhänder auftraten. Im Gegenzug wurde den türkischen Minderheiten in den betroffenen Gebieten Rechtssicherheit zuerkannt. Als wichtigste Ergebnisse der Balkankriege der Jahre 1912/13 bleibt festzuhalten: Das Osmanische Reich verlor seinen seit Jahrhunderten andauernden Einfluss auf große Teile des Balkans endgültig. Auf dem Balkan bildeten sich verschiedene neue Nationalstaaten. Zwischen den neuen Staaten wie Albanien bildeten sich sehr schnell neue und „alte" Rivalitäten heraus. Auf dem Balkan war die letzte Schlacht noch nicht geschlagen, und das Osmanische Reich stand weiterhin im Mittelpunkt der Begehrlichkeiten europäischer Großmächte.

Militärattaché in Bulgarien

Nach dem Separatfrieden mit Bulgarien erhielt Mustafa Kemal Ende Oktober 1913 den Versetzungsbefehl in die bulgarische Hauptstadt Sofia. Er wurde Militärattaché an der neuen osmanischen Gesandtschaft in Sofia und sollte dort bis Januar 1915 bleiben. Erster Botschafter in Sofia wurde *Fethi (Okyar)*, der ehemalige Generalsekretär des Komitees für Einheit und Fortschritt. Die Beiden kannten sich und verstanden sich in Sofia gut. Auf den ersten Blick mag man verwundert sein, wie dieser Posten eine Herausforderung für einen jungen ambitionierten Offizier sein konnte, der in der Befehlskette möglichst schnell nach oben kommen wollte. Viele türkische Quellen vermuten dahinter einen bewussten Schachzug des Kriegsministeriums, mit dem Mustafa Kemal neutralisiert werden sollte. Dagegen spricht jedoch, dass er kurz nach seinem Dienstantritt in Sofia zum Oberstleutnant befördert wurde. Ferner fiel in seinen Aufgabenbereich neben Sofia auch die Führung der Attachés in Bukarest, Belgrad und Podgorica. Seine Tätigkeit war sehr vielseitig und beinhaltete auch politische Aspekte, da er unzählige Berichte an den Generalstab und das Verteidigungsministerium verfasste, in denen er über Aspekte wie den Verteidigungshaushalt Bulgariens, Kauf von Waffen und Militärreformen berichtete. Ferner existierte in Bulgarien eine bedeutende türkische Minderheit, die damals ca. 900 000 Menschen umfasste. Neben politischer Partizipation – 17 Parlamentarier vertraten die Minorität – wurde ihnen kulturelle Autonomie zugestanden mit eigenen Schulen und Zeitungen.

Mustafa Kemal sollte während der 16 Monate, die er in Sofia verbrachte, in Kontakten zu europäischen Diplomaten in der Vorphase des Ersten Weltkriegs vieles über Europa und die Hintergründe der europäischen Antagonismen erfahren. Er hatte in den vergangenen acht Jahren verschiedene Aufgaben militärischer oder nachrichtendienstlicher Art in entfernten Regionen des Osmanischen Reiches ausgeführt. Nun bot sich ihm erstmals die Möglichkeit, auf diplomatischem Parkett zu bestehen. Zudem konnte er seine Französischkenntnisse erstmals über einen längeren Zeitraum anwenden und deutlich verbessern. Sein Aufenthalt in Sofia wird bildlich oft mit der Pose in Verbindung gebracht, die er als Janitschar verkleidet auf einem Ball des Sofioter Militärklubs am 11. Mai 1914 gab. Eine sehr zweideutige und provokative Verkleidung allemal. Einerseits waren die Janitscharen als Elitetruppe des Sultans sehr gefürchtet und somit das Sinnbild der osmanischen Übermacht, aus deren Umklammerung Bulgarien sich erst einige Jahre zuvor befreien konnte. Andererseits wurde der Nachwuchs für die Janitscharen mithilfe der Knabenlese zwangsrekrutiert. Die Knabenlese wurde bis ins frühe 18. Jh. praktiziert und darunter muss man die Aushebung und Islamisierung von männlichen Jugendlichen und Kindern verstehen, die in neu eroberten Gebieten auf dem Balkan christlichen Familien entwendet und dann abseits vom profanen Leben auf den Beruf des professionellen Kriegers vorbereitet wurden.

Mustafa Kemal hat sich in seiner Zeit in Sofia als junger attraktiver Mann Anfang 30 aber auch verstärkt Liebesdingen zugewandt. Er hatte mehrere Romanzen und Liebschaften. Er hatte scheinbar Freude an der Damenwelt in der bulgarischen Hauptstadt, wobei sich Mustafa Kemal in einem Brief an Corinne Lütfü – die Brieffreundschaft war eher platonischer Natur – beschwerte, dass es ihm in Sofia unmöglich gewesen sei, eine schöne Frau ausfindig zu machen.[18] Er hatte eine Beziehung zu einer Bulgarin namens Dimitrina (Miti) Kovatschewa, Tochter des bulgarischen Generals Stilyan Kovatschewa, des damaligen Verteidigungsministers Bulgariens. Ob er die Beziehung zur Tochter aufbaute, um Informationen über den Vater zu bekommen, ist unbekannt. Jedenfalls sollte diese Beziehung wie so viele in seinem Leben kein glückliches Ende nehmen. *Aydemir* gibt als Grund dafür an, dass Mustafa Kemal nie in seinem Leben wirklich geliebt hätte.[19]

4.

Das Osmanische Reich im Ersten Weltkrieg – Aufstieg des jungen Offiziers

Die Gründe für den Ausbruch des Ersten Weltkrieges sind vielschichtig. Hier sind nur diejenigen von Interesse, durch die das Osmanische Reich in den Krieg mit hineingezogen wurde. Der „Kranke Mann am Bosporus" hatte politische wie wirtschaftliche Begehrlichkeiten geweckt. Dabei hatten die Großmächte insbesondere ein strategisches Interesse an den Meerengen des Bosporus und der Dardanellen gefunden. Als Herrscher über diese Wasserstraßen konnte man Russland den Zugang zum Mittelmeer verwehren und überwachte jeglichen Schiffsverkehr vom und ins Schwarze Meer.

Trotz der guten Beziehungen zum Deutschen Reich Ende des 19. Jh. tendierten die jungtürkischen Machthaber zu einem Bündnis mit England oder Frankreich. Die Briten lehnten 1911 ein solches ab mit der Begründung, dass man zum damaligen Zeitpunkt nicht die Verantwortung neuer politischer Verbindungen tragen konnte. Frankreich hatte bei einer ähnlichen Offerte seine Sensibilität gegenüber Russland zur Sprache gebracht. Russland selbst bevorzugte einen neutralen Status des Osmanischen Reiches und war durch die von deutschen Offizieren eingeleiteten Militärreformen beunruhigt, weil es eine mögliche weitere Front im Osten und die Absperrung der Meerengen um jeden Preis verhindern wollte. Durch das ablehnende Verhalten beider Staaten erlangten die deutschlandfreundlichen Kräfte in der jungtürkischen Regierung die Oberhand. *Enver Pascha* präferierte ein Bündnis mit dem Deutschen Reich, weil er sich sicher war, dass Deutschland den Krieg gewinnen würde. Aufseiten der Gewinner hätte das Osmanische Reich aus einer Position der Stärke verlorene Gebiete zurückfordern können.

Auf Vermittlung Österreich-Ungarns wurden Ende Juli 1914 Gespräche zwischen dem Deutschen und dem Osmanischen Reich aufgenommen, die Anfang August in einem Geheimabkommen mündeten. Dieses war so geheim, dass nicht einmal das osmanische Kabinett darüber in Kenntnis gesetzt wurde. Der Vertrag beinhaltete eine absolute Verpflichtung zur Neutralität der Vertragsunterzeichner im Falle einer Differenz zwischen Österreich-Ungarn und Serbien. Ferner sah er eine Verpflichtung zum Beistand des Osmanischen Reiches für den Fall vor, dass Österreich-Ungarn in einen Krieg gegen Russland ziehen sollte und das Deutsche Reich dann Österreich-Ungarn zur Hilfe eilen müsste. In einem solchen Fall war das Osmanische Reich automatisch gezwungen, an Seite der Verbündeten in einen Krieg gegen Russland zu ziehen. Im Gegenzug war das Deutsche Reich zu einer militärischen Verteidigung des osmanischen Reichsgebietes verpflichtet, wenn es bedroht werden sollte. In einem solchen Falle garantierte das Deutsche Reich, dass die deutsche Militärmission in der Türkei unter dem Oberbefehl des osmanischen Kriegsministers und Oberbefehlshabers verbleiben würde.

Als am 28. Juni 1914 durch Mitglieder eines serbischen Geheimbundes auf den österreichisch-ungarischen Thronfolger Franz Ferdinand und seine Frau in Sarajewo ein tödliches Attentat verübt wurde, stellte Österreich-Ungarn ein Ultimatum an die serbische Regierung mit der Forderung nach Aufklärung der Tatumstände. Nachdem das Ultimatum verstrichen war, erklärte Österreich-Ungarn Serbien den Krieg, was eine Reihe dieser Bündnisverpflichtungen und Beistandspakte in Gang setzte, unter anderem auch das Geheimabkommen zwischen Deutschem und Osmanischem Reich. Mustafa Kemal war noch in Sofia und stellte einen Versetzungsantrag in eine kämpfende Einheit.

Der Antrag wurde mit der Begründung abgelehnt, dass für einen verdienstvollen Offizier wie ihn sich immer eine Aufgabe fände; sein Verbleiben in Sofia war für den Augenblick wichtiger.

Eintritt des Osmanischen Reichs in den Ersten Weltkrieg

Neben dem Deutschen Reich leistete auch Großbritannien einen Beitrag zur Modernisierung der osmanischen Armee. Das Verhältnis der Briten zu den Osmanen soll so gut gewesen sein, dass der erste Lord der Admiralität, Winston Churchill, an *Enver* und *Cemal Pascha* fast täglich Botschaften telegrafierte, in denen er seine Bewunderung zum Ausdruck brachte.[20] İstanbul erteilte aufgrund dieser guten Beziehungen den Auftrag zum Bau zweier Schlachtschiffe in britischen Werften. Die jungtürkische Führung plante eine grundsätzliche Erneuerung ihrer Marine mit neuen, größeren Schiffen und die Aufrüstung alter Kreuzer. Die osmanischen Schiffsbesatzungen, die die beiden Schlachtschiffe überführen sollten, waren schon nach Großbritannien aufgebrochen, als die Schiffe von der englischen Admiralität beschlagnahmt und als Eigenbedarf in britische Dienste gestellt wurden. Am Vorabend des Ersten Weltkrieges fiel die Auslieferung dieser Schiffe mit der Mobilmachung in England zeitlich zusammen.

Ersatz für die beschlagnahmten Schiffe entsandte die deutsche Militärführung. Mit dem Schlachtkreuzer SMS Goeben und dem leichten Kreuzer SMS Breslau liefen unter dem Kommando von Admiral Wilhelm Souchon am 11. August 1914 zwei deutsche Kriegsschiffe in die Meerenge der Dardanellen ein. Sie waren der Royal Navy im Mittelmeer entkommen und wurden zwei Tage später an die osmanische Marine übergeben. Berlin teilte den Verkauf beider Schiffe an das Osmanische Reich mit. Die Goeben wurde zur *Yavuz Sultan Selim* und die Breslau wurde zur *Midilli* (Lesbos) umgetauft; die deutschen Mannschaften blieben auf den Schiffen, und der deutsche Admiral Souchon wurde zum Oberkommandierenden der osmanischen Flotte.

Am 28. Oktober 1914 drangen unter Führung Admiral Souchons die *Yavuz Sultan Selim* in einem Verband mit anderen osmanischen Kriegsschiffen ins Schwarze Meer ein und erwiderten das Feuer russischer Kriegsschiffe. Nachdem ein russisches Minenschiff versenkt wurde, beschoss die osmanische Flotte mehrere russische

Küstenstädte, v. a. Odessa und Sewastopol. Damit waren die Würfel gefallen. Nachdem das Osmanische Reich mehrere russische, französische und englische Ultimaten verstreichen ließ, erklärte Russland am 4. November 1914 dem Osmanischen Reich den Krieg. Einen Tag darauf erfolgten auch die Kriegserklärungen Frankreichs und Großbritanniens. Das Osmanische Reich war damit de facto in der ersten Novemberwoche 1914 aufseiten der Mittelmächte Kriegspartei geworden. Für die Mittelmächte barg dies einige strategische Vorteile. So konnte man über osmanisches Reichsgebiet das britische Protektorat in Ägypten, den Suezkanal und das Rote Meer leicht erreichen und damit die britischen Handelswege bis nach Indien empfindlich stören. Der Zugang zum Schwarzen Meer konnte versperrt werden, was eine massive Störung der russischen Nachschubwege bedeutet hätte. Sultan *Reşat Mehmet V.* ließ in seiner Funktion als Kalif den „Heiligen Krieg“ (Dschihad) ausrufen; alle Muslime unter britischer, russischer oder französischer Oberherrschaft sollten sich erheben. Dass dieser Aufruf letztlich fast ungehört blieb, lässt tiefe Rückschlüsse auf die damalige Bedeutung der Institution des Kalifats in der islamischen Welt bzw. auf die Bedeutung des Osmanischen Reichs zu.

Der Erste Weltkrieg aus osmanisch-türkischer Sicht

Die osmanischen Truppen kämpften an mehreren Fronten; im Osten und Norden und auf dem Balkan gegen Russland, im Westen und Süden des Reiches gegen Briten und Franzosen. Im Kaukasus standen sich osmanische und russische Truppen gegenüber, weil beide Seiten ihren Einfluss auf diese Region geltend machen wollten. Die Stadt *Batum*, das Gebiet *Sarıkamış* und die Stadt *Kars* waren durch das Abkommen von Berlin nach dem russisch-osmanischen Krieg 1877–1878 an Russland gefallen. Mit der Bombardierung Trabzons durch die russische Marine am 17. November 1914 galten die Kampfhandlungen als eröffnet. Der neue Kriegsminister *Enver Pascha* führte höchstpersönlich den Oberbefehl über die türkischen Truppen im Kaukasus. Seine Vision eines Großtürkischen Reiches wollte er mit der Einnahme des gesamten Kaukasus durchsetzen. Er wollte einen Korridor schaffen, der Mittelasien mit dem Osmanischen Reich verbinden sollte. Der Winter 1914/15 war außergewöhnlich hart, und das Thermometer fiel stellenweise bis unter 40 Grad. Der Befehlshaber der 3. Armee, *Hasan İzettin Pascha*, wollte deswegen keinen Angriff wagen und sich lieber im Notfall bis nach *Erzurum* zurückziehen, um dort zu überwintern. *Enver Pascha* gab entgegen vieler Bedenken seiner Offiziere am 22. Dezember 1914 jedoch den Angriffsbefehl.

Durch die übermächtige russische Marine war das Schwarze Meer bald ein russisches Binnenmeer, wodurch der Nachschub für die osmanischen Streitkräfte über das Meer nur unter großen Schwierigkeiten und spärlich möglich war. Osmanische Schiffe konnten nur sehr nah an der türkischen Festlandküste unbehelligt auf Fahrt gehen, und vor dem türkischen *Zonguldak* wurden vier Frachtschiffe mit wichtigem Nachschub für die 3. Armee von der russischen Marine aufgebracht und versenkt. Den türkischen Soldaten im Kaukasus mangelte es an Verpflegung und Ausrüstung, und der Marsch Zehntausender Soldaten über die *Allah-ü ekber*-Berge endete in einer der größten Tragödien der osmanischen Militärgeschichte. Auch wenn es vereinzelt zu Feindberührung und Gefechten kam, starben Tausende in Folge von Hunger und Krankheit oder erfroren. Es existieren unterschiedliche Angaben über die Gesamtzahl der Gefallenen. So beziffert der türkische Generalstab die Verluste auf osmanischer Seite mit ca. 60 000 und auf russischer mit 30 000 Mann. Einigkeit besteht aber hinsichtlich der verheerenden Auswirkungen auf die Kampfesmoral der osmanischen Armee. Dieser Marsch osmanischer Soldaten bei *Sarıkamış* in den Tod ist in der Türkei ein bedeutendes Erinnerungsmotiv und wird in Filmen und Büchern thematisiert. Russische Truppen besetzten im Laufe des Jahres 1915 große Teile der heutigen Osttürkei mit den Provinzen *Ardahan*, *Van*, *Muş* und *Bitlis*; später dann auch noch *Erzurum*, *Erzincan* und *Trabzon*. An diesen Eroberungen waren auch armenische Milizen in der russischen Armee beteiligt. Inwiefern diese jedoch für den Traum eines Großarmenischen Reiches kämpften und insbesondere die armenische Bevölkerung im Osmanischen Reich damit zum Ungehorsam und Aufstand aufwiegeln konnten, wie von türkischer Seite oft behauptet wird, ist aus historischer Perspektive nicht abschließend geklärt.

In Ägypten und im Zweistromland kämpften die Osmanen gegen Briten und Franzosen und deren lokale Verbündete. Die osmanischen Truppen standen am Suez-Kanal mit der Absicht, die Wasserstraße zu kontrollieren und den britischen Nachschub aus den Kolonien zu unterbrechen. Der Zustand der osmanischen Truppen war erbärmlich und der Nachschub auf der Eisenbahnlinie des Hedschas traf sehr spärlich ein, was militärische Erfolge der Osmanen sehr unwahrscheinlich erscheinen ließ. Die Briten nahmen am 22. November 1914 Basra ein und eroberten später Bagdad. Diese Fronten lagen alle weit entfernt von der Hauptstadt İstanbul und wurden anfänglich nicht als bedeutend oder kriegsentscheidend empfunden.

Kampf um die Dardanellen

Die mit Abstand wichtigste Front war die Westfront, und die heftigste militärische Auseinandersetzung trug sich bei der Meerenge der Dardanellen zu. Die Meerenge von Çanakkale (türk. *Çanakkale Boğazı*) hat ihren Namen von der wichtigen Festung und gleichnamigen Stadt *Çanakkale* am Eingang der Meerenge. Die Eroberung der Dardanellen war eines der wichtigsten strategischen Ziele der Alliierten im Krieg gegen das Osmanische Reich. Wer diese Meerenge hielt, hatte leichten Zugang zu İstanbul und kontrollierte die Nachschubwege. Die Briten entschieden sich Anfang 1915 für eine Marineexpedition, und ein schwerer Flottenverband wurde dafür in die Ägäis verlegt. Unterstützt wurden sie von starken australischen und neuseeländischen Commonwealth-Einheiten. Während das Australian and New Zeeland Army Corps (ANZAC) sich in Mudros auf der Ägäisinsel Limnos zusammenzog, bereiteten sich die französischen Truppen auf der Insel

Bozcaada (Tenedos) vor dem Eingang der Dardanellen und nahe dem osmanischen Festland auf eine breit angelegte Offensive vor.

Mustafa Kemal saß immer noch in Sofia fest. Als *Enver Pascha* jedoch an der Kaukasusfront beschäftigt war und der Generalquartiermeister *Hakkı Pascha* in Abwesenheit *Envers* die Geschäfte führte, änderte sich seine Situation schlagartig, und seine Eingaben wurden erhöht. *Hakkı Pascha* konnte junge, tüchtige Offiziere gut gebrauchen, und Mustafa Kemal erhielt am 20. Januar 1915 den lang ersehnten Einsatzbefehl, der lautete: Abreise nach *Tekirdağ* ans Marmarameer, wo er das Kommando über die neu aufgestellte 19. Division der 5. Armee anführen sollte. Oberbefehlshaber der 5. Armee war Otto Liman von Sanders. Die 19. Division, die Mustafa Kemal befehligen sollte, bestand aus dem 57. Regiment und zwei weiteren Ersatzregimentern. Das 57. Regiment bestand aus drei Bataillonen und hatte alles in allem ca. 1000 Soldaten. Mustafa Kemal war zwar Divisionskommandeur, aber seine Division hatte nur 5–10 % der Sollstärke.

Mitte Februar 1915 begannen alliierte Kriegsschiffe mit dem Beschuss osmanischer Befestigungsanlagen. Der alliierten Flotte, bestehend aus Kriegsschiffen, Zerstörern, Kreuzern, Minensuchbooten und Versorgungsschiffen, hatten die Osmanen auf der See nichts entgegenzusetzen. Die Franzosen und Briten hatten sogar U-Boote und einen kleinen Flugzeugträger mit sechs Marineflugzeugen aufgeboten.[21] Nachdem die türkischen Stellungen mehrere Tage beschossen worden waren, erhielt die Flotte den Befehl, in die Meerenge der Dardanellen einzulaufen. In der Nacht vom 17. auf den 18. März erreichten die Schiffe *Çanakkale*; trotz der Übermacht auf See sollten die alliierten Kriegsschiffe aber nicht sehr weit kommen. Die türkischen Truppen hatten den Eingang der Meerenge weiträumig vermint. Als die alliierten Schiffe in die Reichweite der osmanischen Kanonen kamen, die an strategisch günstigen Positionen eingesetzt waren, eröffneten sie das Feuer. In dieser Nacht wurden mit der HMS Ocean, Irresistible und Bouvet drei Kriegsschiffe in der Meerenge versenkt und mit der HMS Inflexible, Suffren und Gaulois drei weitere schwer beschädigt. Mit einer solchen

Gegenwehr auf See hatten die Alliierten wohl nicht gerechnet. Der 18. März 1915 besitzt in der osmanisch-türkischen Kriegsgeschichte einen großen symbolischen Wert. Immerhin scheiterten in jener Nacht mit England und Frankreich zwei traditionelle Seemächte. Liman von Sanders berichtet,

> „*(...) dass der 18. März für das Verteidigungskommando von* Çanakkale und *die Bosporus-Kommandantur ein Tag der Ehre und des Ruhmes war und immer sein wird. Die Alliierten hatten nicht noch einmal versucht, über den Seeweg die Dardanellen zu durchqueren.*“[22]

Durch diese schmerzvolle Niederlage änderten die Alliierten ihre Strategie und planten eine groß angelegte Landung. Bodentruppen sollten auf dem Festland erst die Geschütze außer Gefecht setzen und dann die osmanische Verteidigung zersprengen. Am 25. April 1915 landeten gleichzeitig nördlich von *Kabatepe* bei *Ari burnu* die australischen und neuseeländischen ANZAC-Kräfte und bei *Seddülbahir* an der Spitze der Dardanellen-Halbinsel britische Truppen. Gleichzeitig landeten französische Truppen auf dem Festland bei *Kumkale*, wobei dieser Vorstoß ein Ablenkungsmanöver war. Insgesamt waren an der Landung ca. 65 000 alliierte Soldaten beteiligt, denen in den Stellungen auf der Halbinsel ca. 80 000 osmanische Soldaten gegenüber standen. Am Ende des ersten Tages hatten beide Seiten schwere Verluste zu beklagen; insbesondere die ANZAC-Kräfte, die bis zum Abend zwar fast 15 000 Mann an der Küste landen konnten, dafür aber 2 000 Gefallene und ebenso viele Versprengte zählten.

An jenem Tag schlug die Stunde Mustafa Kemals. Er war mit seiner 19. Division bei dem wichtigen strategischen Brückenkopf *Çonkbayır* als Ersatz stationiert. Er hatte seine Vorgesetzten zwar auf die schwache Verteidigung in seinem Abschnitt aufmerksam gemacht, doch niemand erwartete an dieser Stelle offensichtlich einen Angriff. Diese Fehleinschätzung hatte türkischen Quellen zufolge der Oberbefehlshaber Otto Liman von Sanders zu verantworten. Mustafa Kemal erkannte zwei Schwachpunkte in den osmanischen Verteidigungslinien auf der Halbinsel Gallipoli, die man auf keinen Fall dem Feind preisgeben durfte. Hier scheinen sich die topografischen Kenntnisse der Gegend bemerkbar gemacht zu haben, die er sich schon drei Jahre zuvor aneignen konnte, als er in der Gegend Festungsanlagen ausbessern ließ.

In Mustafa Kemals Frontabschnitt landeten starke australische und neuseeländische Verbände, die sehr schnell die kleine Anhöhe bei *Arı burnu* (Bienennase) erklommen. Die Gefahr bestand darin, dass, wenn der Feind die Linie *Koçaçimen–Conkbayırı–Kavaktepe–Kabatepe* erobert hätte, die osmanische Hauptstreitmacht auf der Halbinsel von jeglichem Nachschub abgetrennt gewesen wäre. Da er den Kommandanten Liman von Sanders nicht erreichen konnte, besprach er die Lage mit seinem direkten Vorgesetzten, der sie ebenso gefährlich einstufte. Mustafa Kemal entschied selbstständig und übernahm die volle Verantwortung seines Tuns – vielleicht vertraute er auch darauf, dass Liman von Sanders es schätzte, wenn niedere Ränge in der Befehlskette in Notsituationen auch Eigenverantwortung übernahmen. Er setzte sich mit seinem 57. Regiment und einer Geschützbatterie in Bewegung. Als er die Anhöhe bei *Koçaçimen* erreichte, wendete er sich Richtung *Conkbayır*. Dort kam ihnen eine kleine türkische Einheit entgegen, die in völliger Auflösung vor dem Feind floh. Seine Truppen waren in Unterzahl, doch hatten sie das Überraschungsmoment auf ihrer Seite und konnten den Angriff der ANZAC-Soldaten abwehren und die Anhöhe 24 Stunden halten, bis Verstärkung eintraf. In dieser Schlacht gab er den wohl berühmtesten seiner Befehle. Er befahl, die Bajonette aufzupflanzen und sprach weiter: *„Ich befehle euch nicht anzugreifen, ich befehle euch zu sterben. In der Zeit bis wir gestorben sind, können andere Kräfte und Kommandanten an unsere Stelle getreten sein.“*[23] Diese historische Verteidigung der *Arıburnu*-Anhöhe brachte Mustafa Kemal am 30. April 1915 den Gefechtsorden in Silber *(Muharebe Gümüş İmtiyaz Madalyası)* ein, und Anfang Juni 1915 wurde er zum Oberst befördert. Heute trägt diese Anhöhe auch den Namen *Kemalyeri* (der Ort Kemals) als Erinnerung daran, dass hier die Geburtsstunde des Soldaten und Offiziers Mustafa Kemal schlug.[24]

Im Juni 1915 inspizierte *Enver Pascha* die türkischen Truppen auf Gallipoli *(Gelibolu)* und brachte damit seine Dankbarkeit gegenüber den Offizieren zum Ausdruck, die sich in den bis dahin kriegsentscheidenden Schlachten ausgezeichnet hatten. Mustafa Kemal war erkrankt und bettlägerig. Dass *Enver Pascha* ihn nicht aufsuchte, erboste ihn so sehr, dass er sein Rücktrittsgesuch einreichte. Die Demission wurde von Otto Liman von Sanders jedoch zurückgehalten, und er intervenierte beim Kriegsminister.

> *„(...) Euer Excellenz beehre ich mich anzuzeigen, das Oberst Mustapha Kemal Bey durch schriftliches Gesuch seine Verabschiedung erbeten hat. Ich kann dies Gesuch nicht befürworten, da ich Oberst Mustapha Kemal Bey als einen ganz besonders fähigen, tüchtigen und tapferen Offizier kennen und schätzen gelernt habe, dessen Dienste das Vaterland in diesem großen Kriege durchaus braucht. (...) Oberst Mustapha Kemal Bey will ausscheiden, weil er glaubt, das Vertrauen Eurer Excellenz, des seines höchsten Vorgesetzten nicht zu besitzen. Er glaubt, dies besonders daraus zu ersehen, dass Eure Excellenz ihn bei der letzten Anwesenheit nicht aufgesucht haben, obgleich er krank war und noch krank ist, während Eure Excellenz die Führer der drei anderen Gruppen mit dem Besuch beehret haben. (...) Eure Exzellenz bitte ich, das Abschiedsgesuch, das ich vorläufig nicht beifüge, unter dem Ausdruck Eurer Excellenz Vertrauen gütigst ablehnen zu wollen (...).“*[25]

Enver Pascha verfasste durch Liman von Sanders Fürsprache ein Schreiben an Mustafa Kemal, in dem er auch ihm gegenüber seine Anerkennung zum Ausdruck brachte. Dies ist durchaus ein Aspekt, der diametral zur Feindschaft und Rivalität zwischen beiden steht, die in vielen türkischen Quellen immer wieder dargestellt wird.

Die Alliierten hatten nach der zweiten Niederlage vor dem Winter die Möglichkeit, sich zurückzuziehen oder mit neuen Kräften in naher Zukunft eine zweite Landung zu wagen. Die osmanischen Verteidiger erwarteten zumindest einen weiteren Angriff. Die Alliierten zogen neue Kräfte auf den vorgelagerten Inseln zusammen und landeten in der Nacht am 6. August 1915 wieder in *Arıburnu*. Der Kommandant der neu zusammengestellten Heereseinheit ‚*Anaf-*

artalar-Gruppe' hatte an diesem Frontabschnitt keinen Angriff erwartet, weshalb nur eine kleine Einheit von 2 500 Mann zur Verfügung stand. Die türkischen Truppen wurden stellenweise sehr weit in das Innere der Halbinsel zurückgedrängt, weshalb sofort ein Gegenangriff eingeleitet werden sollte. Der Kommandant der *Anafartalar*-Gruppe, Oberst *Fevzi Pascha*, wollte seine ermüdeten Soldaten erst einmal eine Nacht ausruhen lassen. Dies erboste Liman von Sanders so sehr, dass er den Oberst von seinem Kommando enthob und Oberst Mustafa Kemal mit dem Oberbefehl der *Anafartalar*-Gruppe betraute. Ab dem 9. August 1915 griffen unter Mustafa Kemals Befehl diese Truppen an. Über Wochen und Monate kam es zu heftigen Kämpfen, die letztlich in einem zermürbenden Stellungskrieg endeten, der auf beiden Seiten zu großen Verlusten führte. Während dieser Kampfhandlungen ereignete sich ein Vorkommnis, das weiter zum Mythos um Mustafa Kemal beitrug. Er wurde von einem Granatsplitter getroffen, der ihn jedoch nicht verletzte, weil er in der Taschenuhr in seiner rechten Hemdtasche stecken blieb. Ob ihn diese Uhr vor dem sicheren Tod bewahrte, so wie einige türkische Quellen glaubhaft zu machen suchen, muss dahingestellt bleiben. Diese Uhr hatte er später Liman von Sanders zum Geschenk gemacht, der ihm wiederum im Gegenzug seine Uhr aus dem Familienbesitz schenkte. Die Alliierten schienen langsam zu ermüden, weshalb Mustafa Kemal einen groß angelegten Gegenangriff vorschlug. Dieser Vorschlag wurde vom Oberkommando abgelehnt, was den ehrgeizigen und rastlosen Mustafa Kemal so sehr verärgerte, dass er wiederholt um Entlassung aus dem Dienst bat. Die Angelegenheit endete in einem Heimaturlaub in İstanbul, den er am 11. Dezember 1915 antrat.

Der britische Oberbefehlshaber General Hamilton wurde schon am 16. Oktober 1915 von seinem Posten abberufen, und Ende Dezember – einige Tage nach der Abreise Mustafa Kemals – zogen sich die alliierten Truppen aus ihren Stellungen zurück. Nachdem die letzten Truppen die Halbinsel Gallipoli *(Gelibolu)* am 9. Januar 1916 verließen, hatte das Osmanische Reich eine der größten Schlachten seiner Geschichte gewonnen, und Mustafa Kemal ging aus dieser Schlacht als ein bekannter Kriegsheld hervor. Der militärische Ruhm Mustafa Kemals wuchs weiter. Jedoch war der Sieg teuer erkauft. Wie viele osmanische Soldaten gefallen sind, ist schwer zu ermitteln; man nimmt aber allgemein an, dass doppelt so viele Soldaten auf osmanischer wie auf alliierter Seite gefallen sein sollen. Da die Alliierten ihre Verluste auf bis zu 100 000 beziffern, steht eine Zahl von 200 000 osmanischen Soldaten im Raum, die bei den Schlachten um die Habinsel Gallipoli zu Land und zu Wasser gefallen waren oder verletzt wurden. Die schlechte medizinische Versorgung der osmanischen Truppen trug auch seinen Teil zu diesen hohen Verlusten bei. Knapp die Hälfte der Gefallenen auf osmanischer Seite – so wird vermutet – waren gebildete Männer wie u. a. Lehrer und Verwaltungsbeamte. Dieser Verlust sollte sich in den kommenden Jahren beim Aufbau des neuen Staates erst richtig negativ bemerkbar machen. *Enver Pascha* hatte als Kriegsminister den militärischen Erfolg für sich selbst reklamiert; dies ging so weit, dass er gegen die Pläne der Herausgeber der offiziellen osmanischen Heereszeitschrift intervenierte, die ein Porträt des heldenhaften Mustafa Kemal auf die Titelseite bringen wollten.

An der Ostfront

Oberst Mustafa Kemal machte bei seinem Freund *Fethi Bey* in Sofia Zwischenstation, bevor er am 16. Januar 1916 nach *Edirne* als Kommandant des 16. Armeekorps versetzt wurde. Noch vor dem Ende der Schlacht um Gallipoli stießen russische Truppen im Osten des Landes tief in osmanisches Gebiet vor. Man wollte möglichst rasch nach Anatolien vorstoßen und Tatsachen schaffen, bevor die freigewordenen osmanischen Truppen aus dem Westen nach Ostanatolien verlegt werden konnten. Eingegliedert in die russischen Verbände waren wenige armenische Freiwilligenbataillone und Milizen, die sicher auch für die Idee eines Großarmeniens kämpften. Die osmanische Armeeführung verlegte die 2. Armee und damit auch das 16. Armeekorps an die Ostfront, und Mustafa Kemal kam über *Aleppo* und *Mardin* am 27. März 1916 im Hauptquartier in *Diyarbakır* an. Wenige Tage später, am 1. April 1916, wurde er zum General befördert, bzw. zum *„Mirliva"*, ein Dienstgrad, der zwischen Brigadegeneral und Generalmajor lag. Damit war er gleichzeitig berechtigt, den Titel „Pascha" zu führen, der nur den höchsten Beamten und Offizieren verliehen wurde.

Die Truppen im Osten des Landes waren in miserablem Zustand. Sie waren schlecht ausgerüstet, und diejenigen, die seit Jahren im Dienst standen, zeigten keine Kampfmoral mehr; Tausende Soldaten desertierten. Schlecht bestellt war es auch um die öffentliche Ordnung, und tagsüber wurden sogar Offiziere von Dieben und Banditen ausgeraubt. Die osmanischen Truppen kämpften in Ostanatolien anfänglich auf verlorenem Posten und mussten alsbald *Trabzon, Giresun, Gümüşhane, Bayburt, Erzincan* und *Erzurum* aufgeben. Da die russischen Einheiten aber nicht weiter vorpreschten, konnten sich die Osmanen neuformieren. Dabei erhielt Mustafa Kemal Pascha den Auftrag der Rückeroberung der Städte *Bitlis* und *Muş*. Nach heftigen Gefechten konnte er am 7. August *Muş* und am 8. August 1916 *Bitlis* aus den Händen der russischen Armee befreien. Die Stadt *Muş* sollte wenige Wochen danach wieder von russischen Truppen zurückerobert und erst am 30. April 1917 endgültig befreit werden. Als der Oberbefehlshaber der 2. Armee *Ahmet İzzet Pascha* Ende 1916/Anfang 1917 für einige Wochen vom Dienst befreit war, übernahm General Mustafa Kemal Pascha als Stellvertreter das Kommando über die 2. Armee. Adjutant im Generalstab der 2. Armee war *İsmet Bey* (İnönü).

Das Ausscheiden Russlands aus dem Ersten Weltkrieg nach der Februar-Revolution 1917 wollte *Enver Pascha* für ein stärkeres Engagement im Zweistromland und Ägypten ausnutzen. Bagdad war mittlerweile von den Arabern und Briten eingenommen, und arabische Einheiten drängten nach Palästina und in den Hedschas vor. In diesem Teil der arabischen Halbinsel liegen die heiligen Städte Medina und Mekka, und die Bedeutung dieser für das Kalifat war groß. Der osmanische Herrscher konnte nur solange den Anspruch auf den Titel des Kalifen erheben, solange er die Oberhoheit über Mekka und Medina und den freien Zugang zu den Pilgerstätten garantieren konnte. Zurückerobert werden sollte Bagdad durch die 6. und 7. Armee, die den Beinamen „Heeresgruppe Blitz“ *(Yıldırım Orduları Grubu)* trug. *Enver Pascha* hatte das Deutsche Reich um weitere Unterstützung gebeten, welches daraufhin eine deutsche Pionierbrigade abkommandierte, für die das Osmanische Reich fünf Mio. Goldtaler bezahlte. Diese Heeresgruppe stand unter dem Oberbefehl des deutschen Generaloberststs und türkischen Marschall Erich von Falkenhayn. Nach dem Misserfolg in Verdun wurde er durch Hindenburg als Chef des Generalstabs abgelöst und kam über militärische Erfolge in Rumänien ins Osmanische Reich. Falkenhayn selbst trug eine osmanische Uniform, während seine deutschen Generalstabsoffiziere weiter die deutschen Uniformen trugen. Als es um die Besetzung des Kommandanten der neuen 7. Armee ging, fiel auch der Name Mustafa Kemal Pascha. Falkenhayn hatte sich für ihn starkgemacht, während *Enver* einen anderen Armeeführer berufen wollte. Mustafa Kemal Pascha antwortete auf die Anfrage Falkenhayns trotz Bedenken positiv. Als er telegrafisch zur Übernahme der 7. Armee aufgefordert wurde, wurde sein Adjutant *Salih Bozok* Zeuge einer erregten Aussage:

> *„Ich werde das Kommando* über *die 7. Armee annehmen. Aber nicht, um eine Armee unter dem Kommando Falkenhayns zu führen, sondern um mit dieser 7. Armee zu verhindern, was Falkenhayn auch immer anstrebt.“*[26]

Mustafa Kemal trat am 5. Juli 1917 zwar das Kommando der 7. Armee im Raum *Aleppo* an, reiste darauf aber für einen Monat nach İstanbul, wo er den Aufbau seines Stabes vorantrieb. Zwischen Falkenhayn und ihm sowie anderen türkischen Offizieren kam es alsbald zu großer Disharmonie. Einerseits hatten die Offiziere unterschiedliche strategische und militärische Einschätzungen, andererseits waren persönliche Animositäten und Abneigungen im Spiel. Der deutsche General soll sich mehrfach herablassend über die Türken geäußert haben und soll eigenwillig gewesen sein.

So hatte sich Falkenhayn den Plan zurechtgelegt, die 7. Armee bis zum Sinai vorrücken zu lassen und damit den Einmarsch in Ägypten vorzubereiten. Mustafa Kemal sollte die Briten auf dieser Flanke beschäftigen, um dann gegen Bagdad vorzurücken. Er verurteilte den Plan Falkenhayns aufs Schärfste, weil die Briten seiner Meinung nach den osmanischen Truppen vielfach überlegen waren. Anstelle eines Angriffskrieges sprach er sich für einen geordneten Rückzug aus, mit der Befestigung einer Verteidigungslinie. Mustafa Kemal wollte sich auf die Verteidigung des osmanisch-türkischen Kernlandes konzentrieren und nicht Gebiete verteidigen, die von Arabern und anderen ethnischen Gruppen bewohnt wurden.

Türkische Quellen verherrlichen an diesem Punkt oft die strategische Weitsicht Mustafa Kemals. Es ist fraglich, ob er zu diesem Zeitpunkt schon so klar nach ethnischen Gesichtspunkten Grenzen zog, oder nicht aufgrund der Übermacht der Briten eine eher konservative Militärstrategie verfolgte. Zwischen Falkenhayn und den türkischen Generälen Mustafa Kemal Pascha sowie *Ahmet Cemal Pascha* kam es in den Stabsbesprechungen regelmäßig zu offenen Auseinandersetzungen. Mustafa Kemal schrieb einen ausführlichen Bericht über die Situation und schickte ihn an *Enver Pascha* und den Marineminister *(Bahriye Nazırı) Cemal Pascha.* Darin beschrieb er die Auflösungserscheinungen im Lande und plädierte für ein schnelles Ende des Krieges. Über die deutschen Verbündeten beschwerte er sich bitterböse, da ihre Kriegstaktik auf ein Hinauszögern des Kriegsendes gerichtet sei.[27] Er beschrieb dann den bedauernswerten Zustand der osmanischen Verbände, die zur Hälfte aus Kindern oder alten Männern bestanden. Aufgeschreckt durch so viel Offenheit, pflichtete ihm *Enver Pascha* bei einigen Aspekten bei. Jedoch war für ihn der Feind in keiner besseren Situation, und er erläuterte:

> *„Ich bin überzeugt davon, dass der oben erwähnte Generalfeldmarschall Falkenhayn, der den Oberbefehl über die Truppenbewegungen auf der Sinaihalbinsel führt, die richtigen Entscheidungen treffen wird. Ich bitte Sie darum, an diesem meinem Vertrauen teilzuhaben."*[28]

Mustafa Kemal Paschas Antwort darauf war der sofortige Rücktritt von seinem Kommando. Er wurde auf unbefristete Zeit freigestellt, kehrte Mitte Oktober 1917 in die Hauptstadt zurück und stieg im Pera Palas Hotel ab. Als die Briten im Dezember 1917 Jerusalem eroberten, wurde Falkenhayn durch Otto Liman von Sanders ersetzt.

Reise nach Deutschland und Kur in Karlsbad

Lange sollte die Zeit der Untätigkeit aber nicht andauern; das Kriegsministerium fand eine etwas andere Verwendung. Mustafa Kemal Pascha erhielt den Auftrag, den 55-jährigen Prinzen und Thronfolger (3. Juli 1918 bis 17. November 1922) *Mehmet VI. Vahdettin* auf seiner Reise zum Bündnispartner nach Deutschland als militärischer Verbindungsoffizier zu begleiten. Da Ṣultan *Mehmet Reşat V.* mit 73 Jahren krank und reiseunfähig war, vertrat ihn *Vahdettin* bei diesem wichtigen Gegenbesuch, der aufgrund des Kriegsverlaufs der letzten Monate nicht nur symbolischer Natur war. Viele türkische Quellen vermuten hinter diesem Auftrag eine List *Enver Paschas*, mit der Mustafa Kemal Pascha vom Kriegsgeschehen ferngehalten werden sollte. Dies erscheint jedoch wenig plausibel, da durch den schlechten Gesundheitszustand des regierenden Sultans eine baldige Nachfolgeregelung sehr wahrscheinlich war. Es machte keinen Sinn, in einer solchen Situation einen ambitionierten Konkurrenten mit dem Thronfolger zusammen auf eine mehrwöchige Auslandsreise zu entsenden. Im Gegenteil bot sich hier Mustafa Kemal Pascha die Chance, den künftigen Sultan näher kennenzulernen und ihm eventuell seine Ideen vorzutragen. Darüber hinaus bedeutete die Reise für Mustafa Kemal Pascha eine gute Gelegenheit, sich vor Ort selbst ein Bild über die militärische Kraft des Bündnispartners zu machen. Mustafa Kemal Pascha willigte schnell ein, und *Mehmet VI. Vahdettin* zeigte sich bei einem Treffen im Sultanspalast erfreut darüber, vom Retter İstanbuls auf dieser Reise begleitet zu werden.

Der Sonderzug fuhr am 15. Dezember 1917 vom europäischen Bahnhof *Sirkeçi* ab, und neben Mustafa Kemal Pascha befanden sich unter den Mitgliedern der Delegation auch Oberst *Naci (Eldeniz)* und der Chefberater des Sultans in auswärtigen Fragen, *Lütfi (Simavi)*. Auf der Fahrt traf er bald mit dem Prinzen in dessen Abteil zusammen. Nach einem längeren Monolog drückte der Prinz wiederholt seine Zufriedenheit aus, von einem so bekannten Offizier und Helden begleitet zu werden. Mustafa Kemal Pascha suchte nach Wegen, dem Prinzen seine Meinung über Kriegsverlauf und die Politik allgemein näher zu bringen.

Nach drei Reisetagen über Wien und München traf die Abordnung am 19. Dezember 1917 im kaiserlichen Hauptquartier in (Bad) Kreuznach ein. Die Verbündeten aus dem Osmanischen Reich wurden von Kaiser Wilhelm II. an der Eingangspforte des Hauptquartiers begrüßt. Bei dem anschließenden Empfang, an dem auch der erste Generalquartiermeister Erich Ludendorff und Generalfeldmarschall Paul von Hindenburg teilnahmen, stellte der osmanische Thronfolger die Delegationsmitglieder einzeln vor. Als er den Namen Mustafa Kemal Pascha aussprach, fiel ihm Kaiser Wilhelm II. ins Wort und fügte gedankenschnell hinzu: 16. Regiment Anafartalar.[29] Tags darauf erläuterte die deutsche Militärführung die Lage bei zwei Ortsterminen an der deutsch-französischen Front in Straßburg und Colmar. Die Gäste wurden über die bevorstehende Frühjahrsoffensive unterrichtet, die an der Westfront die entscheidende Wende bringen sollte. Mustafa Kemal Pascha empfand die Einschätzungen als zu optimistisch. Er merkte, wie sich Prinz *Vahdettin* beeindrucken ließ, und brüskierte daraufhin die Gastgeber ein ums andere Mal. Er äußerte Zweifel an einem militärischen Erfolg des deutschen Bündnispartners und stellte damit das Bündnis infrage. Er brachte Ludendorff in Verlegenheit, als er ihn darauf ansprach, was mit dieser Offensive denn erreicht werden könne, weil sie kaum kriegsentscheidend sein werde.[30] Kaiser Wilhelm II. erkannte trotz Lob für Mustafa Kemal Paschas Erfolge, dass die Skepsis scheinbar langsam auch *Vahdettin* ergriff. Der Kaiser wies darauf hin, dass es in der Umgebung des osmanischen Prinzen

Leute gebe, die an der Entschlossenheit der Deutschen zweifelten.

Nach der Frontinspektion fuhr man über Essen – dort besuchte man die Waffenfabrik von Krupp – weiter nach Berlin, wo die Delegation einige Tage verweilte. Mustafa Kemal Pascha war durch die gewonnenen Einblicke in seiner Überzeugung bestärkt, dass das Deutsche Reich den Krieg kaum gewinnen konnte. Auf der Rückreise redete er auf den Thronfolger ein und bot ihm, ohne Erfolg, seine Dienste als Chef der 5. Armee in İstanbul an, die damit der Verantwortung *Enver Paschas* entzogen werden sollte. Am 4. Januar 1918 traf Mustafa Kemal mit dem osmanischen Thronfolger wieder in İstanbul ein.

In den Wochen nach der Rückkehr litt er unter einer schweren Nierenkolik, die ihn Wochen ans Bett fesselte. Die Ärzte empfahlen einen Aufenthalt im bekannten Cottage-Sanatorium in Wien. Am 25. Mai 1918 machte sich Mustafa Kemal Pascha auf den Weg nach Wien, wo er vom Leiter Prof. Zuckerkandl persönlich behandelt wurde. Nach dreiwöchiger Behandlung verwies man ihn zur Badekur in den berühmten Kurort Karlsbad. Dort verbrachte er den Monat Juli 1918. Den Aufenthalt in Karlsbad nutzte er zur Lektüre und zu Gedankenspielen zur politischen Situation und der Zukunft des Landes. Seine Adoptivtochter Prof. Dr. Afet Inan hat in ihrem Buch „Karlsbader Erinnerungen“ *(Karlsbad Hatıraları)* fünf Tagebücher Mustafa Kemal Paschas aus der Zeit in Karlsbad verarbeitet. Diese hat er ihr mit der Aufforderung hinterlassen, sie möge später darüber schreiben. Die Tagebücher enden mit der Passage:

> *„Ich habe nicht die vollständigen und gesamten Erinnerungen meiner Tage in Karlsbad in diese Journale geschrieben. Dafür gibt es zwei Gründe. Erstens hatte ich nicht ausreichend Zeit zum Schreiben. Und zweitens, wie hätte ich alles, was ich getan und gedacht habe, also alle meine Ideen und alle Geheimnisse meines Lebens, diesem Journal anvertrauen können? Ist es nicht sogar sehr wahrscheinlich, dass ich an einem Tag in naher Zukunft, dieses mein Geschriebenes selbst zerstören werde? Weil es bisher immer so gewesen ist, gibt es keine Zusammenfassung meiner Erinnerungen.“*[31]

Mustafa Kemal beobachtet mit seinem Adjutanten Salıh Bozok den Fortgang der Sakarya-Schlacht

Mustafa Kemal als „oberster" Lehrer in Kayseri 1928

Latife Hanım begleitet Mustafa Kemal 1923 nach Adana

Gruppenbild in Erzurum mit Delegierten (erste Reihe Mitte Mustafa Kemal)

Mustafa Kemal (Mitte) während der Parlamentseröffnung auf dem Balkon des Parlaments

Mustafa Kemal Pascha listet in diesen Tagebüchern akribisch den Tagesablauf in der Kurklinik auf. Ferner gibt er Dialoge mit seinem Arzt Dr. Werner und mit anderen türkischen Kurgästen wieder, mit denen er über die politischen, sozialen und kulturellen Umwälzungen in der fernen Heimat diskutierte. Er hat mit Ausländern überwiegend Französisch gesprochen und einige Teile der Tagebücher auf Französisch verfasst. Er traf wichtige Aussagen zu Aspekten der Staatsverwaltung, dem sozialen Leben, den Beziehungen zwischen Mann und Frau und der neuen Rolle der Frau in der Heimat. In einer solchen türkischen Abendrunde verwies er auf die Schwierigkeiten, das Leben in Europa auf die Türkei zu übertragen, und notierte:

> *„Ich habe darauf geantwortet, was ich jederzeit und auch hier sage. Ich denke, die notwendigen Reformen unseres sozialen Lebens umgehend durch einen Staatsstreich einzuführen, wenn ich dazu die Befugnisse erhalten habe (...).“*[32]

Der Erste Weltkrieg geht zu Ende

Während seines Aufenthalts in Karlsbad verstarb Sultan *Mehmet V. Reşat*, und einen Tag später am 4. Juli 1918 bestieg als Nachfolger und letzter osmanischer Sultan *Vahdettin Mehmet VI.* den Thron. Mustafa Kemal Pascha hatte dem neuen Sultan aus Karlsbad Glückwünsche gesendet und sich insgeheim gute Chancen für neue Aufgaben ausgerechnet. Adjutant *Cevat Abbas Gürer* hatte ihm eine rasche Rückkehr nahe gelegte. Mustafa Kemal Pascha brach am 27. Juli 1918 von Karlsbad über Wien nach İstanbul auf, wo er am 2. August 1918 eintraf. In den darauffolgenden Tagen hatte er drei Audienzen beim neuen Sultan. Bei einer dieser Gelegenheiten legte er dem Sultan nahe, er möge sich selbst zum Oberbefehlshaber der Armee ausrufen und einen Generalstabschef benennen; nur damit könnte er die Armee unter seine Kontrolle bringen. Der Sultan griff diesen Vorschlag auf, wobei der Posten des Generalstabschefs nicht wie erhofft ihm selbst angetragen wurde, sondern *Enver Pascha*, der in Personalunion weiter Kriegsminister blieb.

Auch der neue Sultan hatte für ihn erneut das Kommando der 7. Armee in Aleppo vorgesehen. Als er dort am 26. August 1918 eintraf, war die Situation hoffnungslos. Die Briten waren nach der Einnahme Jerusalems am 9. Dezember 1917 immer weiter vorgerückt, und die osmanische Armee verteidigte an allen Fronten. Als die Briten am 19. September 1918 eine Großoffensive einleiteten, führte dies zu allgemeinen Auflösungserscheinungen der osmanischen Truppen. Mustafa Kemal Pascha führte seine Streitkräfte am Jordan entlang nach Damaskus zurück. Am 30. September 1918 fiel Damaskus und die Osmanen verließen die Stadt, die seit 400 Jahren unter ihrem Einfluss stand. Liman von Sanders übergab nach den Niederlagen in Palästina das Oberkommando über die gesamten Resttruppen an Mustafa Kemal und reiste nach İstanbul ab. Von dort verließ er gemeinsam mit den deutschen Offizieren und Soldaten der Deutschen Militärmission das Land; ihre Aufgaben waren erfüllt, und sie mussten innerhalb weniger Wochen ausreisen, wollten sie nicht außerhalb der Grenzen des Deutschen Reichs in Gefangenschaft geraten.

Nachdem Bulgarien am 29. September 1918 mit den Entente-Mächten ein Waffenstillstandsabkommen unterzeichnet hatte, war die Landverbindung der Osmanen zu ihren Verbündeten unterbrochen, und die Hauptstadt İstanbul lief Gefahr, von feindlichen Truppen besetzt zu werden.

Nachdem Deutschland Anfang Oktober um einen Waffenstillstand bat, schloss sich am 5. Oktober 1918 das Osmanische Reich diesem Wunsch an. Das „Triumvirat“ und die jungtürkische Regierung traten nach dem Eingeständnis der militärischen Niederlage am 8. Oktober 1918 zurück. *Enver*, *Talat* und *Cemal Pascha* verließen Anfang November 1918 auf dem deutschen Schiff Loreley İstanbul und fuhren nach Deutschland, wo sich ihre Wege trennten. *Enver* blieb noch einige Zeit unerkannt in Berlin, bevor er nach Russland reiste, um dort in Mittelasien den Kampf einer „islamischen Armee“ gegen die Briten fortzusetzen. Später schlug er sich nach Buchara durch und suchte dort Unterstützung für seine pantürkische Idee. 1922 starb er in einem Gefecht mit der Roten Armee. *Talat Pascha* wurde 1921 in Berlin auf offener Straße und *Cemal Pascha* im Sommer 1922 in Tiflis von Armeniern ermordet, die sich damit bei zwei Verantwortlichen der Massaker an den anatolischen Armeniern rächten.

Der Sultan setzte *İzzet Pascha* als neuen Regierungschef ein, der kein besonderer Freund Deutschlands war. Mustafa Kemal Pascha hatte gleich mehrere schriftliche Eingaben gemacht; er bewarb sich über Mittelsmänner für den vakanten Posten des Kriegsministers. Die osmanische Führung bedeutete ihm, dass er sich für einen Ministerposten noch gedulden müsse bis nach dem Friedensschluss. Dies kommentierte er verärgert:

> *„Der Frieden wird sich verzögern, und bis dahin werden wir sehr unruhige Zeiten durchleben. In diesem Zeitraum forderte ich den Posten des Kriegsministers, um dem Vaterland nützlich sein zu können. Wenn erst der Frieden eingetreten ist, werden ausgezeichnete Personen zu finden sein, die weit besser als ich in Ruhe und Bedacht das Ministerium leiten. Ich sehe deswegen für eine Kooperation, nachdem der Frieden eingetreten ist, keine Notwendigkeit und keinen Bedarf.“*[33]

Immerhin füllten mit Oberst *İsmet (Inönü)* als Unterstaatssekretär und *Fethi (Okyar)* als Innenminister zwei ihm nahestehende Personen wichtige Ämter aus. Sie versorgten ihn mit wichtigen Informationen, und er hatte somit einen direkten Zugang zur Regierung. Im Nachhinein betrachtet war es vielleicht sogar hilfreich, in keiner verantwortlichen politischen Funktion – auch nicht bei der Abwicklung der Waffenstillstandsverhandlungen – gewesen zu sein. Somit war er weniger angreifbar, wenn es um Fragen der Verantwortung ging. Die neue Regierung handelte umgehend einen Waffenstillstandsvertrag aus, der unverändert von vielen Türken als Diktatfrieden angesehen wird.

Der Waffenstillstand von Mudros

Die Waffenstillstandsverhandlungen fanden auf dem britischen Schlachtschiff Agamemnon statt, das in der Bucht des Hafens *Mudros* vor der ägäischen Insel Limnos ankerte. Am 30. Oktober 1918, nach tagelangen zähen Verhandlungen, wurde ein Waffenstillstandsvertrag geschlossen. Die osmanische Delegation wurde vom Marineminister *Rauf Bey (Orbay)* angeführt und stellte gleich zu Beginn ihre wichtigsten Forderungen. Im Mittelpunkt stand das Regime für die Meerengenpassage; die türkische Seite forderte deren alleinige Kontrolle, wobei der Verkehr für alle Schiffe außer für griechische Kriegsschiffe frei sein sollte. Ferner sollten mit dem Waffenstillstandsvertrag die Kampfhandlungen an allen Fronten umgehend eingestellt werden und alle fremden Truppen sich aus osmanischem Reichsgebiet zurückziehen. Schließlich forderte die türkische Seite, dass keine fremde Macht sich in die Verwaltung- und Regierungsgeschäfte des Reiches einmischen und die Souveränität des Sultanats und Kalifats nicht beschnitten werden sollte. Der britische Verhandlungsführer Admiral Somerset Gough-Calthorpe stellte jedoch einen 25-Punkte-Plan vor, der einer absoluten Kapitulation gleichkam und de facto die Auflösung des Osmanischen Reiches besiegeln sollte. Regierungschef *İzzet Pascha* hatte diese Bedingungen beiden Kammern des Parlaments in Geheimsitzungen erläutert, und die Abgeordneten stimmten schweren Herzens zu.

Der wichtigste Punkt des Vertrages war die Meerengenfrage. Die Passagen durch die Dardanellen und den Bosporus sollten für jegliche Schifffahrt unter alliierter Kontrolle frei sein. Ferner sollte die osmanische Armee bis auf kleinere Truppen zum Grenzschutz vollständig aufgelöst werden. Die Alliierten forderten die Kontrolle des Eisenbahnnetzes, der osmanischen Handelsflotte und des Telegrafennetzes. Alliierte und armenische Kriegsgefangene waren umgehend nach İstanbul zu bringen und freizulassen. Die weitaus folgenschwerste Entscheidung war jedoch die Besetzung der Hauptstadt İstanbul. Anfang November 1918 fuhr eine alliierte

Kriegsflotte in den Bosporus und ankerte demonstrativ vor dem Sitz des Sultans, dem Dolmabahçe Serail. Sultan und Regierung erfuhren auf dem Papier in ihren Macht- und Souveränitätsrechten keine großen Einschränkungen; faktisch waren sie jedoch zu Marionetten der Besatzer geworden, und auch der Rückhalt in der eigenen Bevölkerung schwand. In der Folgezeit zogen sich die Osmanen von der arabischen Halbinsel, aus dem Zweistromland, Ägypten und Syrien sowie Nordafrika zurück; diese Gebiete gerieten unter britischen und französischen Einfluss. Die sechs östlichen Provinzen des Osmanischen Reiches, die die türkische Bezeichnung *Vilâyât-ı Sitte* trugen, wurden im englischen Text des Waffenstillstandsvertrages mit „The six Armenian Vilayets" bezeichnet. Die Briten und Franzosen unterstützten weiter die Schaffung eines armenischen Staates in Anatolien und forderten zu diesem Zweck auch den Rückzug osmanischer Truppen aus *Kars*, *Ardahan* und *Batum*.

Mustafa Kemal Pascha hatte die Regierung in İstanbul nach der Unterzeichnung des Waffenstillstandsvertrages aus Aleppo mit Nachfragen über einzelne Inhalte des Vertragswerkes beschäftigt. Er wollte wissen, was unter der Räumung Syriens zu verstehen war, und hatte sich mit eigenen geografischen Vorstellungen nicht zurückgehalten. Die Regionen *Kilikien*, *İskenderun* und *Hatay* waren für ihn eindeutig türkisch, und er gedachte, jene Regionen ebenso wenig zu räumen wie die Gegenden um *Ayntap*, *Urfa* und *Maraş*, die von französischen und armenischen Truppen besetzt waren. Ferner hatte er eine konkrete Nachfrage bezüglich der Besetzung von Eisenbahntunneln im Taurusgebirge durch alliierte Soldaten. Da er eine mögliche Besetzung *İskenderuns* durch die Briten befürchtete, kabelte er nach İstanbul, dass er die 7. Armee von *Aleppo* nach *İskenderun* zurückführen werde. Sollten britische Truppen in *İskenderun* landen, würde er das Feuer eröffnen lassen.[34] Diese Ankündigung hatte die Regierung in İstanbul stark beunruhigt, da eine solche Handlung die Weiterführung des Krieges bedeutet hätte. Bevor die 7. Armee aufgelöst und entwaffnet wurde, ließ Mustafa Kemal Pascha im Taurusgebirge noch einige Waffenlager einrichten. Auch in anderen Regionen Anatoliens wurden solche Lager eingerichtet. Er kehrte nach İstanbul zurück und kam am 13. November 1918 in der Hauptstadt an. Er überquerte den Bosporus, und als sein kleines Boot zwischen den Kriegsschiffen der Alliierten fuhr, sprach er seinem Adjutanten gegenüber aus: *„Sie werden genauso gehen, wie sie gekommen sind.“*[35] In dieser oft zitierten Aussage Mustafa Kemal Paschas spiegelt sich die Sehnsucht nach Souveränität, die letztlich den Willen nach Unabhängigkeit des Landes stärken sollte.

In İstanbul suchten zehntausende von Flüchtlingen aus dem Balkan Unterschlupf. Das Osmanische Reich hatte zwar in den letzten 500 Jahren zuvor schon Schlachten und Kriege verloren, doch nie hatte die Hauptstadt die Auswirkungen einer militärischen Niederlage auch nur annähernd in einer solchen Intensität gespürt. Teile der nicht-muslimischen Bevölkerung empfingen die alliierten Truppen euphorisch; so prägten im Stadtteil *Beyoğlu* britische, französische und griechische Fahnen an den Gebäuden das Stadtbild. Der Journalist *Falih Rıfkı (Atay)* berichtet von einer Gruppe muslimischer Frauen in Kadıköy, die in seiner Zeitung folgende Anzeige geschaltet hatten:

> *„Vor den Seelen unserer Märtyrer, die* Çanakkale *verteidigt haben, sprechen wir die türkische Frau und die zivilisierte Welt an. Unser Volk, das eine halbe Million Soldaten zurück ins Meer geworfen hat, akzeptiert keine Niederlage durch das Einlaufen eiserner Festungen in unsere Häfen. Wir bedauern jene, die unsere Schleier zerrissen haben und ausdrückten, im Namen der Freiheit der Welt gekämpft zu haben. Sollte sich zur Verteidigung des nationalen Rechts und der Ehrenhaftigkeit keine Regierung und kein Mann finden, so nehme man uns.“*[36]

So dachten und empfanden viele muslimisch-türkische Bewohner der Stadt. Die Besatzung stimulierte den Widerstandsgedanken. Offiziere verließen die Hauptstadt, um in Anatolien Truppen zu sammeln oder freiwillige Kräfte aufzustellen, die gegen die Besatzer marschieren und das Reich und den Sultan retten sollten. In Anatolien regte sich Unmut gegen die Besatzung, und landesweit gründeten sich Vereine und Organisationen, die sich der Rettung des Vaterlandes verschrieben. Stellenweise schlug der Widerstand in pogromähnliche Gewaltaktionen gegen nicht-muslimische Minderheiten in Anatolien um.

Der Aufstieg Anatoliens zum Zentrum des Widerstandes

Wiederholt mietete sich Mustafa Kemal Pascha für kurze Zeit im Pera-Palas-Hotel ein, bevor er ein Wohnhaus im Stadtteil *Şişli* bezog, in dem er ab Anfang Dezember 1918 mit seiner Mutter und dem Rest der Familie lebte. In den nächsten sechs Monaten war er nicht untätig; er entwickelte politische Ideen und suchte nach Wegen der politischen Einflussnahme. So hatte er weitere Unterredungen mit dem Sultan. Bei einer solchen Audienz am 22. November 1918 traf er auf einen sichtlich aufgewühlten osmanischen Herrscher. Der Sultan stellte das Militär in den Mittelpunkt des Gesprächs und äußerte seine Besorgnis darüber, ob es auch zu ihm stehe und keinen Putsch plane. Er rang Mustafa Kemal Pascha als erfahrenem Offizier eine Antwort auf diese Frage ab, der ihm die Loyalität der Armee versicherte. Der Sultan beauftragte ihn damit, seinen Einfluss und sein Ansehen geltend zu machen, um das Offizierskorps zu beruhigen.[37] Nach diesem Gespräch wurde kolportiert, dass Mustafa Kemal Pascha in einer Regierungsumbildung zum Kriegs- bzw. Verteidigungsminister ernannt werden könnte. Er wartete vergeblich auf seine Ernennung. Nachdem die Chancen schwanden, von innen heraus als Vertreter der osmanischen Regierung Dinge zu verändern, nahm die Idee des aktiven Aufstandes gegen die Besatzer langsam deutlichere Formen an.

Mustafa Kemal Pascha warb für *Ahmet İzzet Pascha* als Regierungschef und nahm die Parlamentarier in die Pflicht, bei der Vertrauensabstimmung gegen die Regierung *Tevfik Paschas* zu stimmen. Er saß in der Besucherloge des Parlaments und musste mit ansehen, wie etliche Abgeordnete entgegen ihrer Zusage der Regierung das Vertrauen aussprachen. Die Angst der Abgeordneten war zu groß, dass bei einem Scheitern der Wahl der neuen Regierung das Parlament hätte aufgelöst werden können.

Durch das vom US-amerikanischen Präsidenten Woodrow Wilson propagierte Selbstbestimmungsrecht der Völker wurden verstärkt Forderungen nach einem armenischen und einem kurdischen Staat laut. Ferner wünschte der griechische Präsident *Venizelos* die Verlegung griechischer Truppen nach Kleinasien. Sowohl in İzmir als auch in Westanatolien lebten seit jeher große griechische Bevölkerungsgruppen. Der Idee eines Großgriechischen Reiches (Megali Idea), welches Teile des Balkans, Kleinasiens und Italiens umfassen sollte und in dessen Mittelpunkt die Besetzung İstanbuls (Konstantinopels) stand, wurde unter diesen Umständen eine sehr realistische Chance eingeräumt. Die Sorge vor einer Aufteilung Anatoliens war nicht unbegründet, zumal verschiedene griechische und armenische Organisationen darauf hinarbeiteten. So verfolgte die Gruppe „Schwarzer Tag" *(Mavi Mira)* das Ziel der Vereinigung Westanatoliens mit Griechenland. Diese Organisation wurde von der griechischen Regierung direkt finanziell unterstützt. Ferner gab es die Vereinigung des griechischen Pontus *(Pontus Rum Cemiyeti)*, die 1904 in *Trabzon* gegründet worden war und die die „Wieder"-Errichtung einer griechischen Enklave am Schwarzen Meer (Pontus) zum Ziel hatte. Daneben existierten die armenischen Vereinigungen und Parteien der Taschnak und Hintschak, die jedoch schon in den 1880er Jahren gegründet wurden und u. a. das Ziel eines Großarmenischen Reiches verfolgten.

Bedingt durch diese Bestrebungen und Entwicklungen des Jahres 1918 gründeten sich vielerorts in Anatolien lokale und regionale Komitees und Organisationen „zur Verteidigung der osmanischen Rechte". Die erste dieser Organisationen wurde am 30. November 1918 in Edirne gegründet und trug den Namen „Osmanische Verteidigungsorganisation der Rechte von Thrakien und Paşaeli" *(Trakya ve Paşaeli Müdafaa Heyet-i Osmaniyesidir)*. Die Organisation hatte sich schnell in weiteren Städten Thrakiens, wie *Tekirdağ, Çatalca* und *Gelibolu* verbreitet und formulierte das gemeinsame Ziel der Vereinigung von Ost- und Westthrakien und eine deutliche Absage an die griechischen Pläne eines Anschlusses Thrakiens an Griechenland. In İzmir wurde am 1. Dezember 1918 eine ähnliche Organisation gegründet: die *Müdafaa-i Hukuk-ı Osmaniye Cemiyeti*, aus der später die Vereinigung gegen die Annexion İzmirs *(İzmir Reddi İlhak Cemiyeti)* hervorgehen sollte. In *Trabzon* wurde die „Vereinigung zur Verteidigung der nationalen Rechte" *(Muhafaza-i Hukuk-ı Milliye Cemiyeti)* ins Leben gerufen. Schon Ende 1918 wurde auf Betreiben des Vorsitzenden der „Nationalen Gesellschaft für Erziehung und Schulung" *(Milli Talim ve Terbiye Cemiyeti) Dr. Esat Işık* in İstanbul ein Nationalkongress einberufen, auf dem Vertreter solcher Organisationen und politischer Parteien zusammen kamen und sich als „Nationale Kräfte" *(Kuva-yi Milliye)* unter einem Dach vereinigten. Daneben häuften sich die Berichte von Übergriffen auf Griechen und Armenier. In Anatolien galt das Wort des Sultans nicht mehr viel, er hatte kaum noch Einfluß und es herrschten anarchistische Zustände.

Diese Entwicklungen in Anatolien beunruhigten die Alliierten. Sie intervenierten beim osmanischen Sultan, der gegen die Aufstände in Anatolien vorgehen sollte. Die osmanische Führung ernannte drei Armeeinspekteure, die in verschiedenen Regionen Anatoliens die Ordnung wiederherstellen sollten. General *Fevzi Çakmak*, der später der erste Generalstabschef der jungen türkischen Republik werden sollte, erhielt das Oberkommando für İstanbul und General *Cemal Mersinli* den Befehl für die 1. Armee in Konya. Dem seit Monaten „unterbeschäftigten" Mustafa Kemal Pascha wurde nach langen Diskussionen der Posten des Generalinspekteurs der 9. Armee angetragen. Das war die Chance, auf die er so lange gewartet hatte; plötzlich hatte er nun einen Auftrag, mit dem er über weite Teile Ost- und Zentralanatoliens Befehlsgewalt erhielt. Auf sein Drängen hin erweiterte der Sultan seine Vollmachten; neben dem militärischen Oberbefehl erhielt er auch die Verwaltungsoberhoheit über die Provinzgouverneure. Gouverneure, Distriktgouverneure und Landräte in den Provinzen *Trabzon, Erzurum, Sivas, Van, Erzincan* und *Canık* hatten somit den Anweisungen des Generalinspekteurs Folge zu leisten. Unter seinem

Oberbefehl standen auch die Kommandeure der Heereskorps in den anliegenden Provinzen *Diyarbakır, Bitlis, Elazığ, Ankara* und *Kastamonu.* Die politischen und militärischen Ziele seiner Tätigkeit waren klar umrissen: Feststellung der Gründe für die Unruhen und Beseitigung selbiger sowie Demobilisierung der Armee.

Der Sultan hatte ihm sein Vertrauen ausgesprochen und hoffte insgeheim, dass er die ungehorsamen Truppen demobilisieren und die aufständischen Milizen niederhalten konnte. Einige türkische Historiker glauben, dass der osmanische Sultan über Verbindungen Mustafa Kemal Paschas zu diesen nationalen Vereinigungen unterrichtet gewesen war und insgeheim hoffte, er werde die Kräfte in Anatolien vereinigen und einen Aufstand gegen die Alliierten organisieren. Sultan *Vahdettin VI.* hatte Mustafa Kemal Pascha immerhin mit sehr zweideutigen Worten verabschiedet, als er den Wunsch äußerte, er möge das Land retten.[38] Zwei Tage vor seiner Abreise soll ihn der Generalstabschef *Cevat Pascha* nach einem Essen mit dem Regierungschef *Ferit Pascha* offen angesprochen haben, ob er Pläne schmiede, was Mustafa Kemal mit Ja beantwortete. *Cevat Pascha* hatte ihm dabei gewünscht, dass Allah ihm beistehen möge.[39] Ironischerweise hatten die Briten selbst mit ihrer Forderung den Beginn des anatolischen Unabhängigkeitskampfes eingeläutet. Am 15. Mai 1919 landeten die ersten griechischen Truppen in İzmir. Die Nachricht der griechischen Landung verbreitete sich schnell und förderte die anatolischen Unabhängigkeitsbestrebungen.

Mustafa Kemal Pascha verließ einen Tag nach der griechischen Landung am 16. Mai 1918 abends mit dem Motorschiff *Bandırma* İstanbul. Adjutant *Muzaffer Kılıç*, der ihn begleitete, beschreibt die Fahrt zum Schwarzmeerhafen *Samsun* sehr ausführlich. So war die Passage durch den Bosporus noch angenehm. In jenen Tagen wütete aber der berüchtigte Südwestwind *„Lodos"*, ein Föhnwind, der im Schwarzen Meer starken Seegang verursachte und das Schiff in der Nacht und am folgenden Tag kräftig durcheinander schüttelte. Die 20-köpfige Entourage – durchweg Offiziere des Heeres – wurden seekrank, so dass die *Bandırma* in der Bucht von *Sinop* mehrere Stunden ankerte , bis sich das Meer etwas beruhigte. Am 19. Mai 1919 kam das Schiff dann in *Samsun* an. Das Betreten anatolischen Bodens markiert den offiziellen Beginn des türkischen Befreiungs- und Unabhängigkeitskrieges.

Am 19. Mai jeden Jahres wird in der heutigen Türkei als Andenken an diesen symbolischen Beginn der Nationalfeiertag „Gedenken an Atatürk und Feiertag der Jugend und des Sports“ begangen. Mustafa Kemals Schwester *Makbule* berichtete Jahre später, dass ihr Bruder den Vorabend seiner Abreise mit der Mutter und ihr verbracht habe, ohne ihnen einen Hinweis über Ziel und Grund der Reise zu geben.

> *„Liebe Mutter, sagte er, ich gehe fort! Mit großer Wahrscheinlichkeit geschieht hier das Gleiche wie in Saloniki. Nachdem ich fort bin, macht keinen Fehler und geht nicht auf die Straße. Ich habe eine wichtige Mission zu erfüllen und muss, um dabei erfolgreich sein zu können, dies mit gutem Gewissen tun können.“*[40]

Diese orakelhaften Aussagen müssen für die Mutter zu viel gewesen sein. Sie verlor die Besinnung, und der Arzt musste gerufen werden. Nach drei Tagen sandte er ein kurzes Telegramm: *„Ich bin wohlbehalten in Samsun angekommen. Macht euch keine Sorgen.“*[41]

5.

Am seidenen Faden: die Jahre zwischen 1919 und 1921

Die Landung in Samsun gilt im Nachhinein betrachtet zwar als der Beginn einer neuen Ära. Am 19. Mai 1919 jedoch konnte aus der damaligen Perspektive niemand voraussehen, was in den kommenden Wochen und Monaten geschehen würde. Als Generalinspekteur hatte Mustafa Kemal Pascha den Auftrag der Demobilisierung und Befriedung; Ziele, die seinen eigentlichen Absichten entgegen standen. Diese musste er wenigstens bis zu dem Zeitpunkt verbergen, bis er ausreichend Rückhalt in der Bevölkerung besaß und Strukturen geschaffen hatte, die ihm ermöglichten, auch ohne die Uniform eines verdienten Offiziers und die Autorität des osmanischen Herrschers als Zivilist aufzutreten. Viele der hier genutzten türkischen Quellen stellen die Vorkommnisse so dar, dass Mustafa Kemal die einzelnen Schritte der Nationalstaatswerdung bis ins kleinste Detail geplant habe. Dies erscheint jedoch alleine schon deswegen wenig plausibel, weil er die Situation in Anatolien vorher nicht einschätzen konnte. Er wusste im Einzelnen nicht, auf welche Kräfte er zählen konnte und wie die Bevölkerung in Anatolien auf sein Vorhaben reagieren würde, sodass er sehr pragmatisch vorgehen musste.

Erste Richtungsentscheidungen

Kaum in *Samsun* angekommen, leitete er die ersten Amtshandlungen ein. In der Stadt waren britische Soldaten stationiert. Mustafa Kemal Pascha bemängelte Verstöße gegen die Bestimmungen des Waffenstillstandsabkommens von *Mudros*, weil Einheiten der Briten ins Landesinnere verlegt wurden, obwohl sie nach dem Abkommen in den Kasernen zu verbleiben hatten. In der Region ereigneten sich auch Übergriffe von Freischärlern und Banditen, die

die schwindende Autorität des Zentralstaats für ihre Zwecke nutzten. Da Mustafa Kemal Pascha der Distriktgouverneur zu passiv war, ließ er ihn ablösen. Die Gendarmerie in *Samsun* war zahlenmäßig unterbesetzt, weshalb er der İstanbuler Militärverwaltung die Aushebung neuer Kräfte vor Ort vorschlug. Da dies jedoch ebenfalls gegen die Waffenstillstandsbestimmungen verstoßen hätte, fand man eine andere Lösung. Der Sold wurde merklich angehoben, sodass sich ausreichend Freiwillige einfanden und die Truppen der Gendarmerie aufgestockt werden konnten. Auch die Bezüge des Generalinspekteurs und seines Stabs wurden um 50 % angehoben, und im Juni des Jahres 1919 beschloss das osmanische Parlament eine Budget-Aufstockung für Mustafa Kemal Paschas Aufgaben. Dahinter standen der osmanische Kriegsminister *Şevket Turgut Pascha* und der Generalstab, die die Aktivitäten Mustafa Kemals selbst dann noch unterstützten, als er seine wahren Absichten nicht mehr verbergen konnte.[42]

Mustafa Kemal Pascha beschreibt diese Phase in seiner „langen Rede“ *(Nutuk)*. Vor dem Hintergrund zweier zu jener Zeit möglichen Szenarien – die Unterstellung des Osmanischen Reichs unter amerikanisches oder britisches Protektorat oder dessen Zerstückelung – entwickelte er seinen Vorschlag, der lautete:

> *„Meine Herren, ich habe keine dieser Perspektiven für zutreffend erachtet. (...) Wie konnte in dieser Situation ein ernsthafter Vorschlag aussehen? Meine Herren, dieser Umstand führte zu einem einzigen Urteil. Und dieses war die Schaffung eines neuen türkischen Staates auf der Grundlage der Souveränität des Volkes und der Bedingung der Unabhängigkeit. (...) Demzufolge lauteten die Alternativen entweder die Unabhängigkeit oder der Tod.“*[43]

Durch die letzte Aussage, entweder Unabhängigkeit oder Tod *(ya istiklal ya ölüm)* – heute noch eine gern zitierte Parole – machte Mustafa Kemal deutlich, welche Mission zu erfüllen er gewillt war.

In *Samsun* war seine Bewegungsfreiheit jedoch eingeschränkt. Da sich sein Nierenleiden wieder bemerkbar machte, reiste er mit seinem Stab ins Landesinnere und kam am 25. Mai 1919 in der

Kleinstadt *Havza* in der Nähe von *Amasya* an. Regelmäßige Bäder in den dortigen Thermalquellen linderten seine Schmerzen erheblich. Die Bewohner der kleinen Stadt waren über den Besuch eines so hohen Gastes sehr erfreut und begrüßten ihn euphorisch; der Ruf als Retter İstanbuls und Held des Verteidigungskampfes auf den Dardanellen war ihm vorausgeeilt. Beim Freitagsgebet in *Havza* rief der Imam die Gläubigen auf, İzmir aus den Händen der ungläubigen Besatzer zu befreien; die Gemeinde bejubelte diese Forderung frenetisch. Der Imam rief den Männern weiter zu: *„Macht sofort eure Waffen bereit! Wer keine Waffe hat, soll eine Axt nehmen, wer keine Axt hat, soll ein Stück Holz nehmen. Wir greifen sofort an.“* [44] Mustafa Kemal Pascha hatte klare Ziele vor Augen, und die anatolische Bevölkerung war offensichtlich bereit, diesen Weg mitzugehen.

Er hatte bereits bei seinem Aufenthalt in *Samsun* Kontakt mit den Kommandanten des 15. Heereskorps in *Erzurum*, *Kazım Karabekir Pascha*, und des 20. Heereskorps, *Ali Fuat Pascha*, in Ankara aufgenommen. Von ihnen erfuhr er, dass griechische Truppen die ägäischen Städte *Manisa* und *Aydın* erobert hatten. An diese Kommandanten und an das dritte Heereskorps sandte er am 28. Mai 1919 ein geheimes Rundschreiben. In diesem als *Havza Genelgesi* bekannten Dokument stellte er fest, dass die Alliierten die nationale Unabhängigkeit bedrohten und die Zentralregierung zum Spielball der Besatzer geworden war. Zur Rettung des Vaterlandes und für die Unabhängigkeit forderte er in diesem Rundschreiben die militärischen Befehlshaber auf, mit Gouverneuren ihres Vertrauens Versammlungen abzuhalten, damit sie die Bevölkerung über die Situation im Lande und die Absichten der Alliierten informierten. Andererseits forderte er die Widerstandsbewegungen zur Aufstellung von Freiwilligeneinheiten auf, und die sechs Armeen in Anatolien wurden mit der Musterung von Soldaten beauftragt. Die Aktivitäten Mustafa Kemal Paschas in *Havza* wurden von den Briten mit zunehmendem Argwohn aufgenommen, und sie intervenierten bei der osmanischen Regierung. Das Kriegsministerium legte ihm darauf seine Rückkehr nach İstanbul nahe, die er erst einmal ablehnte. Eine Konsequenz der britischen Eingaben war die Verbannung von 67 oppositionellen Politikern, die sich mit der „anatolischen Sache“ solidarisiert hatten, ins Exil nach *Malatya*. Diese ersten Tage und Erfahrungen in Anatolien animierten Mustafa Kemal Pascha zu folgender Notiz in seinem Tagebuch:

> *„Ich bin in Samsun angekommen. Seit dem 18. Mai 1919 habe ich begonnen, mit den existierenden nationalen Organisationen landesweit in Kontakt zu treten, und Maßnahmen zur Stärkung dieser getroffen. Zuvörderst habe ich inklusive meines eigenen Kommandos mit der Ausrüstung aller Armee- und Freischärlereinheiten begonnen und mit der Aufklärung über Themen der nationalen Zielsetzungen. Zu diesem Zweck stand ich mit den Befehlshabern des 3., 13., 15. und 20. Heereskorps, dem Inspekteur der 2. Armee, dem zugehörigen 12. Heereskorps in Konya und dem 14. Heereskorps in Bursa und auch mit einigen Divisionskommandeuren in einen regen Austausch.“*[45]

Mustafa Kemal Pascha handelte nach einer seiner wichtigsten Maximen: Man bekommt kein Recht, sondern muss es sich nehmen. Das türkische Volk konnte nur zu seinem Recht kommen, wenn es sich wehren würde, schlussfolgerte er.[46] Für eine möglichst breite Basis der Legitimierung sollten landesweit Kongresse bzw. Versammlungen abgehalten werden; davon der Erste in *Erzurum*. Auf der Reise dorthin machte er am 22. Juni 1919 Halt in *Amasya*, wo Mustafa Kemal, *Hüseyin Rauf (Orbay)*, *Refet (Bele)* und *Ali Fuat (Cebesoy)* – die Generäle *Kazım Karabekir* und *Cemal Pascha* erteilten per Telegramm ihre Zustimmung – den Runderlass von *Amasya (Amasya Genelgesi)* unterzeichneten. Auch dieses Dekret ging an alle militärischen Befehlshaber und Verwaltungsinstitutionen in Anatolien. Mit diesem Dokument brachten die Unterzeichner ihre Sorgen um die Einheit des Vaterlandes und die Unabhängigkeit der Nation zum Ausdruck, und dass die İstanbuler Regierung nicht mehr ihre Pflichten erfüllte. Deshalb musste die Unabhängigkeit durch das Volk selbst eingefordert werden. Ferner wurde die Notwendigkeit einer konstituierenden Versammlung festgestellt, weil nur ein solches Organ ernst zu nehmende Forderungen stellen konnte. Dazu plante man, in *Sivas* einen Nationalkongress einzuberufen, an dem drei gewählte Delegierte aus jedem *Sandschak* (osmanische Verwaltungseinheit, Bezirk bzw. Landkreis) teilnehmen sollten. Als Erstes wurde in *Erzurum* ein Kongress anberaumt, auf dem die Delegierten der östlichen Provinzen für den nachfolgenden *Sivas*-Kongress gewählt wurden. *Falih Rıfkı (Atay)* berichtete von einem geheimen Vertragspunkt, mit dem die Protagonisten Mustafa Kemal Pascha, *Kazım Karabekir*, *Fuat Pascha* und *Rauf Bey* untereinander abgesprochen hätten, dass die erste nationale Regierung von ihnen gebildet werde.[47] Ob es diese Geheimabsprache wirklich gab ist nicht gesichert; in jedem Fall stellt das Rundschreiben von *Amasya* den offiziellen Beginn des anatolischen Befreiungs- und Unabhängigkeitskampfes dar.

Die İstanbuler Regierung ihrerseits hatte als Reaktion auf die Einberufung der beiden Kongresse Mustafa Kemal Pascha erneut nach İstanbul zurückbeordert. Als er dieser Aufforderung nicht nachkam, wurde er auf Beschluss des Ministerrates am 23. Juni 1919 seines Amtes enthoben, und *Hurşit Pascha* trat als Generalinspekteur Inneranatoliens an seine Stelle. Das Innenministerium hatte die Amtsenthebung an alle Provinzgouverneure gekabelt und sie aufgefordert, seine Befehle zu verweigern. In Anatolien sympathisierten aber sehr viele Vertreter der Zentralregierung längst mit Mustafa Kemals Bestrebungen oder konnten nicht genau einschätzen, wie sie mit diesem Erlass umgehen sollten. Als er auf dem Weg von *Amasya* nach *Erzurum* in die Nähe der Provinz *Sivas* kam, ließ der unschlüssige Gouverneur beim Innenministerium nachfragen, was zu tun sei. Obwohl die Antwort lautete, ihn wie einen entlassenen General zu behandeln, empfing ihn der Gouverneur in allen Ehren und ließ ihn danach weiterziehen.

Unbeirrt kam Mustafa Kemal am 3. Juli in *Erzurum* an. Er kabelte einige Tage später nach İstanbul: *„Ich trete von all meinen Rängen und Ehrenzeichen zurück und werde mich als ein Individuum des Volkes für die Errettung des Landes einsetzen."*[48] Er tauschte somit am 8./9. Juli 1919 seine Offiziersuniform gegen Zivilkleidung. Dieser Schritt barg Gefahren, weil er nun ohne weitreichende Kompetenzen auf sich alleine gestellt war. So hatte der Verbindungsoffizier des Generalstabes *Kazım (Dirik)*, der wie jeden Tag Telegramme und Nachrichten brachte, die Herausgabe dergleichen an Mustafa Kemal verweigert, weil er als Zivilist nicht mehr an erster Stelle der Befehlskette stand.[49]

Kongress von Erzurum

Vom 23. Juli bis zum 7. August 1919 fand in *Erzurum* der erste Nationalkongress für die östlichen Provinzen statt. Mustafa Kemal und *Rauf Bey (Orbay)* traten für die Ansprüche Anatoliens gegenüber der İstanbuler Regierung und der Alliierten ein. Dies alleine berechtigte sie aber nicht zur Teilnahme an diesem Kongress. Zwei Delegierte aus *Erzurum* übertrugen ihnen ihre Mandate. Gleich zu Beginn wählten die 56 Delegierten aus den östlichen Provinzen Mustafa Kemal zum Kongressvorsitzenden. Ein Blick auf die Berufe der Delegierten zeigt die gesellschaftliche Breite, mit der diese Bewegung getragen wurde. 17 Delegierte waren Großgrundbesitzer und Händler, fünf Offiziere a. D., vier Beamte im Ruhestand, fünf Lehrer, vier Journalisten, fünf Juristen, vier Ingenieure, ein Arzt, sechs Imame, drei Abgeordnete a. D., ein Befehlshaber und ein Bankier im Ruhestand. Durch den Kongress von *Erzurum* kam es zur Institutionalisierung des nationalen Widerstandes. Aus der Zweigstelle des „Nationalen Verteidigungskomitees" in *Erzurum* erwuchs die „Organisation zur Verteidigung der Rechte des östlichen Anatoliens" *(Şarki Anadolu Müdafaa-i Hukuk Cemiyeti)*. Gleichzeitig trennte diese Organisation sich von ihrer İstanbuler Zentrale.

Neben der Delegiertenwahl für den nachfolgenden Kongress in *Sivas* wurde eine Resolution verabschiedet. Sie beinhaltete als zentrale Positionen: 1. Die Unteilbarkeit des vaterländischen Territoriums (alle Gebiete innerhalb der durch den Waffenstillstand von *Mudros* festgelegten nationalen Grenzen). 2. Sultanat und Kalifat galten als Voraussetzung für die Weiterexistenz des Reiches und dazu Stärkung der nationalen Kräfte. 3. Für den Fall, dass die osmanische Regierung ihre Souveränität verliert und kapitulieren sollte, wurden Volk und Nation zur Verteidigung und zur Organisation des Widerstandes aufgefordert. 4. Bildung einer Übergangsregierung, falls die Zentralregierung die Unabhängigkeit des Landes nicht mehr garantieren könnte. 5. Keinen weiteren politischen Einfluss und Privilegien für die christliche Bevölkerung des Landes, die das Gleichgewicht der Gesellschaft verändern könnte. 6. Ablehnung von Protektoraten und einer Besatzung. 7. Das osmanische Parlament sollte umgehend seine Arbeit wieder aufnehmen und die Regierungsaufgaben gemäß dem Volkswillen wahrnehmen. 8. Wahl eines neunköpfigen „Repräsentativkomitees" *(Heyeti Temsiliye)* durch den Kongress und Bestätigung von Mustafa Kemal als dessen Vorsitzenden.

Somit ermächtigte der Kongress von *Erzurum* Mustafa Kemal zur Bildung einer Übergangsregierung in Anatolien unter seinem Vorsitz, wenn die İstanbuler Regierung letztlich scheitern sollte. Doch war der Repräsentativrat bisher nur durch die östlichen Provinzen legitimiert. Alle anderen Gebiete mussten diesen Forderungen und Positionen erst noch zustimmen. Der Kongress von *Erzurum* führte zu einer ersten Legitimierung der Nationalbewegung unter Führung von Mustafa Kemal.

Die französischen und britischen Hochkommissare bewerteten diese Entwicklungen in Anatolien als Revolte; Regierungschef *Damat Ferit Pascha* forderte die Festnahme Mustafa Kemals und dessen Überführung nach İstanbul. Die Vertreter der Zentralregierung in den Provinzen hatten zwar nach İstanbul gekabelt, dass eine Festnahme nur schwer durchführbar sei. Der Festnahmebefehl hatte aber zu einigen Gerüchten geführt. Eines besagte, dass er noch während der Beratungen in *Erzurum* am 30. Juli 1919 festgenommen werden sollte. Als General *Kazım Karabekir Pascha* dann auch noch um eine Unterredung bat, beschreiben die Adjutanten in ihren Memoiren einen ungewöhnlich besorgten Mustafa Kemal. Sie konnten diese Sorge schwer einordnen, weil der tapfere Offizier selbst in den schwierigsten Stunden der Schlachten in Gallipoli stets seine Begleiter und Soldaten furchtlos angetrieben hatte. *Kazım Karabekir* betrat den Raum, salutierte und sprach: *„Mein Pascha, mit allen Offizieren, Unteroffizieren, Soldaten und meinen ganzen Einheiten, erwarte ich weiter Ihre Befehle und stehe auch weiter zu Ihren Diensten.“*[50] Der Versuch, den Widerstand in Anatolien zu brechen, indem man die wichtigsten zivilen und militärischen Entscheidungsträger einfach auswechselte, scheiterte. Viele Kommandanten liefen mit ihren Einheiten dem Vorbild *Kazım Karabekir* folgend zu Mustafa Kemal über.

Kongress von Sivas

Gerüchten zufolge planten französische Einheiten für den Fall, dass der Kongress durchgeführt werden sollte, die Besetzung der Stadt *Sivas*. Der İstanbuler Festnahmebefehl für Mustafa Kemal hatte jedoch für einige Unruhe gesorgt. Mustafa Kemal war darüber informiert, dass der sultanstreue Gouverneur *Ali Galib* aus *Elazığ* (Harput) eigens zur Festnahme nach *Sivas* gereist war, wo er sich mit dem dortigen Gouverneur *Reşid Pascha* darüber beriet. Mustafa Kemals Entourage wurde in der Nähe der Stadt *Sivas* von *Reşid Pascha* mit allen Ehren empfangen. Als der Gouverneur ihn aber zu einem türkischen Mokka abseits der Stadt einladen wollte, lehnte Mustafa Kemal ab und warf ihm vor, dass er ihn in einen Hinterhalt zu locken gedenke. Er ließ den Gouverneur in seinem Wagen Platz nehmen, womit er die Sicherheit hatte, dass man seine Kolonne nicht angriff. In *Sivas* angekommen wurde nach *Ali Galib* und möglichen Komplizen gefahndet, und als man sie aufgefunden hatte, warf Mustafa Kemal dem Gouverneur vor, dass er wohl nicht wisse, wem und welchen Zielen er diene und sprach weiter:

> *„(...) entscheiden Sie wohlüberlegt, ob Sie nach Harput oder İstanbul zurückkehren. Jedoch dürfen Sie nicht vergessen, dass in Anatolien weder Sie noch Ihresgleichen, noch Ihr Herrscher etwas zu sagen haben.“*[51]

Somit war ein weiteres Hindernis aus dem Weg geräumt. Als die Beratungen in *Sivas* jedoch am 4. September 1919 begannen, waren gerade einmal 39 Delegierte aus 15 westlichen Provinzen eingetroffen. İstanbul und die Alliierten konnten in der Zwischenzeit erfolgreich Delegiertenwahlen und die Anreise einzelner Teilnehmer verhindern. Jedoch tat dies der Qualität der Entscheidungen und der Wirkung auf das Land keinen Abbruch. In den Räumlichkeiten einer Schule eröffnete Mustafa Kemal als Vorsitzender die Versammlung und umriss die Situation des Landes folgendermaßen:

> *„(...) die Christen in unserem Land haben mit Unterstützung der Alliierten irrsinnige Taten begangen, die das Ehrgefühl unserer Nation verletzen. Die griechischen Tyrannen haben in Westanatolien die Ehre des Islam beschmutzt, indem sie heilige Orte entweihten und schreckliche Dinge tun konnten, weil die Alliierten ihre Augen davor verschlossen. Im Osten haben die Armenier Vorkehrungen getroffen, sich bis zum Roten Fluss (Kızılırmak) auszubreiten, und nun sind sie schon bis zu unseren Grenzen vorgestoßen. (...) An unseren Schwarzmeerküsten hat man versucht, das Fantasiegebilde eines Königreichs Pontus umzusetzen; die Besatzer sind bis in die Nähe von Adana, Antep, Maraş und Konya vorgestoßen und in Antalya eingefallen, und auch Thrakien ist Teil des besetzten Gebietes geworden."*[52]

Mustafa Kemal appellierte in seiner Lagebeschreibung durchaus bewusst an die Gefühle der Muslime. Dass er sich in dieser Beschreibung ausschließlich auf Griechen und Armenier bezog, zeigt, wie sehr er sich antigriechischer und antiarmenischer Ressentiments und auch Elementen der jungtürkischen Dolchstoßlegende bediente, die letztlich zu den Massakern an den Armeniern einige Jahre zuvor führten. Das Bestreben von Teilen beider Volksgruppen nach Unabhängigkeit richtete sich nach zeitgenössischer Lesart gegen das Osmanische Reich und wurde als Verrat empfunden. Ferner versuchte er, weitere Emotionen zu wecken, indem er auf die Situation in İstanbul verwies, die Regierung und erstmals auch den Sultan stark angriff:

„(...) Selbst die Paläste in İstanbul, dem Zentrum des Kalifats und der Sultansherrschaft, sind in die Hände der Alliierten gefallen. Die Regierung hat durch ihre Untätigkeit eine große Mitschuld an dieser untragbaren Situation. (...) Unsere Nation hat sehr gut verstanden, dass die alliierten Staaten den Eindruck haben, dass kein Interesse und keine Kraft existiert, die Anspruch auf die heiligen Besitztümer und das nationale Schicksal dieses Heimatlandes erhebt (...), und aus diesem Grunde war unsere Nation gezwungen, ihre Existenz zu beweisen und die Ehre und Unabhängigkeit zu schützen.“[53]

Der Kongress von *Sivas* steht für eine Bestätigung der in *Erzurum* aufgestellten Forderungen, und es kam zum Zusammenschluss aller regionalen Widerstandsorganisationen zur Dachorganisation „Gesellschaft zur Verteidigung der Rechte Anatoliens und Thrakiens“ *(Anadolu ve Rumeli Müdafaa-i Hukuki Cemiyeti)*. Die Versammlung wählte einen 15-köpfigen Repräsentativrat; Mustafa Kemal wurde zum Vorsitzenden und *Bekir (Sami)* und *Rauf Bey (Orbay)* zu Stellvertretern gewählt. Dieses Führungsgremium erhob den Anspruch, ab sofort mit allen Kompetenzen das Volk und die Nation nach außen hin zu vertreten. Die Delegierten in *Sivas* billigten damit ein Manifest, eine Deklaration des Selbstbestimmungsrechts des türkischen Volkes. Dies stellt eine durchaus parallele Forderung zur Doktrin des amerikanischen Präsidenten Woodrow Wilson dar. Der Kongress von *Sivas* bestätigte weiter die Unteilbarkeit der europäischen und anatolischen Gebiete des Osmanischen Reiches und erteilte somit eine deutliche Absage an alle Aufteilungs- und Separationsszenarien. Mit diesem Manifest wurden die Bedingungen eines „Nationalpakts“ (türk. *Misâk-i millî*) definiert. Dieser sollte zwar erst später verabschiedet werden, doch sein Geist erwachte in *Erzurum* und *Sivas*.

Der Nationalpakt besteht aus sechs Artikeln. In Artikel 1 wurden alle Gebiete als türkisch definiert, in denen zur Zeit des Waffenstillstandsvertrages von *Mudros* die Anteile der osmanisch-islamischen Bevölkerung überwogen. In den Gebieten, in denen eine arabische Mehrheit lebte, sollte die Bevölkerung durch ein Referendum selbst über ihre Zugehörigkeit entscheiden. Die Gebiete um *Mossul, Kirkuk* und *Süleymaniye* wurden dabei von Anbeginn als zur Türkei zugehörig betrachtet. Artikel 2 und 3 forderten für die drei Provinzen *Kars, Ardahan* und *Batum* und für Westthrakien ähnliche Referenden, obwohl sich die Bevölkerung dort schon entschieden hatte. Mit Artikel 4 wurde eine Garantie für die Sicherheit der osmanischen Hauptstadt als Zentrum des Kalifats und der Regierung verlangt. Ferner sollten das Marmarameer und die Meerengen nach einer Befriedung für den internationalen Handel geöffnet und das Regime der Passage durch die Meerengen durch die betreffenden Anrainer selbst ausgehandelt werden. Der folgende fünfte Punkt behandelte dann die Minderheitenrechte. Diese im Rahmen von Verträgen festgeschriebenen Rechte wurden durch das Prinzip der Gegenseitigkeit für Nichtmuslime garantiert, wenn muslimischen Minderheiten in den benachbarten Staaten ebenfalls solche Minderheitenrechte zustehen sollten. Im sechsten Artikel wurden die Aufhebung aller Kapitulationen und eine Absage an Reparationszahlungen als unabdingbare Voraussetzung einer ökonomischen Entwicklung gefordert.

Zu heftigen Debatten führte in *Sivas* ein mögliches Protektorat der USA. Die Befürworter glaubten, dass eine neutrale Macht die Integrität des Landes so lange garantieren könnte, bis die anatolische Bewegung erstarkt war, um die Geschicke des Landes in die eigenen Hände zu nehmen. Die USA waren dazu jedoch nicht bereit, und ein Großteil der Delegierten lehnte einen solchen Vorschlag entschieden ab. Eine weitere Forderung war an den Sultan gerichtet: Großwesir *Damat Ferit Pascha* sollte abgesetzt werden – er galt nicht nur als Verbündeter der Alliierten, sondern war auch mit Sultan *Vahdettin VI.* verschwägert, da er eine osmanische Prinzessin zur Frau hatte. Die Forderungen lauteten weiter: Neuwahlen und Wiedereröffnung des Parlaments, wodurch Mitglieder der Nationalbewegung ins Parlament gewählt werden konnten.

Der Sultan wies diese Forderungen brüsk zurück, und Regierungschef *Damat Ferit Pascha* unterband jeglichen telegrafischen Kontakt zwischen dem Sultan und den Nationalisten. Daraufhin rief Mustafa Kemal zu einem Boykott der İstanbuler Zentralregierung auf, solange bis die Forderungen erfüllt und eine neue Regierung eingesetzt sein würde. Dies war durchaus eine sehr riskante Forderung. Innerhalb des nationalistischen Lagers führte dieses Vabanquespiel zu einer ernsten Meinungsverschiedenheit. General *Kazım Karabekir* lehnte einen vollständigen Abbruch der Beziehungen zur Zentralregierung ab und kritisierte Mustafa Kemal, weil er diese wichtige Entscheidung alleine ohne vorherige Abstimmung mit den anderen Ratsmitgliedern getroffen hatte. Der Kontakt zwischen der anatolischen Unabhängigkeitsbewegung und der osmanischen Regierung wurde aber de facto über Mittelsmänner weitergeführt. Der britische Hochkommissar berichtete am 13. September 1919 an das britische Außenamt über ein Sondierungsgespräch mit dem osmanischen Regierungschef. Der Großwesir hatte die anatolische Bewegung in den Mittelpunkt des Gesprächs gestellt und die Vorkommnisse in *Ankara, Sivas* und *Erzurum* als das Werk von 500 Offizieren bezeichnet. Um jenen das Handwerk zu legen, forderte *Damat Ferit Pascha* die Entsendung osmanischer oder alliierter Truppen. Der Hochkommissar entgegnete: „*Wenn türkische Truppen entsendet werden, kommt es zum Bürgerkrieg. Die Alliierten sind des Krieges müde und wollen kein Blutvergießen.*“[54]

Der Kongress in *Sivas* hat die Entscheidungen von *Erzurum* bestätigt und weiter spezifiziert sowie die Nationalbewegung auf ein landesweites Fundament gehoben. Einige Aussagen Mustafa Kemals trugen aber starke Nuancierungen. So hatte er in der Eröffnungsrede in *Erzurum* noch den britischen Imperialismus stark kritisiert. In *Sivas* unterließ er diese scharfe Kritik und verurteilte pragmatisch und im Rahmen des politischen Kalküls dafür stärker die İstanbuler Regierung. In letzter Konsequenz hatte die İstanbuler Führung den Repräsentativrat zumindest als Gegenüber und Gesprächspartner anerkannt.

Die nationalistische bzw. nationalstaatliche Bewegung erhielt gerade in der Hauptstadt İstanbul immer größeren Zulauf. So kam es am 30. Oktober 1919 zu einer ersten öffentlichen Protestkundgebung auf dem zentralen Sultan-Ahmet-Platz, an der ca. 100 000 Menschen teilnahmen; immerhin 10–15 % der damaligen Gesamtbevölkerung İstanbuls, je nachdem welche Einwohnerzahl man zur Basis nimmt.[55] Unter den Rednern, die sich für die Unabhängigkeit des osmanischen Staates aussprachen und gegen die Besetzung İzmirs protestierten, befand sich auch die Revolutionärin, Hochschuldozentin und Schriftstellerin *Halide Edip (Adıvar)*. In ihrem bekanntesten Roman „Das Flammenhemd" *(Ateşten gömlek)* verarbeitete sie diese historischen Augenblicke des beginnenden Widerstandes mit dem Ziel der Unabhängigkeit.

Die Pläne des englischen Außenministers Lord Curzon, der Türkei alle europäischen Besitztümer in Thrakien einschließlich İstanbul zu entziehen und dadurch von Europa abzuschneiden, trafen schon im britischen Kabinett auf Widerspruch. Der britische Minister für die Angelegenheiten Indiens, Edwin Samuel Montagu, sprach sich gegen solche Pläne aus. Er begründete dies mit der tiefen Verbundenheit und Solidarität der indischen Muslime mit dem anatolischen Aufstand, die, so Montagu, zum Aufruhr in Indien führen könnte. Der Plan wurde daraufhin leicht modifiziert: Die Türkei bzw. das Osmanische Reich sollte İstanbul und Gebiete in Thrakien mit einer eingeschränkten Souveränität behalten. Als der Curzon-Plan in der türkischen Öffentlichkeit bekannt wurde, löste er Empörung aus. Am 13. Januar 1920 kam es zur vierten Protestkundgebung auf dem Sultan-Ahmet-Platz, an der ca. 160 000 Menschen teilgenommen haben sollen. Es zeigte sich in jedem Fall, dass der Widerstand gegen diese Politik erstarkte.

Die osmanische Regierung trat in dieser Phase erst durch Mittelsmänner wie den Journalisten *Yunus Nadi* und dann später direkt durch den osmanischen Marineminister *Salih Pascha* in Kontakt zu den Nationalisten. Am 20. Oktober 1919 trafen sich in *Amasya* beide Seiten, und man überreichte *Salih Pascha* zuerst eine Kopie des Nationalpaktes, bevor die Forderungen gestellt wurden. Als Ergebnis erkannte der Sultan einige Beschlüsse und Forderungen der anatolischen Kongresse und des Nationalpakts an. Anstelle des glücklosen *Damat Ferit Pascha* wurde *Ali Rıza Pascha* Regierungschef. Der Sultan wusste, dass das Volk nur diejenige osmanische Regierung als legitim betrachtete, die von der anatolischen Widerstandsbewegung akzeptiert wurde. Aufgrund der Annäherung zwischen Nationalisten und der osmanischen Zentralregierung stimmte der Sultan vorgezogenen Neuwahlen zu, und Vertreter der Widerstandsbewegung kandidierten bei den Parlamentswahlen Ende Dezember 1919. Der Repräsentativrat sollte bei Regierungsentscheidungen sogar konsultiert werden. Der Sultan lehnte jedoch entschieden die Forderung ab, das Parlament in einer anderen Stadt in Anatolien zusammentreten zu lassen. Damit hätte er die ihm verbliebene Macht aus den Händen gegeben und die anatolische Bewegung mehr als nötig aufgewertet. Ende des Jahres 1919 verlegte das Komitee seinen „Amtssitz" von *Sivas* nach *Ankara*, wo Mustafa Kemal am 27. Dezember 1919 eintraf.

Durch die Neuwahlen wurden etliche Vertreter der Nationalbewegung in das osmanische Parlament gewählt, das Mitte Januar 1920 erstmals zusammentrat. Mustafa Kemal war als Abgeordneter der Stadt *Erzurum* ebenfalls Mitglied des Hauses. Er erhoffte sich insgeheim, mit den Stimmen „seiner" Parlamentarier, die sich in einer Fraktion namens „Rettung des Vaterlands" *(Felah-ı Vatan)* zusammenschlossen, zum Parlamentspräsidenten gewählt zu werden. Ein aussichtsloses Unterfangen, weil er nicht nach İstanbul reisen konnte, ohne eine Festnahme durch die Alliierten zu riskieren. Seine Abwesenheit bei der feierlichen Parlamentseröffnung dürfte bei vielen Menschen in der Hauptstadt und des Landes eher noch den Mythos um seine Person verstärkt haben. Als Parlamentspräsident wurde der sultanstreue *Reşad Hikmet Bey* gewählt. Am 28. Januar 1920 verabschiedete dann das osmanische Parlament trotz etlicher Gegenstimmen den Nationalpakt *(Misâk-i millî)* offiziell. Hiermit wurden also die Forderungen, die noch vor einigen

Monaten von einer kleinen Gruppe „Aufständischer“ in Anatolien aufgestellt wurden, zur offiziellen osmanisch-türkischen Politik. Die Ziele des Unabhängigkeitskampfes waren somit festgelegt. Ferner wurde ein rechtmäßiges Fundament geschaffen, diese Ziele, wenn nötig, mit Waffengewalt durchzusetzen. Zu diesem Zeitpunkt war Mustafa Kemal kein „Rebellenführer“ mehr, sondern legitimierter Abgeordneter.

Gründung der Großen Nationalversammlung der Türkei (TBMM)

Die Anerkennung des „Nationalpakts“ *(Misâk-i millî)* durch das osmanische Parlament wurde von der britischen Regierung mit großer Besorgnis aufgenommen. Der Druck auf die türkisch-osmanische Regierung wuchs zunehmend. *Ali Rıza Pascha* trat als Regierungschef zurück und machte den Weg für *Salih Pascha* frei. Doch auch dieser konnte nicht zu einer Rücknahme der Anerkennung des Repräsentativkomitees bewegt werden bzw. vermochte sie nicht durchzusetzen. Zeitgleich begann der durch die Bevölkerung getragene Widerstandskampf im heutigen *Kahramanmaraş*. Reguläre türkische Armeeeinheiten und Freischärler obsiegten gemeinsam gegen die französischen Besatzer. Dabei rächte sich eine aufgebrachte Menge blutig an den Besatzern und an den armenischen Milizen.

Aus diesen Gründen verlegten die Briten am 16. März 1920 große Truppenverbände in die Hauptstadt, in der bisher nur wenige Hundert alliierte Soldaten stationiert waren. Die britischen Soldaten besetzten Regierungsgebäude, Ministerien und das Parlament. Die Abgeordneten der Fraktion „Rettung des Vaterlands“, die die Alliierten festnehmen konnten, ca. 50 Politiker, wurden nach Malta ins Exil verschickt. Unter den Internierten waren auch *Rauf (Orbay) Bey* und *Kara Vasıf Bey*. Mustafa Kemal warf später in seiner langen Rede *(Nutuk)* beiden vor, nur in Gefangenschaft geraten zu sein, weil sie seinem Aufruf nicht rechtzeitig gefolgt seien. Vielen Abgeordneten gelang aber die Flucht nach Anatolien.

Die Nationalbewegung um Mustafa Kemal sah die Gunst der Stunde und forderte die Konstituierung eines neuen Parlaments in Ankara. Am 19. März 1920 wies er alle Landräte und Kommandanten in den Provinzen an, umgehend Vorbereitungen für Nachwahlen zu treffen. İstanbul nahm die Entwicklungen in Anatolien mit gemischten Gefühlen auf. Die Bevölkerung erkannte den schwindenden Einfluss des Sultans, der praktisch unter Hausarrest stand und selbst beim Freitagsgebet von alliierten Soldaten begleitet wurde. Dies steigerte die Solidarität mit Ankara, während die osmanische Regierung die Entwicklungen in Anatolien offiziell als Aufstand bewertete.

Die İstanbuler Regierung reagierte, indem sie die Abfassung eines islamischen Rechtsgutachtens (Fetwa) durch den neuen *Scheich-ül İslam Dürrizade Abdullah Bey Efendi* am 13. April 1920 veranlasste. Fetwas wurden in der Regel als Antwort auf eine konkrete Anfrage von Experten der islamischen Jurisprudenz abgefasst, meist den Muftis, und waren umso bedeutender, je größer die Autorität des Verfassers war. Mustafa Kemal und die Nationalbewegung wurden in diesem Gutachten des höchsten Religionsgelehrten als Rebellen gebrandmarkt und zum Tode verurteilt. Wörtlich hieß es darin:

> „*(...) Sie üben Verrat am hohen Amt des Kalifats, indem sie die Regierung im Stich lassen und die Erhabenheit des Kalifats schwächen und zerstören. Es ist auch erwiesen, dass sie durch die Verbreitung von Lügen und Unwahrheiten das Volk zum Ungehorsam gegenüber dem Sultan auffordern, um die Staatsordnung und die* öffentliche *Ordnung zu zerstören. Es ist aus religiöser Sicht notwendig, die Anführer, deren Helfershelfer und diejenigen, die ihnen nachfolgen, aufzuhalten. Wenn jene nach dem Erlass der hohen Befehle mit Hartnäckigkeit weiter diese Bösartigkeiten verfolgen, ist die Tötung, mit dem Ziel, die Heimat vor diesen Erbärmlichkeiten zu retten, nach dem Recht der Scharia angemessen und erforderlich.*“[56]

Kopien der Fetwa wurden tausendfach durch britische Flugzeuge über Anatolien abgeworfen und durch die britischen Konsulate, die griechischen Besatzer und rumelische und armenische Organisationen verteilt. Sie verfehlte ihre Wirkung nicht, und vereinzelt kam es zu lokalen Protesten und Aufständen gegen Ankara. In britischen Geheimdienstberichten wurden diverse Optionen erwogen, darunter auch die Entsendung starker Truppeneinheiten nach Ankara, um die Nationalisten vernichtend zu schlagen. Der Mufti von Ankara *Börekçizade Mehmet Rifat Efendi*, der auch Abgeordneter war, verfasste als Antwort auf die Fetwa des *Scheich-ül Islam* am 16. April 1920 eine viel beachtete Gegen-Fetwa. Darin wurde die Sultansregierung in İstanbul beschuldigt, die Hauptstadt und das Land den ungläubigen Ausländern preisgegeben zu haben. Jeder Muslim wurde aufgefordert, zur Rettung des Kalifats alles in seiner Macht stehende zu unternehmen. Diese Gegen-Fetwa wurde von über 150 Imamen und Muftis in Anatolien mitunterzeichnet und in anatolischen Zeitungen so abgedruckt. Sie galt somit als Fetwa der anatolischen Geistlichkeit. Eine Verurteilung zum Tode beinhaltete diese Fetwa nicht, sondern lediglich die Aufforderung zum Widerstand. Nach der Republikgründung und mit der Abschaffung des Kalifats wurde das Amt des *Scheich-ül Islam* 1924 aufgelöst und ein Teil der Aufgaben dem „Präsidium für religiöse Angelegenheiten" *(Diyanet İşleri Reisliği)* übertragen, dessen erster Präsident *Börekçizade* werden sollte.

Am 23. April 1920 trat in Ankara ein neues Parlament zusammen. Unter den 337 Abgeordneten befanden sich neben den neu gewählten Volksvertretern der anatolischen Provinzen auch 92 Abgeordnete des osmanischen Parlaments, die nach Ankara fliehen konnten. Die Versammlung nannte sich die „Große Nationalversammlung" (BMM), bevor sie sich 1921 zur „Großen Nationalversammlung der Türkei" (TBMM) umbenennen sollte. Das Parlament trat in einem Gebäude zusammen, das ursprünglich Klub und Treffpunkt des Komitees für Einheit und Fortschritt war. In großer Eile wurden Schulbänke herangeschafft, und provisorisch war auch die Heizung, die aus einem zentral im Raum installierten Holzofen bestand,oder der eilig aus einem Hotel herbeigeschaffte Kronleuchter. Diese schlichte und provisorische Ausstattung entsprach zwar dem zeitgenössischen Ankara, sie zeigt aber auch mit welchen geringen Mitteln Mustafa Kemal und die Nationalisten ihre Aufgaben zu schultern hatten.

Sah sich dieses Parlament anfangs noch in der Kontinuität des osmanischen Hauses in İstanbul, änderten sich mit den neuen Abgeordneten jedoch die Mehrheitsverhältnisse. Es bildeten sich drei Hauptgruppen heraus, die äußerlich durch ihre Kopfbedeckung voneinander abgegrenzt werden konnten. Die Nationalisten um Mustafa Kemal trugen – wie er selbst bis zur Proklamation der Republik – Lammfellmützen *(kalpak)*. Die Fes-Träger repräsentierten die Gruppe der Traditionalisten, die an der parlamentarischen Monarchie und an der jungtürkischen Großstaatsidee festhielt. Die Turbanträger *(sarık)* waren Teil der Ulema, eine religiöse Schicht unter den Abgeordneten, die vermehrt das Kalifat und die Scharia in den Vordergrund stellten. Eine große Gruppe der Abgeordneten bestand aus Großgrundbesitzern, Händlern, Anwälten und Journalisten. Ferner waren sehr viele Staatsbeamte, Offiziere und Vertreter der Ulema, wie Muftis, Koranlehrer *(müderris)* und 10 Scheichs verschiedener Ordensgemeinschaften und Stammesclans.

Nach ideologischen Gesichtspunkten konnten die Abgeordneten in mehr als drei Gruppierungen eingeordnet werden. Neben Revolutionären gab es Konservative, Liberale, Sozialisten und Anhänger der Partei für Fortschritt und Einheit. Diese bunte Zusammensetzung verweist einerseits auf die breite gesellschaftliche Verankerung der Unabhängigkeitsbewegung, obwohl es unterschiedliche Zielsetzungen der Gruppierungen gab. Andererseits war sie Vorbote der immer wieder äußerst schwierigen Verhandlungs- und Mehrheitsfindungsprozesse.

Der 23. April 1920 war ein Freitag und somit ein segensreicher *(mübarek)* Tag für einen Muslim. Vor der feierlichen Parlamentseröffnung nahmen die Parlamentarier gemeinsam am Freitagsgebet in der *Hacı-Bayram-Moschee* teil. Das Ereignis wurde in allen Moscheen des Landes, die unter Einfluss Ankaras standen, verkündet. Auch künftig übernahmen die Moscheen eine wichtige Funktion. In osmanischer Zeit wurde durch die Ehrerbietung gegenüber dem Sultan, die Erwähnung seines Namens und Widmung in der

Anfangsformel des Freitagsgebets die Rechtmäßigkeit seiner Herrschaft zum Ausdruck gebracht. Darüber hinaus ermöglichten die Moscheen eine schnelle Verbreitung von Nachrichten. In Anatolien des Jahres 1920 existierten zwar vereinzelt Zeitungen, die Auflagen waren aber unerheblich und die Analphabetenrate sehr groß.

Zur Parlamentseröffnung wurden Gebete gesprochen und Tiere geopfert. Einige kritische Stimmen merkten an, dass kein osmanisches Parlament seit 1871 mit einer solch religiösen Zeremonie eröffnet worden sei.[57] Der Abgeordnete *Şerif Bey* aus Sinop eröffnete als Ältester die erste Sitzung mit den Worten:

> *„(...) Wir alle wissen um die vorübergehende Besetzung İstanbuls durch ausländische Mächte und dass damit alle Grundlagen des Kalifats und die Unabhängigkeit des Regierungszentrums zerstört wurden. Vor dieser Situation zu kapitulieren, hieße Anerkennung der Versklavung unserer Nation durch Fremde. Jedoch hat unsere seit jeher freie und unabhängige Nation den Willen, in voller Unabhängigkeit zu leben, und hat deswegen das Sklaventum sehr entschieden abgelehnt und umgehend seine Vertreter versammelt, die in diesem hohen Haus zusammengekommen sind (...).“*[58]

Mustafa Kemal hielt einen Tag nach der Parlamentseröffnung eine Rede, in der er die vergangenen Jahre Revue passieren ließ und die Republik als die ideale Regierungsform anpries. Noch am gleichen Tag brachte er einen Gesetzesentwurf ein, der die Regierungsfrage lösen sollte. Durch die Besatzung İstanbuls und das Fehlen einer souveränen Regierung war die Weiterexistenz des Landes gefährdet. Er forderte das Parlament in Ankara auf, die Exekutivmacht zu übernehmen. Da Sultanat und Kalifat weiterbestanden, konnte kein Übergangspräsident an deren Stelle treten. Aber das türkische Parlament in Ankara sollte die Regierungsaufgaben solange übernehmen, bis der Sultan aus den Händen und dem Einfluss der Besatzer befreit war. Diese Maßnahme war als Provisorium für eine Übergangsperiode gedacht. Den Posten des Parlamentspräsidenten in Ankara beanspruchte Mustafa Kemal für sich selbst. Am 24. April 1920 wurde er zum ersten Parlamentspräsidenten gewählt und erhielt eine Reihe von Sondervollmachten. Damit trat an die Stelle des Repräsentativkomitees ein Exekutivrat, der die Geschäfte kommissarisch übernahm und dem Mustafa Kemal ebenfalls vorstand.

Einige Wochen später konstituierte sich die erste Regierung, bestehend aus 11 Ministern, die anfangs Kommissare hießen. Als Parlamentspräsident führte Mustafa Kemal den Vorsitz, womit er sowohl an der Spitze der Legislative als auch der Exekutive stand. Die wichtigsten „Minister" waren Außenminister *Bekir Sami Bey*, Verteidigungsminister *Fevzi Pascha (Çakmak)* und Generalstabschef Oberst *İsmet (İnönü)*. Als Justizminister wurde *Celalettin Arif*, als Innenminister *Cami (Baykurt)* und als Sozialminister *Dr. Adnan (Adıvar)* berufen. Die Entscheidung für Oberst *İsmet* blieb nicht ohne Konsequenzen, weil einige ranghöhere und treue Mitstreiter, wie die Generäle *Kazım Karabekir* oder *Ali Fuat (Cebesoy)*, übergangen wurden. Durch diese Entscheidungen waren künftige Führungspersönlichkeiten schon in Stellung gebracht. Die Bildung einer Regierung war ein weiterer qualitativer Schritt in der Abkoppelung Ankaras vom osmanischen Reststaat.

Mustafa Kemals Ähnlichkeit mit Mutter Zübeydes ist augenscheinig

Latife Hanım

Die kleine Ülkü mit Atatürk am Istanbuler Strand Florya

Atatürk und Ülkü vor dem Bahnhof Haydarpascha 1938

6.

Die Gründung der Republik

Nach den Fetwa-Verdikten kam es zu lokalen, gegen Ankara gerichteten Aufständen, die teils ethnisch teils religiös überlagert waren und durch das Autoritätsvakuum im Lande bestärkt wurden. Eine wichtige Rolle bei diesen Aufständen spielten schon Ende 1919 die „Kräfte Mohammeds“ *(Kuvâ-yı Muhammediye)* eines Gendarmerieofiziers namens *Ahmet Anzavur*, die am Südufer des Marmarameeres gegen die Nationalisten kämpften, bevor sie durch die Partisanen *Çerkez Ethems* im April 1920 vernichtend geschlagen wurden. Zu weiteren gegen Ankara gerichteten Aufständen kam es in der Stadt *Yozgat* durch den Stamm der *Çapanoğulları* und im Distrikt *Zile* bei der Stadt *Tokat* sowie in *Konya*. Ferner gab es armenische Aufstände in *Haçin* und mehrere kurdische Aufstände. Ankara ging nicht nur militärisch vor, sondern richtete mit den Freiheitsgerichten *(İstiklal Mahkemeleri)* außerordentliche Gerichte in *Ankara, Eskişehir, Konya, Isparta, Sivas, Kastamonu, Pozantı* und *Diyarbakır* ein. Diese Gerichte verurteilten hunderte von Aufständischen stellenweise in Schnellprozessen zum Tode. Die Richter waren ausnahmslos Abgeordnete des Parlaments, darunter auch *Kılıç Ali*, der Richter am Gericht in Ankara war. Somit war die Gewaltenteilung aufgehoben und ein kurzer Prozess sichergestellt. *Kılıç Ali* gibt an, dass von September 1920 bis Juli 1922 landesweit ca. 60 000 Personen angeklagt worden seien. Von den 1054 Todesurteilen seien aber nur ein geringer Prozentsatz auch ausgeführt worden.[59] Die Rolle dieser Gerichte im historischen Kontext bedarf noch einer umfassenden kritischen Aufarbeitung.

Neben dem Aufbau militärischer Stärke lag die entscheidende Herausforderung für die Nationalisten in der Lösung der Finanzierungsfrage. Noch hatte de jure der Sultan die Steuerhoheit über die zentralanatolischen Gebiete, die überdies in der Steuerleistung im historischen Vergleich zu anderen Gebieten weit zurückblieben. Aus diesem Grund wurde eine finanzielle und materielle Unterstützung aus dem Ausland für Ankara überlebenswichtig. In dieser Phase verstärkte die Nationalbewegung ihre Kontakte zum bolschewistischen Russland und zu muslimischen Staaten. Besonders in den Beziehungen zu Russland verhielt sich Mustafa Kemal sehr pragmatisch, und beide Seiten profitierten davon. Russland konnte kein Interesse daran haben, dass Anatolien zu einem britischen Vorposten würde und die Meerengen des Bosporus und der Dardanellen unter alliierter Kontrolle stünden.

Bei der Annäherung zwischen Ankara und Moskau spielten kommunistische Organisationen in Anatolien und Sozialisten im Ankaraer Parlament eine große Rolle. Es handelte sich einerseits um eine Gruppe von Parlamentariern, die sich „Fraktion der Grünen Armee“ *(Yeşil Ordu)* nannte, und die eine Synthese von Islam und Sozialismus propagierte. Daneben existierte die „Fraktion der Volksbeteiligung“ *(Halk İştirakıyun Fırkası)*, die 60–70 Abgeordnete umfasste und in der Partei für Einheit und Fortschritt verwurzelt war. Die Grüne Armee verfolgte das Ziel einer Revolution von unten; sie war antibürokratisch, antikapitalistisch und trat für eine direkte Volksherrschaft ein. Diese Gruppe war so stark verankert, dass sie am 4. September 1920 ihren eigenen Kandidaten für das Amt des Innenministers gegen den von Mustafa Kemal präferierten *Refet Bele* durchbrachte. Mustafa Kemal nahm das Wahlergebnis als Parlamentspräsident nicht an. Neben der politischen Bedeutung der Grünen Armee stand ihr mit *Çerkez Ethem* auch eine bewaffnete Miliz zur Seite.

Nach ersten Geheimgesprächen kam es zu einem Briefwechsel zwischen Mustafa Kemal und Lenin, mit dem weitere Gespräche in Moskau ausgehandelt wurden. Mustafa Kemal entwickelte schon damals das Prinzip des Populismus, um den kommunistischen Fraktionen und Kräften den Boden zu entziehen. Am 13. September 1920 stellte er dem Parlament das aus 31 Artikeln bestehende sogenannte „Populismus *(Halkçılık)*-Programm" vor, das ein Jahr später in die erste türkische Verfassung Eingang finden sollte. Im Mittelpunkt dieses Programms stand die Absage an den Imperialismus und es enthielt antikapitalistische Forderungen. Es kann als Versuch gelten, eine Verbindung zwischen Islam, Nationalismus und Bolschewismus herzustellen. In der vermeintlichen Bildung einer türkischen Volksfront sahen einige den Beweis, dass es sich bei Mustafa Kemal um einen überzeugten Kommunisten handelte, der eine Gesellschaftsrevolution plante. So wird ihm folgende Aussage in den Mund gelegt:

> *„Ich persönlich und die meisten meiner Weggefährten sind Anhänger des Kommunismus. Jedoch verlangen die Bedingungen und die Situation, dass wir bei diesem Thema schweigen müssen. Wenn ich morgen publik machen sollte, dass ich Kommunist bin, dann werde ich keine Wirkungskraft mehr ausstrahlen. Man muss verstehen, dass in der Türkei selbst der Kommunismus unser Geschäft ist!"*[60]

Der „bolschewistische" Mustafa Kemal war jedoch eher Fassade. Mustafa Kemals Verhalten war von Pragmatismus geprägt, und es zielte vor allem auf finanzielle und militärische Hilfe aus Russland. Am 17. Dezember 1920 erhielt Ankara eine russische Finanzspritze über 1,5 Mio. Goldrubel, und am 2. Februar 1921 wurden in Rostow 32 Eisenbahnwaggons mit Waffen und Munition mit dem Ziel *Erzurum* verladen. Am 14. Februar 1921 folgten 4 000 Gewehre und fünf Millionen Schuss Munition. Am Ende dieser Waffenlieferungen stand die Unterzeichnung des türkisch-russischen Freundschafts- und Solidaritätsvertrags (Vertrag von Moskau) am 16. März 1921.

Die grundlegenden ideologischen Differenzen zwischen russischen Bolschewiken und türkischen Nationalisten lassen sich an einigen Aspekten aufzeigen. Ankara präferierte ein bilaterales Verhältnis zwischen der Türkei und Russland auf Regierungsebene. Die Bolschewiken wollten hingegen Klassenkampf und eine soziale Revolution in Anatolien. Dem Revolutionsgedanken war Mustafa Kemal zwar nicht abgeneigt, jedoch sollte dieser nationalistische Züge tragen. Ferner plante Mustafa Kemal eine Revolution von oben, gestützt auf die Macht des Parlaments und der Regierung. Das russische Modell sah jedoch eine Revolution von unten, einen von kommunistischen Organisationen getragenen Aufstand der Arbeiterklasse vor.

Die Unabhängigkeitsbewegung hatte zudem ein religiöses Fundament. In vielen Organisationen zur Verteidigung der nationalen Rechte waren Imame und Religionsbedienstete sehr aktiv. Landesweit befanden sich in 47 solcher Organisationen 84 Religionsbedienstete in leitenden Funktionen, 17 davon als Vorsitzende. Die Gegenfetwa der anatolischen Geistlichkeit ist ein weiteres Beispiel für deren Bedeutung. Der Islam spielte als Klammer des Zusammenhalts nach wie vor eine wichtige Rolle. Mustafa Kemal sprach oft von der großen Bedeutung der Glaubensbrüderschaft und der Solidarität mit den muslimischen Völkern. Er agitierte bewusst mit diesem Aspekt. So bezeichnete er İstanbul als die Hauptstadt aller Muslime der Welt. Dies muss besonders gut bei den indischen Muslimen angekommen sein, die die Entwicklungen in Anatolien ideell und finanziell unterstützten. Die guten Verbindungen zu den Muslimen in Indien gehen auf die Zeit Sultan *Selims III.* zurück, der den indischen Muslimen in ihrem Bestreben für einen eigenen Staat gegen die britische Oberhoheit Hilfe zukommen ließ. Im russisch-osmanischen Krieg 1877 kam es schon zu umfangreichen Hilfskampagnen der indischen Muslime. Sie empfanden den Abfall der Araber als Verrat an der islamischen Sache. Den Kampf Mustafa Kemals gegen den Imperialismus betrachteten sie als heldenhaft. Die Nationalbewegung erhielt jedoch nicht nur Unterstützung von Muslimen. Im Juni 1920 sprach sich Mahatma Ghandi in der Zeitschrift „Junges Indien“ gegen das Unrecht in der Türkei aus und rief zu einem zivilen Ungehorsam auf, dem indische Muslime wie auch Hindus Folge leisteten.

Ein Teil der Nationalbewegung war dem Bolschewismus durchaus offen zugeneigt, ein anderer Teil hingegen in der islamischen Tradition verankert. Beide, Sozialisten und Traditionalisten, verfolgten aber die gleichen Ziele. Mustafa Kemal wandte sich mal der einen, mal der anderen Seite zu. Dieses pragmatische Verhalten fand mit der Republikgründung indes ein Ende; er machte einen deutlichen Schwenk in Richtung Westen.

Der Friedensvertrag von Sèvres

Am 10. August 1920 unterzeichneten die Gesandten des osmanischen Sultans einen Friedensvertrag im Pariser Vorort Sèvres. Die Nationalversammlung und Mustafa Kemal lehnten dieses Vertragswerk entschieden ab, weil es de facto die Anerkennung der Aufteilung des Osmanischen Reichs bedeutet hätte. Sie bezichtigten das Regime in İstanbul des Hochverrats. Für Ankara war dieses Abkommen kein Friedensvertrag, sondern ein Diktat, zumal die Türkei damit zu einem unbedeutenden inneranatolischen Rumpfstaat geschrumpft wäre. Was Versailles für das Deutsche Reich bedeutete, war Sèvres für die Türkei.

Das Land sollte in das bestehende koloniale System der Großmächte eingefügt werden. Sèvres sah für das Restgebiet des Osmanischen Reiches eine Aufteilung in sechs Einflusszonen vor. Die Meerengen (Dardanellen und Bosporus) sollten entmilitarisiert und internationalisiert und unter die Verwaltung Großbritanniens und Frankreichs gestellt werden. Die griechische Zone umfasste große Teile Thrakiens, und darüber hinaus sah der Vertrag eine Grenze zu Griechenland auf der Linie der Ortschaft Çatalca, 40 Kilometer vor den Toren İstanbuls vor. Die Stadt Edirne – immerhin 90 Jahre Hauptstadt des Osmanischen Reiches vor der Eroberung Konstantinopels – sollte an Griechenland fallen. Ferner wurden unzählige Inseln in der Ägäis nahe dem türkischen Festland unter griechische Kontrolle gestellt. Zur griechischen Einflusszone sollten aber auch große Gebiete in der Westtürkei gehören, speziell um die Stadt

İzmir. Die italienische Zone enthielt Teile der Westtürkei und Antalya, die französische Einflusszone Kilikien und Teile der Südosttürkei bis nach *Diyarbakır*. Diese Gebiete bildeten eine ideale Pufferzone für die französischen und britischen Völkerbundmandate im Nahen Osten. Ferner waren ein autonomes Kurdistan sowie ein armenischer Staat vorgesehen. Letzterer sollte sechs Provinzen in Ostanatolien und mit dem Seehafen *Trabzon* Zugang zum Schwarzen Meer erhalten. Ferner sah der Friedensvertrag eine Reduzierung der osmanischen Truppen auf eine Stärke von 50 000 Mann vor sowie eine Wiedereinsetzung der aus osmanischer Zeit bekannten Handelskonzessionen. Die Besetzung İstanbuls durch die Briten sollte fortgeführt werden, und dem Osmanischen Reich bzw. dem Nachfolgestaat sollte der Rest des Landes verbleiben, wobei Zentralanatolien unter finanzieller und militärischer Kontrolle der Alliierten stehen sollte.

Die Beschlüsse von Sèvres hatten gleichzeitig schockierende und motivierende Wirkungen auf die Unabhängigkeitsbewegung, weil sich Ankara in seinen Bestrebungen bestätigt fühlte und die Reihen noch enger schließen konnte. Eine Ratifizierung des Vertragstextes war zudem nicht möglich. Das Parlament in İstanbul existierte nicht mehr, und die Volksvertretung in Ankara weigerte sich. Da der Vertrag überdies außer in Griechenland in keinem anderen der anderen Vertragsstaaten ratifiziert wurde, trat er nie in Kraft. Die Absichtserklärung alleine schon sorgte für Unruhe. Die reorganisierten sultanstreuen Truppen, die „Kalifatsarmee“ *(Hilafelik Ordusu)*, stand schon kurz vor Ankara. Als die Inhalte des Friedensvertrages jedoch publik wurden, brach der Angriff zusammen, da etliche Einheiten zur Bewegung in Ankara überliefen.

Erste Gefechte

Im Osten des Landes stand *Kazım Karabekir Pascha* mit seinen Truppen. Er hatte den Auftrag, an Armenien und Russland verlorene Gebiete zurückzuerobern. Nachdem die Demokratische Republik Armenien im Mai 1918 mit der Hauptstadt Eriwan gegründet war, wurden Gebiete um *Kars, Erzurum* und andere östliche Regionen der Türkei zu armenischem Einflussgebiet. Türkische Truppen drangen in den Südkaukasus ein und eroberten diese Städte und Regionen zurück. Die armenischen Truppen zogen sich zurück, konnten aber eine Eroberung ihrer Hauptstadt verhindern. Am 18. November 1920 wurde ein Waffenstillstandsabkommen zwischen der Ankaraer Nationalbewegung und Sowjetrussland geschlossen; Armenien war mittlerweile dem Sowjetstaat einverleibt. Mit dem Abkommen von *Gümrü* (armenisch Alexandropol) wurde die Grenze anerkannt, die heute zwischen der Türkei und Armenien besteht, auch wenn Armenien den Vertrag nie ratifizierte. Mit diesem Abkommen trat Ankara zum ersten Mal als internationaler Vertragspartner auf; dies war mehr als nur ein kleiner Achtungserfolg. Mit dem Freundschaftsvertrag von *Kars* ein Jahr später am 23. Oktober 1921 anerkannten die Sozialistischen Republiken Armenien, Aserbaidschan und Georgien diesen Grenzverlauf.

Die südlichen Landesteile am Mittelmeer und im Südosten standen derweil weiter unter Einfluss von Frankreich und Großbritannien. Die Briten standen in Mesopotamien und hielten die Städte *Mossul* und *Kirkuk*. Die Städte *Antep* (das heutige *Gaziantep* von *Gazi* – siegreich), *İskenderun, Kilis, Maraş* (das heutige *Kahramanmaraş* von *Kahraman* – heldenhaft) und *Urfa* (das heutige *Şanlı Urfa* von *Şanlı* – ruhmreich) waren von französischen Truppen besetzt.

Die drei Städte *Gaziantep, Kahramanmaraş* und *Şanlı Urfa* erhielten ihre Namenszusätze, weil die Bevölkerungen, unterstützt von Soldaten der Nationalisten, aufbegehrten und die Besatzer besiegten. Französische Truppen standen auch in *Adana, Mersin* und *Osmaniye*. Die französischen Truppen setzten sich in vielen Regionen aus Hilfstruppen der besetzten Mandatsgebiete sowie aus armenischen Legionen zusammen. Der Widerstand von *Maraş* gegen Franzosen und armenische Einheiten nahm mit einem symbolischen Vorkommnis seinen Lauf. Ein Mann namens *Sütçü Imam* (Imam, der Milch feilbietet) wurde Zeuge eines Übergriffs einiger offensichtlich betrunkener französischer Soldaten auf muslimische Frauen. Es wird berichtet, dass die Soldaten den Frauen die Kopftücher vom Haupte rissen. *Sütçü Imam* erschoss daraufhin einen Soldaten. Obwohl nach dem Schützen gefahndet wurde, gab ihn die Bevölkerung nicht heraus. Das Ereignis um *Sütçü Imam* endete in einem Aufstand der örtlichen Bevölkerung, der am 12. Februar 1920 zum Abzug der alliierten Truppen führte. Der erfolgreiche Widerstand motivierte die Bevölkerung in anderen Städten, und durch Truppenverlegungen der Nationalisten führten ähnliche Volksaufstände in *Antep* und *Urfa* im April zum Rückzug der Franzosen. Im Osten und Südosten des Landes konnte relativ schnell ein Waffenstillstand durchgesetzt werden, auch wenn es noch bis zum 20. Oktober 1921 dauern sollte, bis durch den Ankara-Vertrag ein bilateraler Waffenstillstand mit Frankreich geschlossen werden konnte. Dieser Vertrag regelte den Austausch von Kriegsgefangenen und die Anerkennung der Demarkationslinien.

Italien hatte schon seine Truppen abgezogen, und mit Frankreich konnte ein Separatfrieden ausgehandelt werden; für die Nationalbewegung stellten dies wichtige Erfolge dar. Ankara hatte sich den Rücken freigehalten und konnte nun alle militärischen Kräfte auf den Westen des Landes konzentrieren. Dort waren griechische Truppen bis weit nach Anatolien vorgedrungen. Die nun folgenden Schlachten des Befreiungs- und Unabhängigkeitskrieges wurden ausschließlich zwischen griechischen und türkischen Truppen ausgefochten, und es handelte sich eigentlich um einen türkisch-griechischen Krieg.

Der Unabhängigkeits- und Befreiungskrieg

Nachdem griechische Truppen am 15. Mai 1919 in der Bucht von İzmir *(Smyrna)* gelandet waren und die Hafenstadt besetzt hatten, drangen sie sehr schnell tief nach Westanatolien vor. Bald schon hielten sie eine sehr breite Front von *Ayvalık – Soma – Akhisar* bis nach *Aydın*. Am 30. Juni 1920 fiel die Stadt *Balıkesir* und einige

Tage später standen sie vor *Bursa*, der ersten osmanischen Hauptstadt, nur wenige Stunden von İstanbul entfernt. Da die *Kuvâ-yı Milliye*, die nationalen Kräfte, in dieser Phase den griechischen Truppen kaum etwas entgegenzusetzen hatten, wurden alle Einheiten unter einen Oberbefehl gestellt und in zwei Fronten aufgeteilt. Die Westfront von *Adapazarı* bis nach *Denizli* unterstand Oberst *İsmet (İnönü)* und der Rest im Süden bis nach *Konya Refet Bey*.

Anfang 1921 begann die erwartete griechische Großoffensive; griechische Truppen stießen von mehreren Seiten gegen die Regionen *Eskişehir* und *Afyon* vor. Ziel war der strategisch wichtige Verkehrsknotenpunkt, die Schnittstelle, an dem die Bahnlinien von İstanbul nach Ankara und *Konya* zusammenliefen. Damit sollte der Nationalbewegung der Nachschub abgeschnitten und die Eisenbahn für die eigenen Bedürfnisse nutzbar gemacht werden. Mit kolportierten 200 000 Mann waren die griechischen Truppen auf türkischem Gebiet den 90 000 Soldaten, die die Regierung in Ankara bis 1920 aufbieten konnte, weit überlegen.[61] Die Generalmobilmachung und Zwangsrekrutierung hatte noch keine durchschlagenden Erfolge erbracht, zumal aus dem Osten des Landes nur bedingt Truppen abgezogen werden konnten. Auch bei der Ausrüstung waren die Griechen deutlich überlegen. Diese Vorteile hoben sich jedoch auf und verkehrten sich ins Gegenteil, je tiefer griechische Einheiten nach Anatolien vordrangen. *İsmet Pascha* stellte sich den vorrückenden griechischen Truppen am 10. Januar 1921 bei der kleinen Ortschaft İnönü (*I. İnönü Muharabesi* – erste Schlacht von İnönü) entgegen und brachte deren Vormarsch ins Stocken. Diese erste Schlacht war eher ein größeres Scharmützel, und der symbolische Charakter war für die Moral der eigenen Truppen weit wichtiger als seine militärische Bedeutung. Mustafa Kemal bewertete aus der Entfernung die Entwicklungen und stellte fest: *„Mit dieser Schlacht haben wir sehr viele Dinge gerettet“* und *„Nein, wir haben damit alles gerettet.“*[62]

Nach dem ersten militärischen Erfolg nutzte Mustafa Kemal die Gunst der Stunde zu einem weiteren wichtigen innenpolitischen Schritt zur Abkopplung vom alten osmanischen Regime. Am 20. Januar 1921 verabschiedete das türkische Parlament in Ankara die erste Verfassung, die das Volk als Souverän bestimmte. Mit diesem Schritt hatte sich die Nationalbewegung nicht nur von der parlamentarischen Monarchie des Osmanischen Reiches distanziert, sondern die Autorität des Sultans offen infrage gestellt. Mit General *Fevzi Çakmak* wählte die Versammlung einen treuen Gefährten Mustafa Kemals zum ersten Premier. Ankara wurde darauf von Russland als erstem Staat offiziell anerkannt, und Vertreter aus Ankara wurden zur Friedenskonferenz Anfang 1921 nach London eingeladen. Dies waren weitere wichtige Meilensteine auf dem holprigen Weg zur Staatsgründung.

Die Friedenskonferenz in London

Da die Beschlüsse des Friedensvertrages von Sèvres unter den Siegermächten nicht unumstritten waren und der Vertrag nie rechtskräftig wurde, sollten auf einer Folgekonferenz in London im Februar 1921 über die Auswirkungen von Sèvres und die aktuelle Situation im Osmanischen Reich beraten werden. Die Konferenz war der zweite Versuch einer Friedensfindung. Neben der İstanbuler Delegation wurde auf Initiative Italiens eine Abordnung aus Ankara eingeladen, was eine weitere wichtige Anerkennung der Nationalbewegung auf internationalem Parkett darstellte. Die İstanbuler Regierung trat noch vor der Konferenz mit Ankara in Kontakt und schlug ein gemeinsames Auftreten vor. Mustafa Kemal lehnte dieses Angebot entschieden ab, da Ankara einen außenpolitischen Erfolg gut gebrauchen konnte. Er machte deutlich, dass derjenige, der über den Frieden verhandeln wolle, die nationalen Rechte und Ansprüche der Türkei anerkennen müsse und forderte Verhandlungen auf gleicher Augenhöhe.

Die wahren Machtverhältnisse in der „Türkei" spiegelten sich symbolisch in den beiden Delegationsleitern wider. İstanbul wurde durch den 80-jährigen, greisen und kranken Regierungschef *Tevfik Pascha* vertreten. Ankara hatte seinen 54-jährigen dynamischen

„Außenminister“ *Bekir Sami Bey* aufgeboten. Der Sultan hatte die Machtverhältnisse akzeptiert; seine Delegation trat gleich zu Beginn der Verhandlungen zugunsten der Vertreter aus Ankara zurück. Die Begründung lautete: Ankara repräsentiere die gesamte türkische Nation und besitze das Vertrauen des türkischen Volkes. Damit verabschiedete sich das Osmanische Reich praktisch durch die Hintertür von der weltpolitischen Bühne. Die anschließenden Verhandlungen verliefen ohne fassbare Ergebnisse, da die Siegermächte nur kleinere Revisionen anboten. Nach dem Konferenzende am 11. März 1921 trat „Außenminister“ *Bekir Sami Bey* zurück, weil ihm Eigeninitiative und zu große Nachsichtigkeit vorgeworfen wurden. Während der Verhandlungen zog Italien jedoch seine Truppenkontingente aus Anatolien ab und verzichtete auf seine Einflusszone in Anatolien. Somit scherte die erste europäische Siegermacht aus dem Verbund der Alliierten aus.

Die Schlacht am Sakarya-Fluss (Sakarya Meydan Muharebesi)

Vom 23. März bis zum 1. April 1921 dauerte jene Schlacht, die als zweite *İnönü*-Schlacht in die Geschichte eingehen sollte. Griechische Einheiten drangen gegen *Eskişehir* vor. Am 24. März fiel die Anhöhe *Dumlupınar* und am 27. März die Stadt und Festung *Afyonkarahısar*. Die griechischen Truppen waren in der Überzahl und setzten sich an der Frontlinie der ersten *Inönü*-Schlacht fest. Wieder konnte der mittlerweile zum General beförderte *İsmet Pascha* die Griechen zur Anhöhe Dumlupınar auf der Linie *Afyon – Kütahya* zurückdrängen.

Die griechische Armee konnte sich sammeln und startete im Juli 1921 eine groß angelegte Offensive; in den Schlachten von *Kütahya* und *Eskişehir* blieb den türkischen Truppen lediglich ein geordneter Rückzug bis hinter den *Sakarya*-Fluss. Aufgeschreckt durch diese Niederlagen ließ sich Mustafa Kemal zum Oberkommandierenden der türkischen Armee ernennen; Monate zuvor hatte er dies noch abgelehnt. In Personalunion erlangte er dadurch als Parlamentspräsident, Regierungschef und Armeechef eine Machtfülle, die seine Gegner beängstigte. Mustafa Kemal überzeugte die Abgeordneten in einer langen Ansprache, indem er sich dem nationalen Souveränitätsgebot verpflichtete und das Oberkommando auf drei Monate begrenzte. Am 5. August 1921 legitimierte das Parlament erst in geheimer und dann offener Abstimmung diesen Schritt. Vier weitere Male ließ sich Mustafa Kemal in diesem Amt bestätigen.

Abgesehen von seinen militärischen Fähigkeiten wirkte sich das aktive Eingreifen eines Kriegshelden positiv auf die Motivation der Truppen aus. Trotz des psychologischen Vorteils war die Entscheidung wagemutig und barg große Gefahren. Damit war er an die Front gebunden und kehrte dem politischen Ankara den Rücken zu, was die Opposition in seiner Abwesenheit nutzen konnte. Ferner lief er bei militärischen Niederlagen Gefahr, seinen Ruf als Offizier zu verlieren, was seine Gegner gestärkt hätte. Er setzte damit alles auf eine Karte, weil sein weiteres politisches Überleben nicht zuletzt von militärischen Erfolgen abhing.

Mustafa Kemal beanspruchte als Oberbefehlshaber *(Başkomutan)* weitreichende Sondervollmachten, mit denen er alsbald ein Paket von dringlichen Maßnahmen unter dem Titel „Nationale Verpflichtungen" anordnete. So veranlasste er am 7. und 8. August 1921 eine nationale Mobilmachung, bei der alle Männer im Alter von 18 bis 55 Jahren zum Militärdienst eingezogen wurden. Zur Truppenversorgung wurde die kriegsgeplagte Bevölkerung aufgefordert, alle benötigten Gerätschaften und Ressourcen zur Verfügung zu stellen. In jedem Verwaltungsbezirk wurde eine Kommission und Materialsammelstelle eingerichtet, die die benötigten Güter sammelte und dann jeweils an einen bestimmten Frontabschnitt versandte. Trotz des nahenden Winters musste jeder Haushalt Kleidung zur Verfügung stellen. 40 % aller Zelte, Tücher und Stoffe, Lebensmittel und Tierfutter waren abzuliefern. Motorisierte Transportmittel, Pferdekutschen und Ochsenkarren mussten für eine Transportleistung von 100 Kilometern pro Monat zur Verfügung gestellt werden.[63]

Bei all diesen Auflagen galt, dass die Wohlhabenden diese Verpflichtungen für die Bedürftigen leisten mussten. Ferner waren alle Waffen und Munition der Armee zu übergeben, wobei den Besitzern eine spätere Rückgabe zugesichert wurde. 40 % von Benzin, Brennstoffen, Kabel, Gummi und Telefonen fielen ebenso unter die Zwangsabgaben. Eisenschmiede, Gießer und Schreiner, die Schwerter und andere Waffen produzieren konnten, mussten sich registrieren lassen.

Alle diese Auflagen konnten nur unter unglaublichen Anstrengungen und Entbehrungen der anatolischen Bevölkerung erfüllt werden, die schon seit dem Ersten Weltkrieg unter Versorgungsengpässen litt. Die Not der Menschen damals mag an einer Anekdote aufgezeigt werden. Vor den Schlachten von *İnönü* hielt eine türkische Truppeneinheit in ihrem Bereitstellungsraum kleine Manöver ab. Dabei beobachteten vom Zelt des Befehlshabers zwei Offiziere einige Frauen, die hinter den berittenen Soldaten hinterher sprangen. Der wachhabende Offizier ließ die Frauen festnehmen, weil er wissen wollte, was sie dort taten. Sie sammelten den Pferdekot, um ihn nach unverdauten Gersten- oder Weizenkörnern zu durchsuchen, mit dem sie Brot für Waisenkinder buken.[64]

Die *Sakarya*-Schlacht war die erste unter dem Oberkommando Mustafa Kemals und ereignete sich in der Nähe der Ortschaft *Polatlı*, ca. 70 Kilometer von Ankara entfernt, in einer Ebene, durch die der Fluss *Sakarya* fließt. Sie ist eine der wichtigsten Schlachten in der Geschichte des türkischen Unabhängigkeitskampfes. Die Griechen lagerten am *Sakarya*-Fluss, der in dieser Gegend eher einem Flüsschen ähnelt, der aber als Grenzmarkierung eine wichtige symbolische Bedeutung erfüllte. Am 23. August starteten die Griechen auf einer Länge von 100 Kilometern eine Großoffensive. Die türkischen Einheiten des südlichen Frontabschnitts mussten sich zurückziehen, und die Griechen eroberten den strategischen Punkt *Çataltepe*, von wo aus es noch 50 Kilometer nach Ankara waren. In der Stadt war das herannahende Artilleriefeuer immer deutlicher zu vernehmen. Diejenigen in der kleinen Provinzstadt Ankara, die die finanziellen Möglichkeiten hatten, flohen in jenen

Tagen weiter nach Osten. So berichtet der damals knapp 20-jährige *Vehbi Koç*, dass sein Vater in Çankırı, ca. 130 Kilometer nordöstlich von Ankara, eine Wohnung angemietet hatte und die ganze Familie für drei Monate aus der gefährdeten Stadt übersiedelte. Auch Mustafa Kemal veranlasste die Überführung seiner Mutter, Schwester und der Geliebten *Fikriye* nach *Kayseri*. Zum Schutz von *Fikriye Hanım* sollten ausreichend Soldaten abgestellt werden. Selbst eine Übersiedlung des Parlaments und der Regierung nach *Kayseri* wurde ins Auge gefasst.

Dies wurde aber nicht notwendig, weil sich die Kriegsgeschehnisse zugunsten Ankaras wendeten. Der griechische Vormarsch kam zum Erliegen. Den Befehlshaber *Anastasios Papoulas* plagten Zweifel, und er teilte dem Kriegsministerium seines Landes mit, dass der Versuch, Ankara einzunehmen, mit einem Unglück enden könnte. Er zeigte sich unschlüssig und wollte lieber die großen Gebietsgewinne bei Friedensverhandlungen als Verhandlungsmasse mit einbringen.[65] Mustafa Kemal hatte entlang der Front versucht, einer großen Entscheidungsschlacht aus dem Weg zu gehen und durch eine Taktik der vielen kleinen Schlachten die griechische Überlegenheit auszubalancieren. Zu diesem Zeitpunkt traf er eine Aussage, die später berühmt werden sollte:

> *„Es gibt keine Verteidigung einer Linie, sondern eine Verteidigung des Gebietes, und dieses Gebiet ist die gesamte Heimat. Keinen Handbreit Boden unseres Vaterlandes wird preisgegeben, bevor er nicht mit dem Blut unserer Staatsbürger getränkt ist. Aus diesem Grund kann jede noch so kleine Einheit gegen den Feind Stellung beziehen. Jede Einheit ist dazu verpflichtet, von dem Ort aus, an dem sie zum Stehen kommt, wieder gegen den Feind Stellung zu beziehen und gegen ihn zu kämpfen. Wenn Einheiten zum Rückzug gezwungen sind, ist dies für eine benachbarte Einheit kein Grund, sich auch zurückzuziehen. Sie sind verpflichtet, die bezogene Stellung bis zum Ende zu verteidigen und zu kämpfen.“*[66]

Diese Guerilla-Taktik war erfolgreich, weil sich die Griechen aufrieben und nach drei Wochen der Schwung ihres Angriffs erlahmte. Dies nutzten die Türken für einen schnellen Vorstoß, der von *İsmet Pascha* geführt wurde. Die Griechen konnten bis auf die Ausgangslinie *Eskişehir – Afyonkarahısar* zurückgedrängt werden. Der Sieg in der *Sakarya*-Schlacht stellt den entscheidenden Wendepunkt im Krieg gegen Griechenland dar. Mit Abstand war es auch die blutigste Auseinandersetzung zwischen Griechen und Türken; türkische Quellen sprechen von 3282 Gefallenen und 13618 Verletzten auf türkischer und von 15000 Gefallenen und 25000 Verletzten auf griechischer Seite.[67]

Nach dieser Schlacht unterzeichneten Frankreich und Ankara am 20. Oktober 1921 die Konvention von Ankara *(Ankara Itilafnamesi)*, mit der die französische Besatzung Anatoliens beendet wurde. Der Sieg am Flusslauf des *Sakarya* festigte zugleich aber auch die politische und militärische Vormachtstellung Mustafa Kemals und seiner Mitstreiter. Das Parlament verlieh ihm daraufhin am 19. September 1921 den Rang eines Marschalls und den Titel *Gazi*. Der Titel *Gazi* hat einen islamischen Ursprung und wurde traditionell an jene vergeben, die an einem Heiligen Krieg zur Bewahrung oder Ausbreitung des Islam teilnahmen. Über die Jahrhunderte veränderte sich jedoch die Bedeutung, bis aus diesem Titel zum Schluss die Bedeutung „Veteran" wurde. Besondere Bedeutung hat er für die Soldaten, die Verletzungen aus einer Schlacht davon trugen. Da Mustafa Kemal während dieser Schlacht vom Pferd fiel und trotz gebrochener Rippen weiter Befehle erteilte, kommt dem Titel *Gazi* mehr die Bedeutung des Veteranen zu, auch wenn der Kampf gegen nicht-muslimische Griechen durchaus als „Heiliger Krieg" hätte deklariert werden können.

Die „Kleinasiatische Katastrophe"

In den darauffolgenden 12 Monaten kam es zu kleineren militärischen Auseinandersetzungen zwischen beiden Seiten. Mehr oder weniger wurden dabei die Fronten gehalten. Beide Seiten nutzten die Zeit zur Regeneration und Vorbereitung auf die nächste Schlacht. So wurden z. B. die Jahrgänge 1901 eingezogen, und Mustafa Kemal besuchte regelmäßig verschiedene Frontabschnitte, um die Vorbereitungen selbst zu inspizieren.

Am 17. August 1922 brach *Gazi* Mustafa Kemal heimlich mit dem Auto über *Konya* nach *Akşehir* auf. Offiziell wurde die Nachricht verbreitet, dass er in seinem Anwesen in Çankaya ein Teebankett veranstalte. Dies war eine bewusste Fehlinformation, um den Feind in Sicherheit zu wiegen.[68] *Gazi* Mustafa Kemal stieß von *Akşehir* zu den Truppen und leitete am Morgen des 26. August 1922 die türkische Generaloffensive ein, die in der Türkei als der Große Angriff *(Büyük Taarruz)* bezeichnet wird. Bei *Afyonkarahısar* setzten die Türken den Griechen so zu, dass schon am zweiten Tag des Angriffs die Verteidigungslinien durchbrochen wurden und die Stadt am 27. August eingenommen werden konnte. Die griechischen Truppen zogen sich schnell bis nach *Kütahya* zurück. Diese Schlacht ging in die Geschichte des Unabhängigkeitskrieges als „Offene Feldschlacht des Oberbefehlshabers" *(Başkomutan meydan muharebesi)* ein.

Am 30. August 1922 konnten Teile der griechischen Armee auf der Anhöhe *Dumlupınar* bei der Stadt *Kütahya* vernichtend geschlagen werden, und sie trat auf breiter Front die Flucht an. Sehr viele Griechen kamen in türkische Gefangenschaft, darunter auch hohe Offiziere. Der 30. August wird in der Türkei seither als der Tag des Sieges *(Zafer Bayramı)* gefeiert. Passend zum heroischen Moment werden großmütige Taten des türkischen Feldherrn überliefert; so bedient sich die offizielle Geschichtsschreibung oft der Erzählung, dass *Gazi* Mustafa Kemal eine griechische Fahne aus dem Schmutz aufhob und erklärte: Nationale Symbole anderer Staaten müssten in Ehre behandelt werden, forderte man gleiches für die eigenen Symbole ein.

Adjutant *Salih Bozok* überliefert ein weiteres Vorkommnis: Als Mustafa Kemal einige griechische Divisionskommandeure vorgeführt wurden, wandte sich einer der Gefangenen auf Türkisch an *Salih Bozok*, weil er wissen wollte, wann Mustafa Kemal an die Front gestoßen war. *Salih Bozok* berichtet, dass der griechische Offizier sehr verwundert gewesen war, als er ihm antwortete, dass der

Gazi persönlich die Kampfhandlungen vor Ort an der Front geleitet hatte. Darauf sagte der griechische Offizier: *„Ihr habt den Sieg verdient, weil unser Oberbefehlshaber Hatzanestis die Schlacht von İzmir aus leiten und sich nicht von dort wegbewegen wollte."*[69] In der Tat gab es auf griechischer Seite neben schwindender Kampfesmoral militärische Nachlässigkeiten, die den Ausgang des Kampfes für die türkische Seite begünstigt hatten, allen voran Fehler in der Befehlskette und Kommunikationsprobleme.

Auch auf türkischer Seite gab es bei der Nachrichtenübermittlung Probleme. So berichtet ein Adjutant von einem Tag, an dem die türkischen Truppen unter schwerem Beschuss standen und Mustafa Kemal ungeduldig auf Nachrichten aus den Frontabschnitten wartete. Als sich ein wichtiger Stützpunkt nicht meldete, machte er sich selbst zum Telegrafenzelt auf. Dort angekommen, hörte er das Fluchen der Fernmelder aufgrund der alten Ausrüstung. Ein Begleiter Mustafa Kemal Paschas berichtet:

> *„Natürlich hatten die Offiziere Recht. Man befand sich in einer so erbärmlichen Situation. Als Tagesration wurden nur ein halbes Stück Roggenbrot und fünf Oliven verteilt. In dieser Lage waren auch die Telefone und Telegrafengeräte ziemlich mitgenommen und kaputt. Die Kabel waren in einem Zustand, als ob sie von Mäusen angefressen worden wären, und die alten und kaputten Geräte konnten nur durch außergewöhnliches Engagement überhaupt zum Funktionieren gebracht werden. Zu Recht haben die Offiziere bei jeder Gelegenheit geflucht."*[70]

Das Ziel der Türken war die Rückeroberung der besetzten Gebiete und der Stadt İzmir. Einen Tag vor dem 26. August hatte Mustafa Kemal in vertrauter Runde die Devise ausgegeben:

„Wenn ihr das Datum für den Angriff erfahrt, dann rechnet. Am 15. Tag danach werden wir in İzmir sein."[71] Die griechischen Truppen flohen nach der entscheidenden Schlacht in *Kütahya* ungeordnet Richtung Ägäis, und schon am 9. September 1922 erreichten die ersten türkischen Truppen die Hafenstadt İzmir, einen Tag vor der „Prophezeiung" Mustafa Kemals. Die griechischen Soldaten kamen in İzmir an und wurden unter chaotischen Verhältnissen von

griechischen und zum Teil auch französischen und britischen Schiffen evakuiert. Mit den Soldaten flohen auch viele tausende griechisch-orthodoxe Einheimische, die über Jahrhunderte im Osmanischen Reich zuletzt als gleichberechtigte Staatsbürger gelebt hatten. Die Rückeroberung der Stadt İzmir als symbolisches Ende des türkisch-griechischen Krieges wird in der Türkei als die große Befreiung empfunden. Jedes Schulkind verbindet mit dem 9. September 1922 den Tag, an dem „die Feinde ins Meer gestürzt" wurden. Hingegen werden in Griechenland die gleichen Ereignisse noch heute als Teil der „Kleinasiatischen Katastrophe" empfunden. Unterschiedlicher könnten historische Entwicklungen nicht bewertet werden, die auch heutzutage zum Teil zum Antagonismus zwischen beiden Ländern beitragen.

Der Brand von İzmir

Als Mustafa Kemal einen Tag später gemeinsam mit dem Befehlshaber der 1. Armee und Gouverneur von İzmir, *Nurettin Pascha* – er trug den Beinamen „der bärtige Pascha" – in die Vororte von İzmir kamen, hielt der General an der ersten Moschee an, weil er ein Gebet verrichten wollte. Mustafa Kemal und seine Entourage blieben von diesem Zwischenstopp unbeeindruckt und setzten ihren Weg fort. Die geringe Wertschätzung für den Gouverneur sollte sich fortsetzen, auch weil dieser bei der Ermordung des griechischen Metropoliten *Chrystostomos* eine undurchschaubare Rolle gespielt hatte. Einige Tage später besuchte Mustafa Kemal den Amtssitz des Gouverneurs, der gerade im Gespräch mit dem englischen Generalkonsul *Lamb* in İzmir war. Als sich der Parlamentspräsident nach dem Grund für den Besuch des Konsuls erkundigte, antwortete dieser unter Hinweis auf die Sicherheitsfrage der christlichen Untertanen. Auf die Frage, ob es unter den Griechen besser um die Sicherheit bestellt gewesen war, antwortete der Konsul mit Ja. *„Wenn das so ist, dann gehen Sie doch nach Griechenland"*, hatte Mustafa Kemal darauf geantwortet.[72] Der britische Konsul stellte ihm brüskiert die Frage, ob das eine Kriegserklärung an Großbritannien sei, worauf Mustafa Kemal erst richtig in Fahrt kam. Ob der Konsul denn die Kompetenz besitze, ihm eine solche Frage zu stellen. Als Oberbefehlshaber der türkischen Truppen und Präsident der Großen Türkischen Nationalversammlung habe er die Kompetenz, über alle Themen zu verhandeln. Wenn dies auch für den englischen Konsul gelten sollte, könne man weiterverhandeln, ansonsten solle er doch bitte den Raum verlassen.

Das Zimmer im Hotel Krämers Palace, dass er nach seiner Ankunft bezogen hatte, wurde ihm zu beengt, so dass er nach einer besseren Bleibe suchte. Unter den Villen und Anwesen, die zur Besichtigung standen, war auch das der Familie *Uşakizade* im Stadtteil *Göztepe*. *Muammer Bey*, der Herr des Hauses, war mit seiner Familie noch vor der griechischen Besatzung nach Frankreich geflohen. Tochter *Latife* kehrte schon vor Kriegsende zurück, weil sie sich um die alte Großmutter kümmern wollte. Die junge Frau führte Mustafa Kemal durch das Anwesen der Familie und imponierte ihm aufgrund ihrer europäischen Ausbildung und ihres forschen Auftretens. Sie repräsentierte ein neues Frauenbild. Er bezog das Anwesen der Familie *Uşakizade* mit den wichtigsten Mitarbeitern und funktionierte es zu seinem Hauptquartier um.

Am Nachmittag des 12. und am Vormittag des 13. September wurden an mehreren Stellen des armenischen Viertels Brände gelegt, welche sich durch den starken Wind begünstigt sehr rasch ausbreiteten. Obwohl zwischenzeitlich am 18. September alle Brände unter Kontrolle gebracht werden konnten, waren die Brandstifter nicht untätig und steckten die besagten Viertel wieder an. Als am 30. September 1922 endlich alle Feuer gelöscht werden konnten, waren die Stadtteile der Armenier und Griechisch-Orthodoxen und Teile des Stadtteils, in denen die Europäer und Levantiner lebten, vollständig abgebrannt. Eine geschätzte Fläche von 2,6 Mio. Quadratmetern und etwa 25 000 Häuser, Geschäftsgebäude, Kirchen, Krankenhäuser, Fabriken, Lagerhallen, Hotels und Restaurants brannten ab. Der Brand von so großen Teilen der Stadt war eine Katastrophe und Tragödie zugleich. In der griechischen Erinnerung wird dieser Brand als die „Kleinasiatische Katastrophe" bezeichnet.

Die Frage nach der Verantwortung für den Brand wird sehr unterschiedlich beantwortet. Für die geflohenen Nichtmuslime stellt sich die Frage nach der Schuld kaum, schließlich blieben die türkischen und jüdischen Stadtteile unversehrt. Dass die Brände von türkischen Soldaten, die die verlassenen Häuser zuvor plünderten, gelegt wurden, wird auch durch die verschiedenen Berichte ausländischer Beobachter bestätigt. Der damalige US-Generalkonsul in Izmir, *George Horton*, weist in seinem Buch *‚The Blight of Asia'* die Schuld am Brand von İzmir ebenso den Türken zu, wie die Autorin *Margaret Hovsepyan* in ihrem Buch *‚Smyrna 1922: Destruction of a city'*. Die türkischen Eroberer wollten damit einen symbolischen Schlussstrich unter die Existenz der christlichen Minderheiten in der Stadt ziehen, so der Vorwurf. Auch türkische Autoren und Historiker weisen neuerdings die Schuld der Brände den türkischen Eroberern zu.[73]

Die offizielle türkische Geschichtsschreibung hingegen hält weiter an der These fest, dass geflohene Armenier und Griechen bzw. Mitglieder der armenischen Organisationen Hintschak und Taschnak ihre Stadtteile selbst angezündet hatten, weil sie verbrannte Erde zurücklassen wollten. In der Tat hat die vor der türkischen Armee zurückweichende griechische Armee große Brände in Städten wie *Afyon*, *Uşak*, *Manisa* und *Aydın* gelegt, aber dass Armenier und Griechen in türkischen Uniformen die Brände gelegt haben sollen, scheint eher unwahrscheinlich.[74] Jedoch gibt es auch ausländische Beobachter und Stimmen, die die Schuld nicht nur den Türken zuordnen.[75]

Hier nehmen türkische Autoren Bezug auf den Bericht von *Paul Greskovic*, Chef der Feuerwehr in İzmir von 1910–1922. Dieser erzählte das schreckliche Ereignis folgendermaßen: In den Sommermonaten August und September jener Jahre brannte es regelmäßig einmal im Monat. Im besagten Jahr 1922 brannte es in der ersten Septemberwoche fünf Mal, wobei die Feuerwehr alle Brände löschen konnte. Dann brachen aber an sehr vielen Stellen gleichzeitig Brände aus, und da durch den Militärgouverneur *Kazım Pascha* die griechisch-orthodoxen Feuerwehrmänner mit einem Berufsverbot belegt wurden, fehlte es an Mannschaften. Dass die türkische Verwaltung erst Tage später hundert Soldaten zur Brandbekämpfung abstellte, erweckte für ihn den Eindruck, dass man die Brandbekämpfung von türkischer Seite bewusst verzögert habe. Greskovic berichtet aber auch davon, dass die Brandbekämpfungsmaßnahmen torpediert worden seien. So sei u. a. auf die Wasserbehälter der Feuerwehr geschossen worden.[76]

Einige türkische Autoren weisen die Schuld am Ausbruch der Brände alleine *Nurettin Pascha* zu; der besagte Gouverneur hatte schon Wochen zuvor über Griechen und Armenier gesagt: *„Sie haben uns viel leiden lassen. Wir werden sie nicht bemitleiden, und die von den Griechen begangenen Verbrechen sind groß."*[77] So scheint es sehr wahrscheinlich, dass von offizieller Seite zwar keine Befehle Brände zu legen gegeben wurden. Aber plündernde Soldaten wurden nicht daran gehindert, und die Behörden reagierten auf die gelegten Feuer viel zu spät. Mustafa Kemal hatte einige Tage nach den ersten Bränden über den Außenminister *Yusuf Kemal Bey* ein Telegramm an den französischen Admiral Dumesnil, der mit zwei Kriegsschiffen flüchtige Armenier und Griechen aufnahm, gesandt. Darin wurde mitgeteilt, dass man nach der Einnahme der Stadt alle Schutzmaßnahmen für die Flüchtlinge getroffen habe. Jedoch habe man erfahren, dass der Metropolit *Chrysostomos* schon im Vorfeld dazu aufgerufen habe, besser die Muslime und die Stadt zu verbrennen, und er habe diese Tat als einen Akt des Glaubens bezeichnet.[78]

Mustafa Kemal hatte ansonsten zum Brand von İzmir mehr oder weniger geschwiegen, obwohl er in jenen Tagen selbst Zeuge des Brandes und der Auswirkungen war. Überliefert wird in mehren Quellen, dass er während des Brandes in der Villa der Familie Uşakizade einen Abendempfang gab. Im Laufe des Abends war er mit der Tochter des Hauses, *Latife Hanım*, auf der Terrasse des Anwesens und sie sprachen auch über den Brand. Als er wissen wollte, ob auch Häuser der Familie abgebrannt seien, antwortete *Latife*, dass sehr viele Immobilien der Familie sich in den brennenden Stadtteilen befänden. *Latife* weiter: „*Mein Pascha, alles was wir besitzen soll brennen, ganz İzmir soll brennen. (...) Wir haben den Feind besiegt, und unter Ihrer Führung werden wir eine neues İzmir aufbauen. Das wichtigste ist, dass Sie uns führen und Ihnen nichts geschieht.*“[79] Diese Aussage hat Mustafa Kemal mit „*Ja, soll doch alles brennen und zusammenfallen, das kann alles wieder aufgebaut werden*“ geäußert.[80] Schon zuvor hatte er jungen Offizieren gegenüber ausgesprochen:

> „*Schaut Euch diesen Anblick gut an! Diese Flammen sind ein Brand, der auf das Ende einer Epoche und den Beginn einer neuen Zeit hinweist. Alle Verfehlungen des Osmanischen Reiches der letzten Jh. werden mit diesem Brand beseitigt. Gleichzeitig kündigt er der Welt die Gründung eines neuen türkischen Staates und den Aufstieg des türkischen Volkes/ Nation an.*“[81]

Insofern bleibt zu konstatieren, dass Mustafa Kemal keinen direkten Befehl gegeben hat, İzmir brennen zu lassen. Seine Aussagen verweisen jedoch darauf, dass er den Brand goutierte und ihm auch etwas Gutes abgewinnen konnte. Es stellte ein probates Mittel dar, das Ende einer Epoche und den Anfang von etwas Neuem einzuläuten. In jedem Fall war der Brand ein Fanal und bedeutete das Ende des polyglotten, multikulturellen und multireligiösen İzmirs. Nach unterschiedlichen Angaben bestand vor der Eroberung 1922 ein Bevölkerungsanteil von 35–50 % aus Griechen, und die Türken/Muslime waren mit knapp 25 % deutlich in der Unterzahl.[82]

Der Waffenstillstandsvertrag von Mudanya

Als die letzten griechischen Truppen Anatolien verlassen hatten, zerbrach die Einheit der Entente endgültig. Am 3. Oktober 1922 begannen in der Stadt *Mudanya* am Marmarameer die Waffenstillstandsverhandlungen. *İsmet Pascha* verhandelte die Bedingungen mit Vertretern Frankreichs, Großbritanniens und Italiens aus; der griechische Emissär beobachtete die Verhandlungen aus sicherer Entfernung von einem Kriegsschiff. Nach den gescheiterten Verhandlungen von Sèvres und der Friedenskonferenz in London war *Mudanya* ein weiterer Versuch, einen für alle Seiten annehmbaren Friedenskompromiss zu finden. Die Nationalbewegung war mittlerweile in einer weit besseren Verhandlungsposition als Monate zuvor. Die alliierten Truppen hatten sich zu diesem Zeitpunkt fast vollständig aus den Gebieten des Nationalpakts zurückgezogen. Nach zähen Verhandlungen wurde am 11. Oktober 1922 eine Übereinkunft erzielt, und ein gültiger Vertrag unterzeichnet, dem Griechenland erst Tage später sehr zögerlich zustimmte. Der Krieg zwischen Türken und Griechen war damit offiziell beendet.

Die griechischen Truppen mussten sich innerhalb von 15 Tagen aus den Gebieten Ostthrakiens hinter den Fluss *Maritza (Meriç)* zurückziehen. Obschon Ankara die Verwaltungsoberhoheit erlangte, sollten türkische Truppen erst nach der Unterzeichnung eines Friedensvertrages in diese Gebiete einmarschieren. Dies galt ebenso für die Dardanellen und İstanbul. Die altehrwürdige osmanische Hauptstadt wurde offiziell in türkischen Besitz übergeben, auch wenn bis zu einem gültigen Friedensvertrag alliierte Truppen in der Stadt stationiert blieben. *Refet Pascha* als Vertreter Ankaras wurde am 19. Oktober 1922 in İstanbul frenetisch empfangen. Weiter offen blieb hingegen die Regelung der Meerengendurchfahrt. Mit dem Vertrag von *Mudanya* war der Unabhängigkeitskrieg zu einem Ende gekommen. Die äußeren Gefahren waren gebannt, das Osmanische Reich nicht mehr existent, und Ankara konnte dazu übergehen, das neue Staatsgebilde von innen auszuformen.

Bevor Ende November 1922 in Lausanne die eigentlichen Friedensverhandlungen begannen, fällte Ankara einige grundsätzliche Entscheidungen, die nicht ohne Kritik hingenommen wurden. So konnte Mustafa Kemal in der Nationalversammlung am 1. November 1922 nur unter Protest der Traditionalisten ein Gesetz durchbringen, mit dem das Sultanat vom Kalifat abgetrennt und abgeschafft wurde. Als die Diskussionen im Parlament ihren Höhepunkt erreichten, ergriff er das Wort:

„Efendiler! Trotz der Umstände, in denen wir uns befinden, sehe ich, dass wir die Zeit verbringen mit Sophismus, Erörterungen und theoretischen Diskursen. Souveränität und Herrschaft erhält niemand aufgrund wissenschaftlicher Diskurse oder Spitzfindigkeiten. Souveränität und Herrschaft nimmt man sich mit Gewalt. Die türkische Nation hat die Souveränität und Herrschaft durch Aufstand de facto in die eigenen Hände genommen. Das ist eine unverrückbare Tatsache, weshalb wir hier nicht über die Frage der Abgabe von Souveränität und Herrschaft beraten müssen. Die Frage ist, wie wir diese vollendete Tatsache umsetzen, weil es unweigerlich geschehen wird. Das hier versammelte Haus und jeder Einzelne sollte meines Erachtens die Frage von diesem Standpunkt betrachten. Im gegenteiligen Fall wird sich nichts an der Wahrheit ändern, aber wahrscheinlich werden einige Köpfe rollen.“[83]

Diese Warnung hatte ihre Wirkung nicht verfehlt, weil einige Abgeordnete aus dem Plenum zuriefen, dass man diese Frage bisher unter anderen Gesichtspunkten betrachtet hatte, nun aber bereitwillig einlenke. In der Frage der Abschaffung des Sultanats kamen die sehr unterschiedlichen Positionen zum Vorschein. Weil die Diskussionen über diesen Schritt anhielten, wurden durch eine Novelle des „Gesetzes zum Hochverrat“ *(Hıyanet-i Vataniye Kanunu)* Monate später gegen die Abschaffung des Sultanats gerichtete Äußerungen als Hochverrat eingestuft und mit der Todesstrafe geahndet.

Am 4. November 1922 trat die İstanbuler Regierung zurück und setzte damit einen Schlussstrich unter die osmanische Exekutive. Weder der Sultan besaß die Macht, eine neue Regierung einzusetzen noch existierte ein Parlament, welches sie überhaupt hätte legitimieren können. *Mehmet VI. Vahdettin* verließ als letzter osmanischer Sultan in der Nacht vom 16. zum 17. November 1922 mit seinem Sohn und einigen Bediensteten İstanbul. Dramatisch dabei ist, dass keine fremde Siegermacht den Sultan ins Exil verwies, sondern die neuen türkischen Machthaber. Einen Tag darauf wurde der Neffe des letzten Sultans, *Abdülmecit II.*, zum Kalifen ernannt. Für eine Abschaffung des Kalifats war es noch zu früh; einerseits, weil diese Entscheidung Auswirkungen auf die gesamte islamische

Welt hatte und sie andererseits die Traditionalisten noch überfordert hätte.

Die Härte, mit der die Opposition stellenweise gegen Mustafa Kemal arbeitete, zeigte eine Ende 1922 geplante Wahlrechtsnovelle unter Führung des Ministerpräsidenten *Rauf Bey (Orbay)*. Das passive Wahlrecht sollte abgeändert werden. Geplant war, dass sich nur solche Kandidaten zur Wahl stellen sollten, die entweder in der Türkei der Grenzen von 1922 geboren oder in diesem Gebiet mindestens seit fünf Jahren ununterbrochen ihren Wohnsitz nachweisen konnten. Mustafa Kemal erfüllte beide Bedingungen nicht. Er erläuterte in der entscheidenden Parlamentsdebatte, dass er für das Vaterland schließlich an allen Fronten und Gebieten des Landes gekämpft hätte. Daraufhin wurde die Novelle verworfen.

Der Friedensvertrag von Lausanne

Am 20. November 1922 begannen im schweizerischen Lausanne die Friedensverhandlungen, an denen Großbritannien, Frankreich, Italien, Griechenland, Japan, Rumänien und Serbien-Kroatien-Slowenien teilnahmen. Türkischer Verhandlungsführer und Delegationsleiter wurde auf Wunsch Mustafa Kemals erneut *İsmet Pascha*. Da die Parteien auf Außenministerebene vertreten waren, trat der bisherige türkische Außenminister *Yusuf Kemal (Tengirşek) Bey* zugunsten von *İsmet Pascha* zurück. Der türkischen Delegation mangelte es an erfahrenen Diplomaten, da man nicht auf osmanische Diplomaten zurückgreifen wollte. Dieser Nachteil trat während den Verhandlungen offen zutage.

Gleich zu Beginn wurde deutlich, welch schweren Stand die Türkei hatte. Die türkische Delegation sollte auf anderen niedrigeren Stühlen Platz nehmen. *İsmet Pascha*, der dies als Schmach empfand, weigerte sich, solange Platz zu nehmen, bis für eine ebenbürtige Sitzmöglichkeit gesorgt war. Nach der Eröffnungsrede des damaligen Schweizer Bundespräsidenten Robert Haab als Gastgeber sprach der Vorsitzende der Konferenz, der britische Außenminister Lord Curzon. Da die türkische Seite gleichberechtigte Verhandlungen forderte, ergriff danach *İsmet Pascha* zur Verwunderung aller das Wort und hielt eine am Vortag eingeübte Rede. Er referierte über den legitimen Anspruch der Türkei auf einen unabhängigen, freien Staat und kritisierte die griechische Besatzung, die Unrecht und große Zerstörung gebracht hatte. Er stellte ferner die Bedeutung des Unabhängigkeitskrieges in den Mittelpunkt seiner Ansprache sowie die Entwicklung der neuen Türkei.[84]

Die offizielle Geschichtsschreibung lobt diesen Auftritt in hohen Tönen; *Inönü* bezeichnete sich Jahrzehnte später in dieser Anfangsphase seines außenpolitischen Wirkens selbst als Amateurdiplomat.[85] In britischen Quellen wurde vermerkt, dass *İsmet Pascha* mit diesem undiplomatischen Verhalten keinen guten Eindruck hinterlassen hatte. Im Gegenteil wurde die von Vorurteilen und Voreingenommenheit geprägte Haltung einiger alliierter Vertreter dadurch bestärkt.[86]

Die türkische Delegation stellte einige Forderungen, die sie als unverhandelbar deklarierte. Grundsätzlich wurden alle Gebiete als türkisch bezeichnet, die zum Zeitpunkt des Waffenstillstands von *Mudros* über eine überwiegend osmanisch-muslimische Bevölkerung verfügten. Diese Definition schloss *Mossul, Kirkuk* und *Süleманiye* ebenso mit ein wie einige dem anatolischen Festland vorgelagerte Inseln in der Ägäis. Die Grenzen Thrakiens sollten mit denen vor dem Krieg übereinstimmen, und eine Fortsetzung der Handelsprivilegien und Kapitulationen wurde entschieden abgelehnt. Ankara forderte die volle Souveränität über den Bosporus und die Dardanellen. Eine weitere Forderung betraf die Aufteilung der osmanischen Staatsschulden unter all den Ländern, die ehemals Teil des Osmanischen Reichs waren.

Die Kommunikation mit der Führung in Ankara war schwierig und konnte nur über die von Frankreich kontrollierte Köstence-Leitung oder die von den Briten betriebene Eastern-Leitung aufrechterhalten werden. Die türkische Delegation nutzte abwechselnd beide Leitungen, weil man vermutete, dass Telegramme abgefangen wurden. Tatsächlich kamen einige Telegramme gar nicht oder nur teilweise in Ankara an oder mit mehrstündiger Verzögerung. Jahre später ließ Winston Churchill wissen, dass er türkische Telegramme dechiffriert zum Frühstück gelesen hatte.[87] Griechenland erfuhr durch ein solches Telegramm von der Bereitschaft der türkischen Führung, 200 000 Türken aus Griechenland aufnehmen zu wollen.

Aus diesen Gründen nutzte İsmet Pascha die Verhandlungspause ab dem 4. Februar 1923, um nach Ankara zu fahren und persönlich vor dem türkischen Parlament über den bisherigen Verhandlungsverlauf zu berichten. Berichtenswert waren die unterschiedlichen Vorstellungen bei Gebietsfragen, wie bei der Westgrenze der *Maritza*, die die Alliierten weiter östlich legen wollten. Ferner forderten die Türken ein Plebiszit in Westthrakien und die getrennte Behandlung der Mossulfrage, über die später entschieden werden sollte. Außer diesen Streitfragen bestanden unterschiedliche Ansichten in der Schuldenfrage. Die türkische Forderung nach einem anteiligen Schuldendienst aller Staaten auf ehemals osmanischem Staatsgebiet wurde von den Alliierten akzeptiert. Im Gegenzug bedeutete die Forderung von 30 Mio. Goldlira von der Türkei eine gewaltige Summe. Hindernisse bestanden weiter bei den Kapitulationen. Da die Alliierten den türkischen Institutionen und Gerichten nicht vertrauten, forderten sie weiter gemäß den Kapitulationen eigene Rechtssprechungen für ihre Staatsbürger und Firmen in der Türkei.

Die zweite Verhandlungsrunde dauerte von Ende April bis zum 24. Juli 1923, dem Datum der Vertragsunterzeichnung. Der Türkei gelang es dabei, wichtige Bestimmungen aus dem Diktatfrieden von Sèvres zu revidieren. Ein wichtiger Punkt war die internationale Anerkennung der Grenzen der neuen Türkei. Die Türkei erhielt die Gebiete in Ost- und Südostanatolien zurück, die im Friedensvertrag von Sèvres als Einflussgebiete für einen armenischen und unabhängigen kurdischen Staat vorgesehen waren. Die überwiegend von Kurden bewohnten Gebiete wurden im Lausanner Vertrag als Entität festgeschrieben. *İsmet Pascha (Inönü)* bestand auf diese Formulierung der Einheitlichkeit des türkischen Staatsgebietes. Die Grenzen zwischen der neuen Türkei und der mittlerweile vom bolschewistischen Russland einverleibten Republik Armenien wurden bestätigt. Ostthrakien und İzmir wurden der Türkei zugeschlagen, und das von Großbritannien annektierte Zypern wurde vom türkischen Staatsgebiet abgetrennt. Ferner wurde eine Meerengenkonvention ausgehandelt, wobei der Schiffsverkehr unter internationale Kontrolle des Völkerbundes gestellt wurde. Man einigte sich darauf, dass jeder Staat eine Flotte in das Schwarze Meer entsenden durfte, die jedoch nicht größer als die stärkste Flotte eines Schwarzmeeranrainers sein durfte. Die Ufer der Meerengen wurden in einer Breite von 15 bis 20 Kilometern entmilitarisiert, und die Türkei durfte zum Schutz İstanbuls eine Garnison von 15 000 Mann in İstanbul stationieren.

Die Debatten um die erdölreichen Regionen im Norden des von den Briten neu gegründeten Irak führten zu keinem Ergebnis, weil Briten und Türken gleichermaßen die Gebiete um *Mossul* und *Kirkuk* einforderten. Der britische Verhandlungsführer Lord Curzon stellte klar, dass für sein Land der türkische Nationalpakt kein bindendes Dokument sei und in den betreffenden Gebieten bei Weitem nicht so viele Türken lebten, wie von *İsmet Pascha* behauptet. Ausschlaggebend für die Zurückweisung der türkischen Forderung war, dass im türkischen Parlament in Ankara keine Abgeordneten aus *Mossul* vertreten waren. Mustafa Kemals Mossulpolitik war von Pragmatismus geprägt. *Mossul* war Bestandteil des Nationalpaktes und nicht nur aufgrund der Ölvorkommen von Interesse. Mit einem Verzicht auf *Mossul* verband Ankara auch die politische Gefahr, dass die Kurden im Norden des Irak eine unabhängige Regierung einsetzen konnten. Dies wiederum wurde als Gefährdung der inneren Sicherheit der Türkei betrachtet, weil die Kurden in der Türkei eine solche Selbstverwaltung ebenfalls einfordern konnten. Da man in dieser Frage jedoch keine entscheidenden Zugeständnisse erwartete, den Vertrag von Lausanne aber dringend benötigte, schlug die türkische Seite vor, die strittigen Punkte aus dem Text zu nehmen und sie später gesondert zu behandeln. Am 19. Mai 1924 begannen in İstanbul die sog. „Verhandlungen des Goldenen Horns“

zwischen Großbritannien und der Türkei, um den Verbleib der *Städte Mossul, Kirkuk* und *Süleymaniye*. Obwohl die Türkei auf die Ölvorkommen verzichtete, wurde kein Ergebnis erzielt. Aus diesem Grund wurde die Mossulfrage dem Völkerbund überstellt.

Der Friedensvertrag von Lausanne bedeutete die völkerrechtliche Anerkennung der neuen Türkei; er war ein wichtiger Wendepunkt und der Wiedereintritt des Landes in das internationale Staaten- und Machtgefüge.

Die Konvention des griechisch-türkischen Bevölkerungsaustauschs

In den Artikeln 37 bis 45 des Lausanner Vertrages wurden die Belange der nicht-muslimischen Minderheiten der Armenier, Juden und Griechen geregelt. Neben dem Recht auf Ausübung ihrer Religion war ihnen auch die Gründung von Schulen und Ausbildungsstätten für Geistliche gestattet. Ebenso wurde ihnen das Recht auf Gründung religiöser oder anderweitiger Stiftungen zugesprochen. Der Status der religiösen Institutionen, wie des Griechisch-Orthodoxen Patriarchats, des Armenischen Patriarchats und des Oberrabbiners wurden ebenfalls darin geregelt. Die neue türkische Regierung bot den Alliierten überdies eine Übersiedlung des Griechisch-Orthodoxen Patriarchats nach Griechenland an. Patriarch, griechische Regierung und auch die alliierten Verhandlungsführer lehnten diesen Vorschlag aber ab.

Ein Zusatzpassus der Verhandlungen in Lausanne war die am 30. Januar 1923 unterzeichnete Konvention des Bevölkerungsaustauschs zwischen Griechenland und der Türkei, die sich in Artikel 143 des Vertragstextes wiederfindet. Im 19. Jahrhundert und im Verlauf des Ersten Weltkrieges und des türkischen Befreiungskrieges wurden Hunderttausende türkische Muslime aus den Gebieten des Balkans und des Kaukasus vertrieben und siedelten nach Anatolien über. Auf der anderen Seite war eine deutlich höhere Zahl von Menschen griechisch-orthodoxen Glaubens gezwungen aus ihren anatolischen Heimatgebieten zu fliehen und nach Griechenland überzusiedeln. Um die Jahreswende 1922/1923 lebten in Anatolien noch ca. 1,25 Mio. Menschen griechisch-orthodoxen Glaubens und Herkunft. 500 000 griechische Staatsbürger, Türken muslimischen Glaubens, lebten in Makedonien und Gebieten, die im Staatsgebiet Griechenlands lagen.

Hinter dem Bevölkerungsaustausch stand die Absicht, potenzielle Spannungen zwischen Minderheiten und Mehrheiten, die aus Ressentiments der vorherigen Kriege resultieren konnten, nicht aufkommen zu lassen. Faktisch führte dieser Bevölkerungsaustausch aber zu unendlichem Leid und Kummer auf beiden Seiten. Hunderttausende mussten ihr Hab und Gut, ihre Häuser, Gärten, Geschäfte, Freunde und Erinnerungen zurücklassen und wurden zu einem Neuanfang in der jeweils „neuen“ Heimat gezwungen. Dies wird noch heute als ein Trauma empfunden, insbesondere von denjenigen, die diesen Auszug noch selbst miterlebt hatten oder ihren Kindern. In wehmütigen Liedern, dem griechischen *Rembetiko* und in zeitgenössischen Romanen und Filmen wird das Element des Bevölkerungsaustauschs in beiden Ländern verarbeitet und lebt weiter.

Ausgenommen davon waren die alteingesessene griechisch-orthodoxe Bevölkerung İstanbuls sowie die Bevölkerung auf einigen Inseln wie *Imbros (Gökçeada)* und *Tenedos (Bozcaada)* am Eingang der Dardanellen. Die als *Rum* bezeichneten İstanbul-Griechen machten eine Gruppe von 150 000 Menschen aus. Viele von ihnen emigrierten nach der Implementierung eines Vermögenssteuergesetzes *(Varlık Vergisi)* aus dem Jahre 1942 und flohen spätestens nach den pogromartigen Ausschreitungenin İstanbul im September 1955 gegen Nichtmuslime als Vorbote des Zypernkonflikts, sodass die griechisch-orthodoxe Gemeinde in der Türkei heute gerade noch 2 500 Seelen zählt. Auf der anderen Seite waren muslimische Türken in Westthrakien ebenfalls von der Zwangsumsiedlung ausgeschlossen.

Als die Verhandlungen in Lausanne aufgrund der Mossulfrage in eine Sackgasse gerieten, lieferte *İsmet Pascha* einiges Zahlenmaterial, mit dem er die offizielle türkische Sichtweise deutlich machte. Aufgrund der ethnischen Zusammensetzung forderte Ankara einen Verbleib dieser Gebiete in den Grenzen des Nationalpaktes. Nach türkischer Berechnung lebten in der Region *Mossul* 503 000 Menschen, davon 52 % Kurden, 29 % Türken und 9 % Araber. Da Türken und Kurden jedoch die gleiche Religion, Tradition und Gewohnheiten teilten, so die Argumentation der Nationalbewegung, waren diese Gebiete als überwiegend nicht-arabisch und türkisch zu bezeichnen.[88] Neben unzähligen historischen, geografischen, ökonomischen, militärischen und strategischen Gründen lebten *İsmet Pascha* zufolge Kurden mit Türken freiwillig im Osmanischen Reich zusammen. Außerdem wurden sie seiner Auffassung nach in der türkischen Nationalversammlung durch kurdische Abgeordnete repräsentiert.

Diese Sichtweise stimmte mit der Mustafa Kemals überein. Auch er sah das Schicksal des türkischen und kurdischen Volkes unweigerlich miteinander verwoben. Er zog als Beweis dafür die Nationalversammlung in Ankara heran, die aus Vertretern beider Volksgruppen bestand. Ursprünglich begründet wurde diese Sichtweise durch den türkischen Soziologen *Ziya Gökalp*, dem Vater des türkischen Nationalismus. Selbst in *Diyarbakır* geboren und halb-kurdischer und halb-türkischer Abstammung, hat er die Denkweise in den Jahren der Jungtürken und danach stark beeinflusst. Im Mittelpunkt seines Nationalismusbegriffs stand keine ethnische Definition; Referenz für seinen Nationalismus war die Kultur bzw. ein bestimmtes Wertesystem, mit dem die Nationen unterschieden werden konnten. So propagierte er eine starke Verbindung zwischen Kurden und Türken, was sich in einem Slogan widerspiegelt, der *Gökalp* zugeschrieben wird. Der Kurde, der den Türken nicht verehrt, ist kein Kurde, und der Türke, der den Kurden nicht verehrt, ist kein Türke, so die Aussage, mit der er beide Volksgruppen zu einer Schicksalsgemeinschaft zu vereinigen versuchte. Diese propagierte Schicksalsgemeinschaft war jedoch alsbald obsolet, weil beide Volksgruppen allen voran die Türken einem kruden Nationalismus verfielen.

Kindheit und Jugend in Saloniki in einer aus heutiger Sicht als multiethnisch und multireligiös zu bezeichnenden Umgebung prägte Mustafa Kemal sicherlich und bildete zumindest ein grundlegendes Verständnis von Minderheiten heraus. Durch die vielen Stationen als osmanischer Offizier in Grenzregionen des Osmanischen Reiches kam er in Kontakt zu unterschiedlichen Ethnien und religiösen Gruppierungen. Nach den Tanzimat-Reformen Mitte des 19. Jahrhunderts verrichteten in der osmanischen Armee Muslime und Nichtmuslime gemeinsam den Dienst, und im Parlament und in der Regierung waren Nichtmuslime vertreten. Mustafa Kemal beschwor in *Erzurum* sehr eindringlich die seit Jahrhunderten bestehende Einheit zwischen Türken und Kurden. Er lud für die Kongresse in *Amasya, Erzurum* und *Sivas* einflussreiche Stammes- und Clanchefs aus den kurdischen Gebieten ein. Dort warb er um ihre Unterstützung für den bevorstehenden Unabhängigkeitskampf und versprach regionale Unabhängigkeit und Autonomie. Dies muss zumindest als Versuch bewertet werden, eine gemeinsame Zukunft zu gestalten, auch wenn seinen Versprechungen pragmatische Überlegungen zugrunde lagen.

Bei der ungelösten Mossulfrage kam es im Jahr 1924 zu einem ersten Aufstand kurdischer Bevölkerungsgruppen. Der Völkerbund setzte eine Kommission ein, die die Bevölkerungsstruktur der Stadt *Mossul* erforschen sollte. Das Ergebnis war, dass in der Stadt überwiegend Kurden lebten, was die türkische Regierung vehement bestritt und die Verhandlungen abbrach. Einige kurdische Offiziere desertierten daraufhin aus der türkischen Armee und setzten sich in den Norden des Irak ab, um sich dort der kurdischen Unabhängigkeitsbewegung *Azadi* (Freiheit) anzuschließen. Als dann 1924 die kurdische Sprache auf öffentlichen Plätzen verboten, kurdische Großgrundbesitzer enteignet und das Land an türkische Bauern verteilt wurde, machte sich unter den Kurden Enttäuschung breit.[89] Und ab diesem Zeitpunkt verfolgte Mustafa Kemal eine Politik der harten Hand gegen die kurdischen Aufstände, und die Versprechungen nach regionaler Autonomie wurden nicht eingelöst.

Das strategische Ziel, eine homogene Bevölkerung zu schaffen, führte in jenen Jahren zur Zunahme des Assimilierungsdrucks. Mit der Abschaffung des Kalifats im Jahr 1924 entfiel dann für die sehr religiösen Kurden eine wichtige symbolische Klammer der türkisch-kurdischen Bruderschaft. Unter Führung eines kurdischen geistlichen Führers des religiösen Ordens der *Nakschibendi, Scheich Said,* formierte sich eine Bewegung, die Anfang 1925 den Aufstand mit dem Ziel der Unabhängigkeit einiger Gebiete in der Südosttürkei einleitete und sich gegen die säkulare türkische Republik richtete. Dieser Aufstand weitete sich rasch aus, und als die Aufständischen mehrere wichtige Städte im Osten des Landes, darunter auch *Diyarbakır*, unter ihre Kontrolle brachten, forderte Mustafa Kemal ein härteres Durchgreifen und der Aufstand wurde brutal niedergeschlagen. 47 einflussreiche Stammesführer um *Scheich Said* wurden zum Tode verurteilt, obwohl sie teilweise nicht die Rebellion unterstützt hatten. (M.M. van Bruinessen. Agha, Scheich und Staat – Politik und Gesellschaft Kurdistans, Edition Parabolis, Berlin 1989, S. 418.) Der gleiche Mustafa Kemal hatte noch ein Jahr zuvor einen anderen wichtigen religiösen Führer, *Bediüzzaman Said Nursi,* ins Parlament nach Ankara für eine Rede vor Abgeordneten eingeladen. Damals war ihm die Verbindung zu diesen Theologen von großem Nutzen für eine demonstrative Beschwörung der Einheit von Kurden und Türken. Weil sich Ministerpräsident *Fethi (Okyar)* gegen ein militärisches Vorgehen aussprach, wurde ihm auf Geheiß Mustafa Kemals in einer Fraktionssitzung das Vertrauen entzogen und *İsmet Pascha* zum Regierungschef gewählt. *İsmet Pascha* tat, wie ihm befohlen. Kaum im Amt wurde ein Ausnahmegesetz namens *„Takriri Sükun Yasasi"* verabschiedet, auf Grundlage dessen viele Aufständische durch die berüchtigten Freiheitsgerichte zum Tode verurteilt wurden. Unter ihnen befand sich auch Scheich *Nursi*, der jedoch amnestiert und in die

Westtürkei nach *Burdur* verbannt wurde. Im Rahmen dieser Auseinandersetzungen wurden auch Abgeordnete der oppositionellen Republikanischen Fortschrittspartei aus dem Parlament ausgeschlossen und des Landes verwiesen bzw. flohen vor drohenden Repressalien. Unter ihnen befanden sich auch Doktor *Adnan* und seine Frau *Halide Edip*. Die anvisierte Einheit von Kurden und Türken war also von Anbeginn schwer belastet.

Bezüglich des Genozids an den Armeniern kann Mustafa Kemal keine explizite Schuld zugewiesen werden. Er wird als Offizier auf den Dardanellen zwar die Aufstände der Armenier und die Kampfhandlungen von armenischen Legionen in den russischen und französischen Armeen auch als „Verrat“ empfunden haben. Für die offiziell von der jungtürkischen Regierung als Umsiedlung und Deportation bezeichneten Todesmärsche in Richtung der Syrischen Wüste, die im Winter 1915/16 begannen und bis 1917 fortdauerten, und dem hunderttausendfachen Tod und Massaker an Armeniern kann ihm persönlich keine Verantwortung und Schuld zugewiesen werden. Im Mai 1915, als die Deportation der Armenier begann, war Mustafa Kemal noch mitten in Kämpfen auf den Dardanellen, wobei er als Offizier sicherlich mitbekommen haben muss, dass armenische Soldaten in der osmanischen Armee entwaffnet und in Arbeitslager verbracht wurden 1916 kam er als Befehlshaber nach *Diyarbakır* und befreite die Städte *Muş* und *Bitlis* von russischen Truppen und armenischen Brigaden. Hier befehligte er türkische Truppen, die bei der Befreiung beider Städte gegen armenische Soldaten kämpften; dieser militärische Kampf kann aber nicht mit der Deportation in Zusammenhang gebracht werden.

Die Bewertung der Vorkommnisse von 1915–17 ist heute mehr denn je Gegenstand der Diskussionen, gerade in den Beziehungen zwischen den beiden Staaten Türkei und Armenien. Ein Großteil der westlichen Literatur zu diesem Thema lässt keinen Zweifel daran, dass der Mord an Hunderttausenden Armeniern während des Ersten Weltkrieges ein Völkermord, eine ethnische Säuberung war. Dies kann belegt werden mit unzähligen Augenzeugenberichten und diplomatischen Dokumenten mehrerer Staaten insbesondere auch Dokumenten des Auswärtigen Amtes und der jungtürkischen osmanischen Verwaltung. Die Rolle des Deutschen Reichs als Bündnispartner tritt hierbei verstärkt in den Fokus der Betrachtungen. Das Deutsche Reich war sehr detailliert über die Ereignisse unterrichtet. Wegen der Räson, dem wichtigen Bündnispartner nicht in den Rücken fallen zu wollen und die Massaker als innerosmanische Angelegenheit abzutun, hat das Deutsche Reich eine Mitverantwortung am Völkermord an den Armeniern. Es existieren auch Stimmen, die der jungtürkischen Regierung, bzw. dem verantwortlichen Triumvirat unterstellen, die Absicht einer ethnischen Säuberung schon lange im Vorfeld entwickelt zu haben. So glaubt Taner Akçam, dass die Deportation von 100 000–150 000 Griechen im Jahr 1913–14 ein Vorlauf der Vernichtung an den Armeniern gewesen sei.[90]

Auf der anderen Seite werden die Vorfälle von 1915–17 in den betreffenden türkischen Quellen als nicht mehr beherrschbare Auswüchse einer im Grunde notwendigen Deportation bezeichnet, im Rahmen dessen Hunderttausende zu Tode kamen. Dass es zu Massakern kam, wird nicht generell in Frage gestellt. Jedoch seien diese nicht durch die Zentralregierung angeordnet gewesen, sondern Ergebnis einer vielerorts durch die Wirren des Ersten Weltkriegs bedingten Eigendynamik und Anarchie. Nach dem Ersten Weltkrieg wurden neben dem dafür politisch verantwortlichen Triumvirat um *Talat Pascha*, *Enver Pascha* und *Cemal Pascha*, für die Massaker verantwortliche Offiziere und Befehlshaber durch ein Sondertribunal zum Tode verurteilt. Ein überwiegender Teil der Verurteilten wurden auch hingerichtet. Die Vorfälle werden aus diesem Grund als Tragödie bezeichnet. Todesmarsch und vereinzelte Massaker werden anerkannt, die Bezeichnungen Genozid und Völkermord sind jedoch weiter Tabu. Verstärkt äußern sich neuerdings einzelne türkische Journalisten und Meinungsführer kritisch zur offiziellen Sichtweise der Dinge und fordern einen offenen und objektiven Umgang mit der eigenen Geschichte. Selbst diese Intellektuellen sprechen jedoch oft vom sog. Völkermord, weil damit die jungtürkische Politik auf eine Stufe mit der nationalsozialistischen Rassenideologie gestellt werden würde. Große Unterschiede zwischen beiden Seiten bestehen weiter bei der Zahl ermordeter und zu Tode gekommener Armenier, die zwischen 300 000 bis 2 Mio. schwanken.

Mustafa Kemal hat zu dieser Tragödie zu verschiedenen Zeitpunkten Stellung bezogen. So sprach er einen Tag nach der Parlamentseröffnung am 24. April 1920 in einer langen Rede über die politische Situation betreffend der Armenierfrage von einer Schandtat.[91] Überliefert wird auch eine Aussage von Mustafa Kemal, die er nach seiner Ankunft in Ankara im Dezember 1919 im Gespräch mit Ankaraer Notabeln getroffen hatte. Er referierte über die Toleranz, die christlichen Untertanen im Osmanischen Reich beginnend mit *Fatih Sultan Mehmet*, dem Eroberer İstanbuls, entgegengebracht wurde und weiter:

> *„Alles, was den in unserem Land lebenden Nichtmuslimen widerfahren ist, ist das Ergebnis ihres von außen aufgewiegelten und durch den Missbrauch ihrer Privilegien und durch zerstörerische Methoden bedingte Politik des Separatismus. In jedem Fall existieren etliche Gründe und Rechtfertigungen für einige in der Türkei geschehene und unerwünschte Ereignisse. Ich kann auch definitiv sagen, dass diese Ereignisse viel geringere Schandtaten bedeuten, als die unzähligen grundlosen Massaker europäischer Staaten. Hier seien als Beispiele nur die eineinhalb Jahrhunderte dauernde blutige Politik Russlands gegenüber Polen und die Massaker im Kaukasus gegen die Tscherkessen und die Pogrome gegen die Juden genannt.“*[92]

Taner Akçam behauptet, dass er 1915 während den Kämpfen auf den Dardanellen einigen Mitgliedern der Fortschritts- und Einheitspartei Feigheit vorgeworfen habe mit den Worten: *„Ihr seid alle Mörder, die hinter den Verteidigungslinien Armenier umbringen. Niemand von Euch kommt an die Front und kämpft.“*[93] Taha Akyol gibt jedoch zu verstehen, dass sich diese Aussage nicht mit Quellen belegen lässt und auch andere Bewertungen zur Armenierfrage wie obiges Zitat kein Völkermord-Eingeständnis Mustafa Kemals seien.[94]

Jahre nach der Republikgründung hatte er sich ein weiteres Mal geäußert. Er warf Kriegsminister *Enver Pascha* und Innenminister *Talat Pascha* eine fatale Politik vor und bezeichnete die Deportation der Armenier aus den großen Städten wie İstanbul als falsch. Mustafa Kemal begründete dies damit, dass jene weder Ansprüche an einen eigenen Staat gestellt, noch mit Russland gemeinsam für dieses Ziel gekämpft hätten. Er soll in diesem Zusammenhang eine Zahl von 800 000 ermordeten Armeniern genannt haben.

Proklamation der Republik

Am 23. August 1923 ratifizierte das neu gewählte türkische Parlament den Lausanner Vertrag. Bei den Parlamentswahlen wurde ungefähr ein Drittel der Abgeordneten, überwiegend Oppositionelle der sog. „Zweiten Gruppe", nicht wiedergewählt. Die Kandidaten waren von Mustafa Kemal handverlesen, wobei die ärgsten Kritiker wie *Rauf (Orbay), Kazım Karabekir* und *Ali Fuat* auf die Wahllisten gesetzt wurden, weil sie im Parlament besser in Schach gehalten werden konnten. Im September 1923 entwickelte sich aus dem „Verein zur Errettung der Nationalen Grenzen und Rechte Thrakiens und Anatoliens" *(Rumeli ve Anadolu Müdafaa Hukuk Cemiyeti)* eine politische Partei, die Volkspartei *(Halk Fırkası)*, die Vorgängerinstitution der Republikanischen Volkspartei *(Cumhuriyet Halk Partisi)*.

Nachdem am 13. Oktober 1923 Ankara zur Hauptstadt deklariert wurde, war es nur noch ein kleiner Schritt zur kompletten Staatswerdung. Ankara war längst das neue Machtzentrum, und die Nationalisten hatten das Osmanische Reich beerbt. Es bedurfte noch einer neuen Staatsform. Mustafa Kemal hatte sich bei verschiedenen Anlässen für die Gründung einer Republik eingesetzt. Es war für ihn klar, dass sie trotz aller Widerstände gegründet werden musste. Eine Reihe der Abgeordneten der Nationalversammlung in Ankara dagegen hielt an der Idee einer konstitutionellen Monarchie und am Kalifat fest. Einem Teil der Opposition, die gegen die Gründung der Republik war, lag die Befürchtung zugrunde, Mustafa Kemal könnte sich zum neuen Herrscher und Nachfolger des Sultans erklären, um somit die Geschicke des neuen Staates allein lenken zu können. Da er für die Einführung der Republik keine Mehrheit im Parlament gewinnen konnte, setzte er sich despotisch über die parlamentarischen Regeln hinweg. Der Antrag auf Proklamation der Republik wurde zu einem Zeitpunkt gestellt, als die gewaltigsten Wortführer der Opposition, wie *Rauf (Orbay)* und ca. 100 weitere oppositionelle Abgeordnete, außerhalb Ankaras weilten.

Zuvor beschlossen auf seinen Willen hin am 26. Oktober 1923 die Abgeordneten den Rücktritt der Regierung. Am 28. Oktober 1923 lud er zu einer Abendrunde ein, auf der er seinen engsten politischen Freunden offerierte, wie er dieser bewusst selbst verschuldeten Regierungskrise beizukommen gedenke. Die Abendgesellschaft zeigte sich überrascht, als er ihnen eröffnete, am nächsten Tag die Republik ausrufen zu wollen. Gemeinsam mit *İsmet Pascha* arbeiteten sie einen Änderungsantrag aus, der noch in der Nacht von Justizminister *Seyyid Bey* gegengelesen und aus juristischer Sicht als unbedenklich bewertet wurde.[95]

In den Morgenstunden des 29. Oktobers informierte Mustafa Kemal seine Fraktion über den Inhalt der außerordentlichen Sitzung. Nach einem langen Sitzungsmarathon stimmten am Abend alle 184 anwesenden Abgeordneten für die Proklamation der Republik; wenige Minuten danach wurde Mustafa Kemal mit 158 Stimmen in geheimer Abstimmung zum ersten Staatspräsidenten der neuen Republik gewählt. Einige Oppositionspolitiker, die sich wie *Kazım Karabekir Pascha*, außerhalb der neuen Hauptstadt aufhielten, erhielten erst durch Kanonenschüsse Kenntnis von den Ereignissen in Ankara.[96] Die Opposition machte hernach deutlich, dass sie nicht grundsätzlich gegen eine Republik war, solange das Volk diese Entscheidung mittrage und Souverän bleibe.

Selbst aus der eigenen Fraktion waren skeptische Stimmen zu vernehmen, weil die Entscheidung als verfrüht angesehen wurde. Nicht wenige waren der Meinung *Falih Rıfkıs (Atay)*, der seine Gefühle so ausdrückte: „*Einen Osmanen als Republikaner zu bezeich-*

nen, da hätte man ihn damals auch gleich als Ungläubigen beschimpfen können.“ [97] Mit 42 Jahren war Mustafa Kemal an seinem Ziel angekommen. Die Voraussetzungen waren damit geschaffen, um in den kommenden Jahren das Land nach seinen Vorstellungen umzustrukturieren und zu modernisieren. Zielvorgabe für die neue Türkei war die Erreichung des Zivilisationsniveaus europäischer Staaten.

Die neue Hauptstadt Ankara – Symbolik oder Zufall?

Nachdem Mustafa Kemal am 16. Mai 1919 die osmanische Hauptstadt İstanbul verlassen hatte, kehrte er erst acht Jahre später wieder zurück: am 1. Juli 1927 als Staatspräsident der neuen Republik Türkei. Er weilte in den Jahren danach in den Sommermonaten im ehemaligen Sultanspalast *Dolmabahçe Serail*. İstanbul hatte ihn, wie auch İzmir, immer an Saloniki erinnert, doch Ankara war die neue Hauptstadt. Das ursprüngliche *Ancyra* wurde schon im dritten Jahrhundert vor Christi zur Zeit der Phryger besiedelt. Die Phryger waren ein indogermanisches Volk, die im Inneren Anatoliens mit ihrer Hauptstadt *Gordion*, ca. 80 km südlich von Ankara herrschten. Später wurde der Flecken der römischen Provinz Galatien einverleibt und versank während der osmanischen Zeit zu einer kleinen und eher unbedeutenden Stadt, an der die wichtigsten Handelswege vorbeiliefen, in der Bedeutungslosigkeit. In der Stadt lebten Minderheiten der Armenier und Juden.

Ende des Jahres 1919 verlegte das Komitee seinen „Amtssitz“ von *Sivas* in die Kleinstadt Ankara. Ankara war überschaubar, in der Nähe war das 20. Armeekorps von General *Ali Fuat* stationiert, und es hatte eine zentrale und sichere Lage. Die Stadt hatte eine Anbindung ans Eisenbahnnetz und damit auch leichten Zugang zum Telegrafenwesen; beides war von strategischer Bedeutung. Die Stadt war ferner sicher in Anatolien gelegen, aber trotzdem relativ nahe an İstanbul. Einige Zeitgenossen behaupteten, dass Mustafa Kemal die Stadt nicht bewusst ausgewählt habe, sondern eher zufällig in Ankara weilte, und da sich keine andere Möglichkeit bot, dort verblieben sei.[98]

Für reaktionäre Traditionalisten war Ankara eher eine Übergangslösung, bis die Machtverhältnisse in İstanbul wieder geordnet waren. Als 1920 das neue Parlament eröffnet wurde, lebten ca. 25 000 Menschen in der Stadt. Am 13. Oktober 1923 wurde Ankara zwei Wochen vor der Ausrufung der Republik zur Hauptstadt gekürt. Der Hauptstadtwerdung dieser kleinen anatolischen Stadt wohnte eine politische Symbolik inne, eine bewusste Abgrenzung zum Osmanischen Reich.

Der Zeitzeuge *Falih Rıfkı (Atay)* schrieb über Ankara: *„Diese Stadt und diese Heimat mussten vom Fundament bis zum Dach aufgebaut werden.“*[99] Ankara teilte somit das Schicksal der neuen Republik; beides musste noch entstehen. *Atay* beschrieb ausführlich seine Ankunft in Ankara mit dem Abgeordneten *Yakup Kadri (Karaosmanoğlu)*:

> *„Als wir 1923 nach Ankara kamen, erinnerte außer den Weinbergen nichts mehr an den christlichen Stadtteil. Als wir aus dem Zug ausstiegen, kamen wir auf einen Platz, der auf beiden Seiten von Sumpf umgeben war. Wir ließen einen Friedhof ohne Bäume seitlich liegen und bewegten uns zwischen Handwerkerbaracken auf festgestampftem Lehm und Ziegeln und gelangten auf einen Feuerplatz, der unentwegt staubte. (...) Gazi Mustafa Kemal lebte in Çankaya in einer kleinen Villa mit Teich. Es war wohl das Haus eines englischen Scherwollhändlers. Da es für die Beförderung nur Kutschen gab, dauerte es aus der Stadt bis dorthin sehr lange. Der Weg war alles andere als eine Straße.“*[100]

Yakup Kadri verarbeitete seine eigenen Erfahrungen und Eindrücke im Roman „Ankara“. Darin beschreibt er ebenfalls die Parallelität zwischen Ankara und Mustafa Kemal. Das Leben in Ankara hatte nichts gemein mit dem in İstanbul oder den polyglotten Hafenstädten İzmir, Saloniki oder Beirut. *Atay* weiter:

> *„Als wir 1923 nach Ankara aufgebrochen waren, empfanden wir das dortige Leben im Vergleich zu İstanbul als sehr zurückgeblieben. In Ankara wohnte fast niemand der aus İstanbul bekannten Ausländerfamilien. In*

Çankaya lebten ein paar aufgeweckte Patrioten, die sich in gemischten Gesellschaften mit Frauen und Männern trafen. Auf der Straße waren aber keine Frauen anzutreffen.“[101]

Mustafa Kemal und viele seiner Kameraden mögen das Leben in Ankara nicht als außergewöhnlich negativ empfunden haben. Nach vielen Jahren des Krieges waren sie an spartanische Verhältnisse gewohnt. Ferner verfolgten sie ein großes Ziel. Schockierend hingegen empfanden hohe Beamte der osmanischen Verwaltung, Intellektuelle und Funktionsträger des alten Regimes ihre Ankunft in Ankara. In vielen Beschreibungen und Romanen wird der Augenblick, wenn Neuankömmlinge aus İstanbul oder dem Ausland aus dem Zug stiegen, als Metapher benutzt. Frauen der gutsituierten İstanbuler Gesellschaft, die mit ihren Männern nach Ankara kamen, mussten nicht nur auf gewohnte gesellschaftliche Anlässe verzichten, sondern zuweilen auf die profansten Dinge des täglichen Lebens. Als Mustafa Kemal im Winter Anfang 1923 mit *Latife Hanım* nach Ankara kam, zeigte sich die Stadt von ihrer „besonderen“ Seite.

„Im Winter war dieses aschgraue Tal eine nackte und eine baumlose Sumpflandschaft, die abends von einem roten und purpurroten Licht erhellt wurde. Sowohl den Alteingesessenen als auch den Neu-Ankaraern gab dieses Licht in all der Armut und des Nichts fast schon so etwas wie Hoffnung. Diejenigen, die die Nächte jener Tage in Ankara beschreiben, sprechen immer von einem dunklen Provinzstädtchen. Die Straßen und Häuser wurden mit luxuriösen Lampen beleuchtet, die immer wieder erloschen. Um von einem Ort zum anderen zu gelangen, musste man in der Dunkelheit Handlaternen benutzen (...).“[102]

Das gesellschaftliche Leben war ebenfalls sehr eintönig. Außer einem Sommerkino gab es nur noch eine Zweigstelle des „Türkischen Vereins“ *(Türk Ocağı)*, der für die Ausbreitung turanistischer und pantürkischer Ideen stand. Mustafa Kemal und seine Frau *Latife* besuchten gemeinsam auch öfter die Bauernhäuser und Anwesen in der Umgebung, in denen Vertraute wie *Nazım Bey, Fethi (Okyar) Bey* und Frau *Galibe, Fuat Bey (Bulca)* und *Mahmut (Soy-*

dan) Bey lebten. Einen besonders engen Kontakt pflegte das Ehepaar Mustafa Kemal zur Familie *Süreyya* und *Tezer Ağaoğlu*, die im Vorort *Keçiören* wohnte. *Süreyya Ağaoğlu*, Tochter des bekannten Schriftstellers und Politikers *Ahmet Ağaoğlu*, wurde in Aserbaidschan geboren und sollte später die erste Anwältin in der Türkei werden sowie sich zeitlebens für die Rechte der Frau einsetzen. *Latife* und Mustafa Kemal besuchten die Familie einmal pro Woche, und *Süreyya Ağaoğlu* skizziert ein eher seltenes Bild von Mustafa Kemal:

„*Den Atatürk, den ich dort kennengelernt habe, war ein Familienvater, ein Mensch, der Mitglied einer Familie ist. Damals war Ankara wie eine große Familie. Es war voll von gegenseitigem Vertrauen, jeder kannte und schätzte jeden und fühlte sich als Mitglied einer großen Familie.*“[103]

Zögerlich verhielten sich bei der Anerkennung der neuen Hauptstadt neben den Anhängern der Monarchie auch die ausländischen Staaten. Zumindest taten sich diplomatische Vertretungen bei der Übersiedlung nach Ankara offensichtlich schwer. In einigen Fällen sollte es Jahre dauern, bis die jeweilige Botschaft in voller Besetzung nach Ankara übergesiedelt war. Menschlich durchaus nachvollziehbar, denn welcher Botschafter wollte schon freiwillig den tollen Posten in İstanbul mit einer am Bosporus liegenden Sommerresidenz für die tiefste Provinz räumen. Russland erkannte sehr früh die neue Republik an und errichtete aufgrund der guten türkisch-russischen Beziehungen jener Jahre als erster Staat eine eigenständige diplomatische Vertretung in Ankara. Russland unterstrich damit die herausragende Rolle, die es in den ersten Jahren bekleidete. *Falih Rıfkı (Atay)* berichtet:

„*Die Sowjets hatten als erstes auf der Çankaya-Straße ein Botschaftsgebäude errichtet. In einer Stadt, in der Stromausfall an der Tagesordnung war, bedeuteten die großen und gut eingerichteten Salons der Botschaft für eine lange Zeit den einzigen Luxus, den Ankara bot. Der Genosse Suric hat regelmäßig große Empfänge organisiert, bei denen Unmengen von Wodka und Kaviar gereicht wurden. Wir haben uns geschämt ob der Abgeordneten der Großen Nationalversammlung, für die dieses Parkett neu war und die zu viel der Bewirtung zu sich genommen hatten, sodass sie die Treppen herunterstürzten. Eines Tages hatten wir Mustafa Kemal davon erzählt und dass man den Abgeordneten doch die Direktive geben müsste, bei solchen Anlässen weniger zu trinken. Der verstorbene Nuri Conker wehrte sich vehement dagegen, dass die Treppenstürze ein Ergebnis des Betrunkenseins waren. Conker machte die hohen Treppenstufen der Botschaft für diese Stürze verantwortlich.*"[104]

Einige Botschafter hielten sich anfangs, als die neuen Botschaftsgebäude noch im Bau waren, nur für einige Tage in Ankara auf. Oder man ging wie bei der deutschen Vertretung vor, wo mit Botschaftsrat Holstein ein Stellvertreter den Bau der Botschaftsgebäude überwachte. Holstein kabelte nach İstanbul, dass am Morgen des 9. Februar 1925 Mustafa Kemal seinen Wagen auf der Höhe des Botschaftsgeländes anhalten ließ. Ein Adjutant hatte sich erkundigt, ob der Staatspräsident das Gelände und die Gebäude besichtigen und der Botschaftsrat dabei die Führung übernehmen könnte. Es kam zu einer Führung, und Mustafa Kemal ließ sich alles sehr ausführlich zeigen und erläutern, wobei ihm insbesondere die elektrische Zentrale, die Kachelöfen und die Gardinen gefielen, die aus einheimischem Stoff gefertigt waren. Überdies bat er den Botschaftsrat um Kataloge für den eigenen Gebrauch.[105] Diese Anekdote zeigt, wie provinziell und familiär das damalige Ankara war.

Der deutsche Botschafter Rudolf Nadolny (1924–1932) bezog erst am 1. Dezember 1928 die neuen Botschaftsgebäude in Ankara und kommentierte in einem seiner Berichte, was viele Diplomaten damals wohl dachten:

„*Man fragt sich, wie die Türken darauf kamen, Konstantinopel als Regierungssitz aufzugeben und sich dafür dieses öde Nest auszuwählen. (...) Dass Ankara ein ödes Nest war, steht fest. Aber auch das hatte sein Gutes. Hier fühlte die Regierung selbst, wie es im Lande aussah, und war nicht von den Bequemlichkeiten Konstantinopels besessen.*"[106]

Mustafa Kemal forcierte einen groß angelegten und raschen Neu- und Ausbau der Stadt mit breit angelegten Boulevards, Ministerien und Parks. Ausreichend Platz war ja vorhanden. Damit die neue Hauptstadt auch wirklich zu einer Metropole nach dem Vorbild europäischer Städte werden konnte, lud er 1924 Architekten, auch aus Deutschland, unter Leitung des Städteplaners und Architekten Professor Hermann Jansen nach Ankara ein. Einige Zeitgenossen kommentieren dies als Notwendigkeit, da es in der osmanischen Baugeschichte zum Ende der Dynastie keine ausreichend geschulten Architekten und Ingenieure oder Stadtplaner gab.

Die Ausschreibung für einen Masterplan einer modernen Hauptstadt wurde von Professor Jansen gewonnen. Er legte Mustafa Kemal einen Bebauungsplan vor, wobei er breite Straßen vorsah für das Automobil als modernes Verkehrsmittel. Für ihn lag ein großer Planungsvorteil darin, dass er in Ankara nicht auf historische Bausubstanzen achten musste, sondern seine Planung einzig nach den städteplanerischen Möglichkeiten der damaligen Zeit und auf neuste Technologien ausrichten konnte. Den Atatürk-Boulevard als zentrale Verkehrsachse plante Jansen mit Zu- und Abfahrten so, dass der Verkehr fließen konnte, ohne dass auch nur ein Polizist den Verkehr zu regeln brauchte. Die Stadtverwaltung Ankara hielt sich großteils an diesen Bebauungsplan. Neben dieser architektonischen Transformation der Kleinstadt sollte sich die neue Hauptstadt auch kulturell mit europäischen Metropolen messen lassen. So entstanden Staatsoper, Staatstheater und Universitätsgebäude.

7.

Die kemalistische Kulturrevolution

Die folgenden Jahre waren geprägt von grundlegenden Reformen des politischen, gesellschaftlichen, sozialen und ökonomischen Lebens, einer Kulturrevolution, einer Revolution von oben, die auch auf Widerstände stieß. Sie zielte auf eine Modernisierung des Landes, um es wettbewerbsfähig gegenüber den europäischen Staaten zu machen. In den ersten Jahren nach der Republikgründung wurden die Umgestaltung und der Umbau der gesellschaftlichen und sozialen Fundamente sehr zügig vorangetrieben. Hinter dieser Eile stand auch die Befürchtung, Reformen könnten scheitern oder nicht durchschlagend genug sein. Zeitgenossen taxieren die entscheidende Revolutionsphase von der Ausrufung der Republik am 29. Oktober 1923 bis zur Einführung der lateinischen Schrift am 3. November 1928 auf fünf Jahre. Die wichtigsten Richtungsentscheidungen wurden in dieser Phase eingeleitet; doch sollte es noch Jahrzehnte dauern, bis alle Elemente auch wirklich umgesetzt bzw. von der Bevölkerung angenommen wurden. Bei anderen Reformen hingegen sollte es sehr schnell gehen. Türkische Quellen zählen zum Reformwerk Mustafa Kemals bis zu 50 Einzelreformen, darunter auch für den zivilisatorischen Wandel weniger bedeutende, wie z. B. die Wahl Ankaras zur neuen Hauptstadt.

Wirtschaftlicher Neubeginn und Aufbau des Landes

Einer der wichtigsten Bereiche, der einer grundlegenden Reform bedurfte, war der Wirtschaftssektor. Mit wirtschaftlicher Prosperität und einer Wohlstandszunahme konnte die Bevölkerung auf weitere Reformschritte leichter vorbereitet werden. Durch die letzten Kriegsjahrzehnte wandelte sich die osmanische Wirtschaft zu einer reinen Kriegswirtschaft, und die entbehrungsreichen Jahre hatten die Not der Bevölkerung noch vergrößert. In Anatolien war ein erheblicher Rückgang der männlichen Arbeitsbevölkerung zu beklagen, weil Hunderttausende Männer nicht von den Schlachtfeldern zurückgekehrt waren. Mit dem Verlust der Gebiete auf dem Balkan verlor das Land schon vorindustriell entwickelte und rohstoffreiche Regionen. Und durch den Bevölkerungsaustausch mit Griechenland verließen auch Händler und Gewerbetreibende das Land, bedeutendes Humankapital, das erst nach und nach ersetzt werden konnte.

Die wirtschaftliche Ausgangssituation 1923 war ernüchternd. Ein zwischen den Jahren 1913 und 1915 erstelltes Unternehmensregister zählt 264 Manufakturen und Industriebetriebe mit mehr als zehn Mitarbeitern im damaligen Gebiet des Osmanischen Reichs. 15 % des Kapitals und der Arbeit an diesen Betrieben befand sich in Händen muslimischer Türken, 50 % an beiden hielten Griechen und 20 % Armenier. Juden waren mit 5 % damals verschwindend gering am Wirtschaftskapital beteiligt.[107] In osmanischer Zeit war der Beruf eines Händlers und Unternehmers für einen Muslim lange nicht so attraktiv und erstrebenswert wie der eines Beamten in der öffentlichen Verwaltung oder im Militär. Da sich im Handels- und Wirtschaftsbereich verstärkt Nichtmuslime betätigt hatten, brach durch den umfangreichen Gebietsverlust auf dem Balkan und durch den Bevölkerungsaustausch eine wirtschaftlich sehr aktive Bevölkerungsgruppe urplötzlich weg. Es fehlte damit grundsätzlich an Unternehmern und Kapital, und kleinere Manufakturen sowie der Handel waren hauptsächlich auf die Städte İstanbul und İzmir beschränkt. Die Finanzierung wirtschaftlicher Aktivitäten lag bis dahin zu einem bedeutenden Teil in den Händen von ausländischen Regierungen und Finanzinstitutionen und war somit zu einem guten Teil fremdbestimmt. *Falih Rıfkı (Atay)* hatte diese Situation in folgende markante Worte zusammengefasst:

> *„Als wir aus Thrakien und Anatolien die Christen verjagt hatten, hatten wir die nationale Wirtschaft des Landes entwurzelt. Überall verkamen Weinberge, Olivenhaine verwilderten, die Fischerei starb und die Basare blieben geschlossen. Jemand, der die Realitäten der Türkei des Jahres 1924 nicht kennt, kann über die neue türkische Geschichte nichts erfahren."*[108]

Die Weizenernte jener Jahre reichte nicht einmal aus, um den Großraum İstanbul damit zu versorgen. Das Land hatte Probleme bei der Aufrechterhaltung einer Grundversorgung für die Bevölkerung. In einer solchen Situation erscheint es verständlich, dass der wirtschaftlichen Erschließung und Entwicklung des Landes erste Priorität zukam.

Nationaler Wirtschaftskongress in İzmir

Schon sieben Monate vor Ausrufung der Republik, wurde vom 17. Februar bis 4. März 1923 in der Hafen- und Handelsstadt İzmir eine nationale Wirtschaftskonferenz einberufen, an der über 1000 Fachleute, Großgrundbesitzer, Händler und Industrielle teilnahmen. Die Beratungen wurden sowohl über ein neues Wirtschaftssystem als auch über Maßnahmen, mit denen die wirtschaftliche Entwicklung forciert werden konnte, geführt. Geplant war eine allgemeine Mobilmachung in ökonomischen Fragestellungen; angelehnt an den Nationalpakt wurde dieser als „Ökonomischer Pakt" *(Misak-i İktisadi)* bezeichnet. Mustafa Kemal fasste in seiner Eröffnungsrede die Zielsetzungen folgendermaßen zusammen:

> *„Meine Herren! Aus historischer Sicht lassen sich für den Aufstieg und Niedergang der Völker unzählige politische, militärische und gesellschaftliche Gründe finden. Zweifellos wirken sich alle diese auf soziale Ereignisse aus. Jedoch ist für das Überleben und den Aufstieg eines Volkes in erster Linie die nationale Wirtschaft verantwortlich. Betrachtet man die türkische Geschichte, wird man erkennen, dass die Aufstiege und Niedergänge nur aufgrund wirtschaftlicher Gründe zustande kamen.*
>
> *Meine Herren! Die unzähligen Erfolge, Siege und auch Niederlagen, Zusammenbrüche und Unglücke, die unsere Geschichte durchziehen, sind eng mit den ökonomischen Bedingungen der jeweiligen Epoche verbunden. Wenn wir unsere neue Türkei auf das ihr zustehende Niveau heben wollen, dann müssen wir notwendigerweise in erster Linie unserer Wirtschaft Bedeutung beimessen. Denn diese unsere Epoche ist nichts anderes als eine Wirtschaftsepoche."*[109]

Die wichtigsten wirtschaftspolitischen Grundsatzentscheidungen in İzmir waren der Aufbau von Industriezweigen, die vordergründig einheimische Rohstoffe verarbeiten sollten und die Umwandlung von Kleinstbetrieben und gewerblichem Handwerk in industrielle Produktionsstätten. Dafür musste eine spezielle staatliche Wirtschaftspolitik entwickelt werden. Ferner wurden die Gründung einer Staatsbank, die Verabschiedung eines protektionistischen Maßnahmenpakets zum Schutz der inländischen Industrie, die Zerschlagung ausländischer Monopole und ein Förderprogramm für den Eisenbahnbau beschlossen. Auch die Einführung eines Arbeits- und Gewerkschaftsrechts wurde gefordert.

Der Kongress stand am Anfang der Entwicklung eines Wirtschaftssystems, das sich an den liberalen Wirtschaftsideen der damaligen Zeit orientierte. Einzig der Mangel an privatem Unternehmertum und Kapital machte ein starkes staatliches Engagement von Anbeginn für eine nachhaltige Wirtschaftsentwicklung notwendig. Das kemalistische Prinzip des Etatismus muss unter diesen Gesichtspunkten betrachtet werden, und der *„Etatismus in der neuen Türkei war gleichzeitig auch Nationalismus“*.[110] Eine weitere wichtige Forderung war die Unabhängigkeit der türkischen Wirtschaft. Umfangreiche Handelsprivilegien und Konzessionen für ausländische Staaten und Firmen wie in osmanischer Zeit sollten nicht weiter gewährt werden. Die Wirtschaft sollte sich unabhängig von ausländischen Banken und Finanzströmen entwickeln; dafür musste der Staat auch beim Aufbau von Finanzinstitutionen und dem Finanzsystem behilflich sein.

Gründung der ersten türkischen Privatbank, der Türkiye İş Bankası

Bei den Diskussionen zum Aufbau eines Finanzwesens gab es eine Fülle von entgegengesetzten Meinungen und Vorschlägen. So wurde die Idee aufgeworfen, ein Finanzierungssystem nach dem Vorbild der britischen Ostindienkompanie aufzubauen. Eine solche Gesellschaft sollte als Monopolist im Ausland den Verkauf türkischer Produkte bewerkstelligen und die Zahlungsströme ins Land kontrollieren. Mustafa Kemal präferierte den Kauf von Anteilen an der „Ottomanischen Bank“ *(Osmanlı Bankası)*. Dadurch wollte man Kontrolle über die Aktivitäten dieser Bank erlangen, die unter dem Namen *Bank-i Osmanî-i Şahane* 1863 ursprünglich mit britischem und französischem Kapital gegründet worden war. Diese Bank vergab Kredite an den osmanischen Staat, die sie durch den Verkauf osmanischer Staatsanleihen im Ausland refinanzierte. Ab 1875 übernahm sie sogar die Funktion einer Zentralbank und druckte Banknoten in Eigenregie. Dies war in den Augen der Nationalisten ein Sündenfall, da das Land die Souveränität an ausländische Staaten leichtfertig abgegeben hatte.

Das Interesse der Beteiligung an der *Osmanlı Bankası* stieß aber bei den Verantwortlichen auf wenig Gegenliebe. Deswegen griff man den Vorschlag des damaligen Wirtschaftsministers *Celal (Bayar)* auf und gründete eine eigene Bank. Am 26. August 1924 wurde die *Türkiye İş Bankası* mit zwei Zweigstellen und 37 Mitarbeitern gegründet. Ein Viertel der einen Million Türkischen Lira an Startkapital hatte Mustafa Kemal höchstpersönlich beigesteuert; es handelte sich um einen Teil des Geldes, welches indische Muslime solidarisch für den türkischen Unabhängigkeitskrieg gesammelt hatten. Somit hielt Mustafa Kemal Aktienanteile von 28,11 %, was ihm zu Lebzeiten eine jährliche Rendite einbrachte. Dieses „Einkommen“ vermachte er wie sein restliches persönliches Hab und Gut mit einigen Auflagen der Republikanischen Volkspartei (CHP). Aus den Erträgen wurde die Ausbildung der Kinder *İsmet Inönüs* finanziert, wie auch der Unterhalt für seine zahlreichen Adoptivkinder bestritten.

Im Jahr 2009 war die *Türkiye İş Bankası* die zweitgrößte türkische Bank mit über 19 000 Beschäftigten, und nach wie vor zahlt sie jährliche Renditen – mittlerweile zwei- bis dreistellige Millionenbeträge – an die Republikanische Volkspartei aus. Das Geld wird nach den testamentarischen Verfügungen Mustafa Kemal Atatürks auf den „Türkische Sprachgesellschaft“ *(Türk Dil Kurumu)* und die „Türkische Gesellschaft für Geschichte“ *(Türk Tarih Ku-*

rumu) aufgeteilt. Beide Institutionen wurden Anfang der 30er Jahre auf seinen Befehl gegründet.

Obschon der Wunsch nach Unabhängigkeit der türkischen Wirtschaft im Vordergrund stand, wurden ausländische Firmen mit dringenden Infrastrukturprojekten beauftragt, die von türkischen Firmen damals nicht zu leisten waren. Das Eisenbahnnetz musste erweitert werden, um weitere Anreize für privatwirtschaftliches Engagement und den Transport u. a. von landwirtschaftlichen Gütern zu gewährleisten. Für diese notwendigen Investitionen ging der junge Staat große finanzielle Verpflichtungen ein. Ferner war der türkische Staatshaushalt über Jahre hinweg mit 84 Mio. türkischen Goldpfund als Reparationszahlungen belastet. Die Regierung versuchte, die einheimische Industrieentwicklung zu forcieren, unter anderem mit einem Gesetz zur Förderung der Industrie, in dessen Rahmen investitionswilligen Unternehmern für ihre Wirtschaftsunternehmungen Gebäude und Grundstücke unentgeltlich zur Verfügung gestellt wurden. Dieser liberalen auf Unabhängigkeit ausgerichteten Wirtschaftspolitik wich ab 1929 jedoch eine eher auf Allokation und Planungswirtschaft ausgerichtete Staatswirtschaft. Anstelle des Liberalismus trat eine zentralistisch geführte Wirtschaft mit rigiden Fünfjahresplänen. Die Weltwirtschaftskrise hatte auch Auswirkungen auf die junge Türkei, und die konsolidierten Volkswirtschaften kommunistischer Nachbarstaaten beschleunigten diesen Schwenk.

Auch in der Landwirtschaft begann ein Umdenken. Aufgrund des islamischen Erbrechts kam es zur Aufteilung zu gleichen Teilen landwirtschaftlicher Nutzfläche unter den männlichen Nachfahren, womit die Flächen im Durchschnitt sehr klein wurden und bei ca. 10 Hektar lagen. Die kleinen Schollen führten unweigerlich zu einer Subsistenzwirtschaft. Die Regierung versuchte, diese Entwicklung aufzuhalten, indem sie staatliche Nutzflächen stellenweise frei zur Verfügung stellte. Ferner wurden die Besitztümer der zwangsemigrierten griechisch-orthodoxen Minderheit und anderer Minderheiten verkauft. Diese Bodenreform war aber nur der Anfang. Die Regierung investierte auch in Ausbildung und Nutzbarmachung des technischen Fortschritts für die Landwirtschaft. U. a.

wurde ein landesweites Netz von Landwirtschaftsschulen aufgebaut. Durch Bewässerungsanlagen und bessere Saatgüter und Dünger konnten die Ernteerträge verbessert werden. Musste die Türkei im Jahr 1923 noch Getreide und Saatgut einführen, um die Bevölkerung zu ernähren, wandelte sich die Situation innerhalb von fünf Jahren schlagartig. Das Land exportierte seit 1928 Getreide, und auch bei Produkten wie der Baumwolle trat ein positiver Umschwung ein.

Abschaffung des Sultanats und Kalifats

Das Sultanat wurde schon Anfang November 1922 abgeschafft. Diese Abschaffung wurde als wichtiges Prinzip in das Grundsatzprogramm der Republikanischen Volkspartei (CHP) aufgenommen. Einflussreiche Kreise im Lande und deren Vertreter im neuen Parlament in Ankara verfolgten den Fortbestand der Monarchie, wobei anstelle des Sultans der Kalif als Herrscher treten sollte. So sammelten sich diese Kräfte um den Kalifen und Cousin des letzten Sultans, *Abdülmecit II.* Ankara konnte ohne größere Konsequenzen den Sultan des Landes verweisen, nachdem er nach dem Ende der Besatzung İstanbuls durch die Alliierten und der Machtergreifung der Nationalisten keine große Funktion und Rolle mehr spielte. Der Bevölkerung und selbst Anhängern des Sultanats konnte dieser Schritt verständlich gemacht werden, zumal mit der neuen Regierung in Ankara eine politische Kraft erwachsen war, die sich die Errettung des Vaterlandes auf ihre Fahnen geschrieben hatte. Das Kalifat hingegen war weiter eine spirituelle Klammer für die Muslime in der Türkei und in der Welt. So hatten die Anführer der indischen Muslime, *Ağa Han* und *Emir Ali*, die neue türkische Regierung zum Schutz des Kalifats aufgefordert. Die Nationalbewegung wusste um die symbolische Bedeutung dieses Amtes, zumindest für den Augenblick.

Nach der Republikgründung verlor jedoch auch das Kalifat an Bedeutung, und es stellte sogar eine Gefahr für die junge Republik dar. Mitte November 1923 empfing der Kalif noch *Kazım Karabekir* und weitere Oppositionelle, und es schien, dass sich in İstanbul Kräfte gegen Mustafa Kemal und die neue Republik vereinigen könnten. Ferner nahm der Kalif weiterhin auch repräsentative Aufgaben wahr, weil er ausländische Diplomaten empfing. Die Finanzierung des Kalifats wurde zu einem Streitpunkt, weil die Regierung in Ankara Gelder bereitstellen sollte. Mustafa Kemal hatte entschieden, dass nun auch die Zeit für die Abschaffung des Kalifats gekommen war. Wie so oft in seinem politischen Leben hat er diese Idee erst bei verschiedenen Anlässen kommuniziert, um auszuloten, wie seine engsten Mitstreiter dazu standen. In der İstanbuler Presse wurden Ende des Jahres 1923 mehrere Artikel veröffentlicht, in denen vor dem Ende des Kalifats gewarnt wurde. In einem viel beachteten Artikel der Tageszeitung *Tanın*, dem ehemaligen Sprachrohr der Unionisten der Partei für Einheit und Fortschritt, prophezeite der Chefredakteur *Hüseyin Cahit* für den Fall einer Abschaffung des Kalifats, dass die Türkei innerhalb der muslimischen Welt in der Bedeutungslosigkeit versinken werde.

Am 3. März 1924 wurden drei wichtige Gesetze verabschiedet. Ein Gesetzesentwurf behandelte die Abschaffung des Kalifats und die Ausweisung aller Mitglieder der Familie *Osman* aus der Türkei. Der Antrag wurde nicht ohne Kritik angenommen, aber schon einen Tag später verließ *Abdulmecit II.* mit zwei seiner vier Frauen, Tochter und Sohn und einigen engen Mitarbeitern İstanbul. Nach der ersten Station in der Schweiz ließ er sich in Nizza nieder und verstarb 1944 in Paris. Seine letzte Ruhe fand der letzte osmanische Kalif in Medina. Das Amt des Stellvertreters des Propheten Mohammeds auf Erden war damit seit 500 Jahren erstmals vakant. Muslimische Intellektuelle diskutierten in vielen Ländern über die Zukunft des Kalifats, jedoch zeigte nur der Beherrscher Medinas und Mekkas, *Hussein ibn Ali*, ein Haschemit aus der Prophetenfamilie, Interesse am Kalifat. Die Dynastie der Al-Saud bekämpfte daraufhin den selbst ernannten Kalifen und eroberte 1925 die heiligen Stätten; seither ist der Staat Saudi-Arabien Schutzpatron der heiligen Stätten der Muslime.

Mustafa Kemal erwog ernsthaft auch die Abschaffung der orthodoxen und armenischen Patriarchate und des Oberrabbinats. In einem Interview mit dem *New York Herald* vom 4. Mai 1924 führte er aus, wie hinderlich religiöse Institutionen wie Patriarchate und das Kalifat für die Entwicklung eines modernen Staatswesens seien, wenn sie politisch Einfluss nähmen. Das türkische Außenministerium wiegelte diese Meldung als Falschmeldung ab.[111] Die Bestimmungen des Lausanner Vertrags garantierten die Weiterexistenz der religiösen Institutionen. Deutlich wurde aber, dass es nicht Mustafa Kemals Ziel war, die individuelle Religionsfreiheit einzuschränken. Aus seiner Sicht konnte jedoch die kollektive Religionsfreiheit eingeschränkt werden für das Ziel eines modernen, laizistischen Staates.

Trennung von Religion und Staat – das türkische Laizismusprinzip

Einschneidender als die symbolische Abschaffung des Kalifats war die damit verbundene Abschaffung des Religionsministeriums *(Evkaf ve Şeriye Vekaleti)* und des Amtes des Scheich-ül Islams, des höchsten religiösen Würdenträgers. An seine Stelle trat eine staatliche Behörde, das Präsidium für religiöse Angelegenheiten *(Diyanet İşleri Başkanlığı)*, dass jedoch nur einen Teil der Funktionen des Scheich-ül Islam weiterführte. Die religiösen Stiftungen wurden durch dieses Gesetz aus der Verantwortung des höchsten religiösen Würdenträgers herausgelöst und an eine neu gegründete staatliche Stiftungsverwaltung (Direktorat für Stiftungen – *Vakıflar Genel Müdürlüğü*) übertragen. Durch das „Gesetz zur Einheit der Bildung" *(Tevhid-i Tedrisat Kanunu)* – eine weitere Reform vom 3. März 1924 – wurden die religiösen Schulen bzw. Medressen verboten und alle Bildungseinrichtungen dem neu gegründeten Bildungsministerium unterstellt. Dies war eine der wichtigsten Reformen überhaupt; neben den Medressen wurden ein Jahr später auch die Grabmäler *(türbe)* wichtiger islamischer Heiliger und Derwischklöster *(tekke)* geschlossen. Dadurch sollte der Einfluss des Islam auf das öffentliche und staatliche Leben zurückgedrängt werden. In einer Ansprache in der anatolischen Provinz hat sich Mustafa Kemal zur Schließung der Derwischklöster geäußert:

> *„Auch die Derwischklöster müssen in jedem Fall geschlossen werden. Die Republik Türkei besitzt die Fähigkeit, in jedem Bereich den richtigen Weg vorzugeben. Keiner von uns benötigt eine richtungweisende Anleitung der Derwischklöster. Wir schöpfen unsere Kraft aus der Zivilisation, aus der Erkenntnis und der Naturwissenschaft. Etwas anderes erkennen wir nicht an. Die Derwischklöster halten das Volk zum Narren, und das Volk ist sich dessen nicht bewusst. Obwohl sie in schlichter Gestalt erscheinen, haben sie eine große Bedeutung. Wir sind Teil der zivilisierten Welt und orientieren uns an allen Erkenntnissen der Zivilisation.“*[112]

> *„Die Republik Türkei kann nicht die Heimat von Scheichs und Derwischen sein. Hilfe von Verstorbenen zu erbeten, wirft einen Schatten auf eine zivilisierte Gemeinschaft. (...) Freunde, Effendis und Volk, seid versichert, dass die Republik Türkei nicht die Heimat von Scheichs, Derwischen, deren Novizen und Anhängern werden kann. Die wahrhaftigste Ordensbruderschaft ist die der Zivilisation. Für einen Menschen hat die Umsetzung der zivilisatorischen Erfordernisse oberste Priorität.“*[113]

Einige Wochen später wurden die Schariagerichte aufgelöst, und der Verfassungsartikel, der den Islam zur Staatsreligion des Osmanischen Reiches deklarierte, wurde ersatzlos gestrichen. Mit diesen Reformen sollte die Trennung von Religion und Staat, der laizistische Charakter der Republik untermauert werden. Die Übersetzung des Korans ins Türkische und die Entscheidung des Jahres 1932, den arabischen Gebetsruf und die Freitagspredigten auf Türkisch zu halten, wurden von einigen Muslimen als Einmischung in die Religion und als Verfälschung der Lehre interpretiert. Es gab verbreitete Proteste gegen beide Anordnungen. Es bleibt offen, ob damit auf eine Verweltlichung des Islam abgezielt wurde. In Gesprächen mit dem US-amerikanischen Botschafter Charles H. Sherill 1932/33 bewertete Mustafa Kemal diese Reformen auch als Entmystifizierung der Religion, da die Gläubigen dadurch erstmals die Gebete verstanden. Er las im Beisein des Botschafters aus dem

Koran auf Arabisch die Sure 111 „Abu Laheb“ vor. Dort verwünscht der Prophet Mohammed seinen Onkel Abu Laheb und dessen Frau mit den Worten: *(...) Bald wird er in einem flammenden Feuer untergehen, wie auch sein Weib, die arge Verleumderin. Um ihren Hals wird sich ein Strick von gewundenen Palmenfasern schließen.*[114] Gläubige Muslime hatten nach Darstellung Mustafa Kemals diese Sure als Gebet bei unzähligen Angelegenheiten rezitiert, ohne den Inhalt verstanden zu haben. In der Tat konnte das bessere Verstehen religiöser Quellen positive Effekte auf den Modernisierungsprozess haben. Es existieren gar Stimmen, die die Übersetzung des Korans ins Türkische und den Ruf des Muezzins auf Türkisch als pro-religiöse Taten Mustafa Kemals bewerten.

„In- wie ausländische Wissenschaftler, die den Geist des Islam verstanden haben, sind sich bezüglich Atatürk einig, dass er nach dem Propheten derjenige war, der dem Islam die größte Gunst erwiesen hat.“[115]

Solche Stimmen versuchen, ein Gegengewicht zu denjenigen konservativen Kreisen zu schaffen, für die der Laizismus wie viele andere Reformen der Religion als Angriff auf die Religion verstanden wurde. Mustafa Kemal legte zeitweise viel Wert auf die Religion betreffende Reformen. Selbstbewusste und bei religiösen Inhalten kundige Gläubige konnten nicht so schnell von Hass- oder Falschpredigern beeinflusst werden. Andererseits konnte die Religion durch Reformen auch instrumentalisiert werden. Jedoch stoppte er alsbald seinen Reformeifer in religiösen Dingen, weil er kein „Luther“ sein wollte.[116] Diese obige Aussage verweist zumindest auf die durchdringende Kraft des Kemalismus bei der Umerziehung des Landes in allen Bereichen. In *Falih Rıfkıs* Worten:

„Verwestlichung bedeutete Türkifizierung und gleichzeitig Errettung von der Arabisierung. Die Religion ist eine Angelegenheit des Gewissens. Der muslimische Glaube wirkt im Bewusstsein des Türkentums als Klammer der Nation. Aber die Religion als Angelegenheit des Gewissens ist zu unterscheiden von der Scharia, die die Gesellschaft und die weltlichen Angelegenheiten zu den Bedingungen des 7. Jahrhunderts festhalten und einfrieren wollte.“[117]

Durch das dritte Gesetz vom 3. März 1924 wurde das osmanische Kriegsministerium *(Erkan-ı Harbiye Vekaleti)* abgeschafft, an dessen Stelle der Generalstab und das Verteidigungsministerium traten. Damit zielte man auf die Trennung von Politik und Militär ab.

Kleidungs- und Hutreform

Die sogenannte „Hutrevolution" *(şapka inkılabı)* setzte sich aus zwei komplementären Gesetzen zusammen; einerseits dem „Hutgesetz" *(şapka kanunu)* des Jahres 1925 und dem „Bekleidungsgesetz" *(kıyafet kanunu)* vom 3. November 1934. Beiden Reformen lag die Überlegung zugrunde, dass eine angestrebte Modernisierung des Landes auch nach außen hin sichtbar werden müsse. Der Fes ersetzte Anfang des 19. Jahrhunderts den Turban der Osmanen. Er war als Kopfbedeckung im Mittelmeerraum, in Nordafrika und Griechenland verbreitet. Der Fes wurde im 19. Jahrhundert jedoch nicht nur zum verpflichtenden Kleidungsstück osmanischer Beamter, sondern auch von der Stadtbevölkerung angenommen. Für Mustafa Kemal hatte der Fes im Jahr 1925 bei der angestrebten Modernisierung ausgedient, und er ging mit gutem Beispiel voran. Mustafa Kemal, der sich zeitlebens gut gekleidet hatte und modische Entwicklungen adaptierte, kleidete sich, nachdem er den Offiziersrock abgelegt hatte, westlich und trug westliche Hüte. Mit Panamahüten reisten er und seine Begleiter im August 1925 an das westliche Schwarze Meer, nach *Inebolu* und *Kastamonu*. In *Kastamonu* präsentierte er die neue Kleidung bzw. warb vor den Menschen für den europäischen Hut. Mustafa Kemal versuchte auch, Schneider und Hutmacher von der neuen Kleidung zu überzeugen. Bei einer Rede in *Kastamonu* kam er ausführlich auf die Kleidung zu sprechen:

> *„(...) Wie ich schon in Inebolu und anderen Orten gesagt habe, möchte ich auch hier über die Herangehensweise an die aktuelle Angelegenheit berichten. So wie jede Nation haben auch wir eine Nationaltracht, doch*

hat diese mit der Kleidung, die wir tragen, unbestreitbar nichts zu tun. Es gibt unter uns sogar sehr wenige, die wissen, was unsere Nationaltracht ist. Beispielsweise sehe ich hier in der Menge mir gegenüber eine Person, die auf dem Kopf einen Fes und über dem Fes einen grünen Turban trägt. Über der Ärmelweste trägt er ein Jackett, so wie ich, und weiter kann ich nichts erkennen. Nun frage ich, was ist das für eine Kleidung? Würde ein zivilisierter Mensch sich so absonderlich kleiden und die Welt zum Lachen bringen? (...) Die Staatsbeamten und die ganze Nation werden sich anders kleiden. (...) Es ist nicht nachvollziehbar, sich notwendigen Dingen zu widersetzen, mit denen wir beweisen und zeigen wollen, dass wir ordentliche und zivilisierte Menschen sind."[118]

Inwiefern die Menge Mustafa Kemal immer wieder blindlings folgte, lässt sich an der Verzweiflung einiger Zuhörer in *Kastamonu* ablesen. Da die heimischen Hutmacher und Schneider mit der Nachfrage an europäischen Hüten nicht nachkamen, hatten einige Männer – so die Überlieferung – Damenhüte aufgesetzt, weil sie auf keinen Fall ohne moderne Kopfbedeckung erscheinen wollten.

Am 25. November 1925 beschloss das Parlament dann das Gesetz Nr. 671 „Zum Tragen des Hutes" *(Şapka İktisası Hakkında Kanun)*. Das Tragen traditioneller und religiöser Kleidung, wie Turbane, Pluderhosen und der streng islamische Schleier *(Peçe)* oder Tschador wurde verboten und eine Zuwiderhandlung mit Gefängnisstrafe geahndet. Zuerst wurde der europäische Hut für alle Abgeordneten des Parlaments, alle Bediensteten im Parlament und die Beamten aller staatlichen Behörden verpflichtend. Das offizielle Kleidungsstück für den türkischen Mann wurde der Hut.

Jedoch weigerten sich auch viele Männer, einen Hut zu tragen, weil er für sie Ausdruck der westlichen, christlichen Kultur und somit Synonym für Unglauben war. In vielen Provinzen des Landes in Inneranatolien und am Schwarzen Meer wurde gegen die Bestimmung der Kleiderordnung öffentlich demonstriert, wobei sich der Unmut über die Hutreform mit der Wut über die Schließung der Derwischklöster vermischte. Durch die Freiheitsgerichte wurden Dutzende Demonstranten zum Tode verurteilt. Es dauerte eine Zeit, bis die neuen Kleider von der Bevölkerung akzeptiert wurden. Eine Verschärfung bedeutete dann das Kleidungsgesetz vom 3. November 1934. Damit durften Gebetsmantel *(cüppe)* und Turban *(sarık)* nur noch von Imamen und Religionsgelehrten bei ihrer Tätigkeit getragen werden. Dieses Verbot galt auch für nichtmuslimische Geistliche, die Dienstkleidung von Ausländern sowie für Soldaten und deren Orden.

Übernahme weiterer europäischer Rechtsvorschriften und Anwendungen

Mit dem 1. Januar 1926 wurde der gregorianische Kalender eingeführt. Durch die Übernahme der europäischen Zeitrechnung wurde die bisher gültige islamische Zeitrechnung, beginnend mit der Hidschra, der Übersiedlung des Propheten Mohammed von Mekka nach Medina im Jahr 622 n. Chr., ersetzt. Zwar wurde der Kalender nun mit dem Sonnenjahr berechnet, aber der Mondkalender wurde weiter zur Berechnung der islamischen Feiertage beibehalten. 1935 löste dann der Sonntag als arbeitsfreier und offizieller Feiertag den Freitag ab; gleichwohl ist der Freitag mit dem Freitagsgebet der wichtigste religiöse Tag in der Woche geblieben. Ferner wurde für Gewichte und Maße das metrische System eingeführt. Das osmanische „zivile Gesetzbuch“ *(mecelle)*, das überwiegend auf dem islamischen Recht der Scharia fußte, wurde am 4. Oktober 1926 durch ein modernes Gesetzbuch ersetzt. Nach dem Vorbild des Bürgerlichen Gesetzbuches der Schweiz wurde eine Expertenkommission mit der Ausarbeitung und Übernahme moderner Rechtsvorschriften beauftragt. In großen Teilen wurde das schweizer Vorbild übernommen oder an die türkischen Verhältnisse angepasst. Das neue Gesetz sah ferner die Gleichstellung zwischen Frau und Mann vor, eine Revolution, betrachtet man die bis dahin gültige rechtliche Stellung der Frau. Die Polygamie wurde unter Strafe gestellt, und die Frau wurde bei Heirat, Scheidung, als Zeugin vor Gericht und beim Erbschaftsrecht dem Mann gleichgestellt. Ferner wurde die standesamtliche Hochzeit verpflichtend gemacht.

Auch wenn die Implementierung vieler Reformen noch Jahre in Anspruch nehmen sollte, waren dies radikale Schritte. Als Mustafa Kemal am 29. Januar 1923 seine Frau *Latife* ehelichte, wich die Trauung sehr vom islamischen Ritus ab, obwohl ein *Kadı* zugegen war. Als er sich dann zweieinhalb Jahre später von ihr trennte, teilte er ihr den Entschluss per Brief mit, den er durch den Ministerpräsidenten überreichen ließ. Auch der Gründer der modernen Republik hatte, so scheint es, bei einzelnen Aspekten Probleme, alle Reformen buchstabengetreu umzusetzen und blieb von traditionellen Angewohnheiten beeinflusst. Die Stellung der Frau wurde aber im öffentlichen Leben deutlich gestärkt. Die Frauen erhielten Zugang zur Universitätsbildung, und auch im Berufsleben übernahmen sie immer mehr Verantwortung. Mustafa Kemals Pflegetochter *Sabiha* wurde später die erste türkische Pilotin. 1930 erhielten türkische Frauen das aktive Wahlrecht für Lokalwahlen und 1934 das passive und aktive Wahlrecht für Parlamentswahlen. Damit erhielten sie das Wahlrecht noch vor ihren Geschlechtsgenossinnen in europäischen Staaten wie Frankreich, Italien, Belgien oder der Schweiz.

Neben dem zivilen Gesetzbuch wurden weitere Gesetze aus dem europäischen Ausland übernommen, so am 1. März 1926 große Teile des italienischen Strafrechts. Der damalige Justizminister *Mahmut Esad Bey* lobte die Strenge des neuen Strafkataloges, weil dadurch die Reformen besser umzusetzen waren. Teile des Handels- und Seerechts wurden später aus Deutschland übernommen, und auch die deutsche Straßenverkehrsordnung stand anfangs Pate.

Schriftreform – Die Einführung der lateinischen Schrift

Eine grundlegende Reform, die den Charakter der neuen Republik nachhaltig prägen und verändern sollte, war die Abschaffung des arabischen Alphabets und die Einführung des Lateinischen. Schon ab Mitte des 19. Jahrhunderts gab es ernsthafte Diskussionen im Osmanischen Reich über eine grundlegende Schriftreform und die Einführung des lateinischen Alphabets. Begründet wurden diese Überlegungen mit orthografischen Fehlern beim Schreiben ursprünglich türkischer Wörter und dem leichteren Zugang zu den Wissenschaften, der Literatur und der Kunst des Westens durch das lateinische Alphabet. Armenier und Griechen nutzten neben den osmanisch/arabischen Schriftzeichen auch das kyrillische bzw. das armenische Alphabet, und in den urbanen und polyglotten Zentren İstanbul, İzmir, Saloniki und Beirut gehörten Werbetafeln und Namensschilder in lateinischen Buchstaben zum gewohnten Stadtbild. Die Sowjetrepublik Aserbaidschan hatte 1922 das lateinische Alphabet übernommen, was die Befürworter in der Türkei zusätzlich motivierte.

Am 28. Mai 1928 wurde durch das Parlament ein Gesetz verabschiedet, das öffentliche Institutionen und Ministerien dazu verpflichtete, ab dem 1. Juni international gängige Zahlen zu benutzen. Im Juli des gleichen Jahres wurde eine Kommission unter Leitung des damaligen Bildungsministers *Necati Bey* eingesetzt, die Vorschläge erarbeiten sollte, wie das Osmanisch/Türkische praktisch in lateinische Schrift überführt werden könnte. Die Sprachwissenschaftler übertrugen aber nicht nur Wörter aus dem Osmanischen. Sie verbannten ferner viele persische und arabische Lehnwörter aus dem Wortschatz und ersetzten diese durch alte türkische Wörter. Ferner wurden viele wissenschaftliche und technische Begriffe aus europäischen Sprachen entlehnt und stellenweise absurde Neologismen geschaffen.

Letztlich war der Erfolg aber dem Engagement Mustafa Kemals geschuldet, der die Sprachreform als eine der bedeutendsten Aspekte zur Umwandlung der Gesellschaft betrachtete. Mit ihr schloss die Türkei in seinen Augen zur zivilisierten, westlichen Welt auf. Bei der Frage der Umsetzung gab es jedoch unterschiedliche Ansichten, so z. B. beim Zeitfenster einer solchen Reform. Sprachwissenschaftler schlugen in den Beratungen mehrheitlich eine bis zu 15 Jahre dauernde Übergangszeit vor, in der die Menschen allmählich an die neue Schrift gewöhnt werden sollten. Alternativ wurde über eine kürzere Übergangsfrist nachgedacht. In beiden Fällen sollten in der ersten Phase beide Schriftsprachen parallel erlernt werden. In Zeitungen sollten also Artikel in beiden Schriften abgedruckt und der Anteil der in lateinischen Lettern verfassten Texte nach und nach erhöht werden. *Falih Rıfkı (Atay)* nahm an den Kommissionssitzungen teil und berichtete an Mustafa Kemal, der diese Vorschläge folgendermaßen kommentierte:

> *„Entweder das passiert in drei Monaten oder gar nicht. (...) Solange in den Zeitungen auch nur eine halbe Spalte in der alten Schrift gedruckt wird, liest jeder nur diesen Teil. Wenn es dann zwischenzeitlich zum Krieg, einer inneren Krise oder einer unvorteilhaften Situation kommt, wird unsere neue Schrift durch die Envers ersetzt. Augenblicklich wird diese Planung aufgegeben."*[119]

Mustafa Kemals Einwand wurde von der Kommission übernommen, und am 1. November 1928 wurde die Schriftreform verabschiedet. Das Gesetz sah vor, dass alle staatlichen Einrichtungen, Firmen, wie auch Vereine oder Gesellschaften ab sofort ihren Schriftverkehr und ihre Bücher mit lateinischen Buchstaben zu führen hatten. Offizielle Dokumente wie Heiratsurkunden, Ausweise etc. durften nach einer sechsmonatigen Übergangszeit ebenfalls nur noch in lateinischer Schrift ausgestellt werden. Eingaben der Bürger konnten nur noch für die gleiche Übergangsperiode in Osmanisch eingereicht werden. Zeitungen und Zeitschriften mussten sofort auf lateinische Buchstaben umstellen. Bei Büchern, außer Schulbüchern, wurde noch eine zweimonatige Übergangsfrist gewährt. Selbst vor dem Koran machte diese Reform keinen Halt; er wurde ins Türkische übersetzt, und Mustafa Kemal las daraus sogar öffentlichkeitswirksam vor. Nachdem 1929 in den Primär- und Sekundärschulen der Arabisch- und Persischunterricht aus dem Lehrplan genommen wurde, wurde mit der Theologischen Fakultät an der İstanbul-Universität auch die letzte Institution geschlossen, in der noch arabische Schriftzeichen gelehrt wurden.

Um die Menschen mit der neuen Schrift vertraut zu machen, reiste Mustafa Kemal mit Kreide und Schiefertafel als Oberlehrer der Nation durchs Land. Er genoss diese Aufgabe offensichtlich. Aus diesem Grund gilt Mustafa Kemal auch heute noch als der wichtigste Lehrer der Nation. Dass Lehrer heute in der Türkei trotz dürftiger Bezahlung ein hohes Ansehen und eine hohe gesellschaftliche Wertschätzung genießen, ist u. a. auf die exponierte Rolle Mustafa Kemals in diesem Prozess zurückzuführen.

Bei der Diskussion um die Einführung der lateinischen Schrift sollte jedoch nicht unerwähnt bleiben, dass die Alphabetisierungsrate damals bei geschätzten 5–10 % der Gesamtbevölkerung lag.[120] Für das Gros der Bevölkerung bestand die Herausforderung darin, überhaupt eine Schrift zu erlernen. Jeder Bürger bis 45 Jahre wurde gesetzlich zum Erlernen der neuen Schrift verpflichtet. Die Gebildeten stellte die neue Schrift nicht wirklich vor Probleme, zumal viele Fremdsprachenkenntnisse hatten.

Neben der neuen Schrift wurde auch der Versuch unternommen, ein neues Geschichtsbild zu entwerfen. An die Stelle des Osmanischen Reiches trat die vorosmanische türkische Geschichte. Das neue Geschichtsbild stellte Sumerer und Hethiter, Dynastien, die Jahrtausende vor Christi Geburt Kleinasien bevölkerten, als bedeutende Kulturvölker in den Mittelpunkt. In dieser verklärten Geschichtsschreibung wurde das Osmanische Reich zu einer dunklen Epoche degradiert, und die Republik wurde zum Wendepunkt des türkischen Volkes. Mustafa Kemal zeigte hochgradiges Interesse an Darstellungen, in denen die Hethiter oder auch davor die ursprünglichen Bewohner Anatoliens, die Hatti, als im Grunde urtürkisch bezeichnet wurden. Damit versuchte man ein mehr als dreitausendjähriges Erbe zu begründen, welches auch den Besitzanspruch auf Anatolien deutlich legitimierte. Diese Geschichtsschreibung war beeinflusst von Vordenkern des türkischen Nationalismus wie *İsmail Gaspıralı* und *Ziya Gökalp*. Aus deren Gedankengut entwickelte sich die „Sonnensprachentheorie“ *(Güneş Dil Teorisi)*. Mit dieser versuchte man nachzuweisen, dass alle bedeutenden Sprachen des 20. Jh. letztlich vom Türkischen abstammten. Mustafa Kemal Atatürk hatte sich in den letzten Monaten seines Lebens damit noch intensiv beschäftigt.

Die Gesetzgebung zum Familiennamen

Am 21. Juni 1934 wurde eine auf den ersten Blick unbedeutende Reform im Rahmen der Kulturrevolutionen beschlossen, die große Auswirkungen auf das Alltagsleben haben sollte. Damals trugen die Menschen in der Türkei nach islamisch-orientalischer Tradition ihre Vornamen bzw. einen Namen, und daneben sehr unterschiedliche Namenszusätze. Bei diesen handelte es sich um Hinweise auf den ausgeübten Beruf, die familiäre Herkunft, soziale oder religiöse Zugehörigkeiten, die Sippe, den Stamm oder eine adlige Herkunft. Oder man trug neben seinem eigenen Namen als Zusatz den des Vaters. So hätte sich Mustafa Kemal als Beinamen den Namen seines Vaters *Ali Rıza* oder *Ali Rıza Efendi* zulegen können. Und somit hätte er den Namen Mustafa Kemal, Sohn des *Ali Rıza Efendi (Ali Rıza Efendinin oğlu Mustafa Kemal)* getragen. Diese Namensgebung folgte keinen allgemeingültigen Regeln und war insbesondere für die Verwaltung sehr irreführend. Schon Liman von Sanders hatte angemerkt:

> *„Stellenweise konnte über Monate nicht festgestellt werden, welcher Offizier in welcher Einheit Dienst versah. Es kam sogar vor, dass ein Offizier in eine andere Einheit versetzt wurde, obwohl er schon gefallen war. Da die Familien in der Türkei keine Nachnamen führten, kam es sehr oft zu Namensverwechslungen, was zu großer Verwirrung führte.“*[121]

Mit dem „Familiennamengsesetz“ *(Soyadı Kanunu)* wurde das Tragen eines Familiennamens neben dem Vornamen für jeden Bürger verpflichtend. Die Namen mussten auch bei der Unterschrift und im mündlichen Gebrauch in der Reihenfolge Vor- und Nachname benutzt werden. Von der Namenswahl waren Titel, Volksstämme, fremde Rassen und Nationen sowie solche Wörter, die gegen die allgemeinen Sitten verstießen oder belustigend waren, ausgeschlossen. Das Recht und die Pflicht zur Wahl des Nachnamens oblagen nach diesem Gesetz dem Mann als Familienoberhaupt. Selbst wenn das Ehepaar geschieden war, sollte der Mann den Nachnamen für die gemeinsamen Kinder bestimmen können.

Ausnahmen davon bestanden, wenn die Frau verwitwet war oder dem Mann wegen Geisteskrankheit die Vormundschaft entzogen wurde. Innerhalb von zwei Jahren mussten sich alle Bürger für Nachnamen entscheiden. Diejenigen, die diese Frist verstreichen ließen, mussten mit Geldstrafen rechnen. Ferner wurden bei diesen Fällen Nachnamen von einer Regierungskommission zugeteilt.

Für seinen treuen Gefährten *İsmet Pascha* hatte sich Mustafa Kemal den Namen *İnönü* ausgedacht. *İnönü* war die Eisenbahnstation und Ortschaft am *Sakarya*-Fluss, in deren Nähe *İsmet Pascha* zwei wichtige Siege im Befreiungskrieg erfochten hatte. Aus Mustafa Kemal wurde am 24. November 1934 Mustafa Kemal Atatürk. Das türkische Parlament verlieh ihm den Namen Atatürk „Vater der Türken" exklusiv. Niemand sonst sollte diesen Namen tragen, selbst nicht seine leibliche Schwester *Makbule*, die fortan den Nachnamen *Atadan* (vom Vater) trug. Der Name Atatürk ist handelsrechtlich geschützt, und die Benutzung des Namens für ein Produkt oder eine Dienstleistung verboten.

Am 26. November 1934 verabschiedete das Parlament ein weiteres, komplementäres Gesetz zur „Abschaffung der Beinamen und Amtsbezeichnungen" *(Lâkap ve Unvanlarının kaldırılması hakkında Kanun)*. Damit wurden Titel wie *Agha, Hacı* (Pilger), *Hafiz* (jemand, der den Koran auswendig kennt), *Molla* (Mullah), *Hoca* (geistlicher Lehrer), *Bey* (Herr), *Efendi* (Gebieter), *Hanım* (Dame), *Hanımefendi* (gnädige Frau), *Pascha* usw. als Namenszusätze verboten. Ferner hob dieses Gesetz zivile Grade, Signaturen, Orden und deren Benutzung auf; davon ausgenommen waren militärische Orden. Aus dem bisherigen Pascha wurde je nach Waffengattung Marschall, Admiral oder General. Ende 1934 – nach knapp zehn Jahren wichtiger Reformen – war aus Gazi Mustafa Kemal Pascha, Mustafa Kemal Atatürk geworden. Allein daran lässt sich die Durchschlagskraft der Reformen erkennen.

Jedoch wurde ein Teil der Reformen auch mit Ablehnung aufgenommen und führte zu etlichen widersprüchlichen Situationen, und nicht alle Teile der Bevölkerung konnten Schritt halten. Nicht immer blieben die Ideale der Revolution lebendig, und ein Teil der neuen Schicht der Bürokratie versank in einem Filz von Bestechung und Nepotismus. Auf der anderen Seite tanzte die moderne Oberschicht im Ballsaal in Ankara Tango und Walzer, während das Volk nichts mit der Bedeutung solcher Wörter anzufangen wusste. Stellenweise führte dies zu Entfremdungen vom eigenen Volk. Zum Beispiel wurde am 1. November 1934 für acht Monate die Sendung türkischer klassischer Musik im Radio verboten, um einer neuen, modernen türkischen Musik Entwicklungsmöglichkeiten zu geben. Und das, obwohl Mustafa Kemal selbst ein großer Verehrer türkischer Musik war. Gutgeheißen wurde die Entscheidung vom reaktionären „Grünen Halbmond“ *(Yeşilhilal Cemiyeti – Yeşilay)*, der die Melancholie der klassischen türkischen Musik für den Alkoholkonsum der Menschen verantwortlich machte.

Mustafa Kemals politisches Manifest „Nutuk“

Auf dem zweiten Parteitag der CHP 1927 wurden die Begriffe Republikanismus, Populismus und Nationalismus als politische Grundpfeiler der Republikanischen Volkspartei aufgenommen. Mustafa Kemal wurde als Parteivorsitzender auf Lebenszeit und als sein Stellvertreter Ministerpräsident *İsmet (İnönü)* bestätigt. Im Mittelpunkt des zweiten Parteikongresses vom 15.–20. Oktober 1927 stand die historische lange Rede *(Nutuk)* Mustafa Kemals, die sich über 36 Stunden erstreckte. Sie ist auf über 900 Seiten nachzulesen, erweitert durch etliche Zusatzdokumente und Telegramme. Mustafa Kemal lässt in dieser Rede die entscheidende Phase der Staatswerdung und der Kulturrevolution von 1919–1927 Revue passieren. Sie ist die wichtigste Primärquelle der Atatürk-Forschung und fasst das politische Gedankensystem und die Grundlagen dessen, was gemeinhin als Kemalismus bezeichnet wird, zusammen.

In der aktuellen Atatürk-Forschung werden jedoch auch immer öfter kritischere Stimmen laut. Einige Wissenschaftler stellen die Inhalte der langen Rede in einen historischen Kontext und betrachten dazu auch Aussagen anderer Zeitgenossen. Einerseits beinhaltet Mustafa Kemals Beschreibung des Unabhängigkeitskampfes eine sehr persönliche, stellenweise auch verengende Sichtweise, zumal er oft überzeichnet. Unter den Kritikern sind so bekannte Zeitgenossen wie *Falih Rıfkı (Atay)*, der am Originaltext mitgewirkt hatte. Er vermutet, dass die Historiker durch diese Rede unter Zugzwang kamen, weil sie ihre eigenen historischen Erkenntnisse und Urteile an die Aussagen Mustafa Kemal Atatürks anglichen, um nicht aufzufallen. Andererseits rechnet Mustafa Kemal in der Rede aber auch mit seinen ärgsten Widersachern ab. Gegen bedeutende Mitstreiter der ersten Stunde wie *Kazım Karabekir, Rauf Bey* und andere führte er Tiraden und polemisierte. Wenn eine Person wie *Kazım Karabekir* als Feind der Republik oder gar als Vaterlandsverräter bezeichnet wird, ist dies eine Übertreibung und schmälert dessen wichtige Rolle im Unabhängigkeitskrieg.

Mustafa Kemal und Afet İnan

Mustafa Kemal mit Abdurrahim Tuncak in Diyarbakır 1917

Mustafa Kemal mit İsmet İnönü auf dem Schiff „Ägäis“ 1936

Die Beisetzung Mustafa Kemal Atatürks am 10. 11. 1953

8.

Person, Charakter, Ehemann und Liebhaber

In der offiziellen türkischen Geschichtsschreibung überwiegen die Darstellungen von Mustafa Kemal Atatürk als Soldat, Offizier und Staatsmann. Seine strategische Auffassungsgabe, militärische Qualitäten, die Leidenschaft, mit der er für einen souveränen, unabhängigen Staat eintrat und sein politisches Genie werden als hervorstechende Charaktereigenschaften in den Vordergrund gestellt. Menschliche Seiten, Schwächen und negative Charaktereigenschaften werden eher seltener oder nur am Rande erwähnt. Er wird als 1,74 Meter großer Mann beschrieben, mit einem Idealgewicht von 70–74 Kilogramm. Ferner waren

> *„seine Wangen leicht gerötet, die Stirn sehr breit, die Augenbrauen sehr ausgeprägt und nach oben stehend. Die Backenknochen standen etwas heraus, die Lippen waren dünn, die Haare goldbraun, die Augen blau, die Brust gebläht, die Schultern breit und die Hände fein und zart."*[122]

Charakterlich wird er als fleißig, schlau, vornehm, mutig und ehrlich beschrieben und

> *„(...) an heißen Tagen hat er zwei bis drei Mal gebadet. Gegessen hat er nie viel und nicht gefrühstückt. Zum Mittag ein, zwei Stück Brot, Käse, Ayran oder Limonade. Seine Lieblingsgerichte waren Bohnen mit Reis, Käseomlett, Okraschoten mit Fleisch und Honigmelone. Und selbst diejenigen, die 13–14 Jahre an seiner Seite dienten, hatten ihn nie im Pyjama gesehen. Am liebsten spielte er Poker und spielte es auch gut. Am Anfang des Spiels hat er sich von einem Mitspieler 10 Lira ausgeliehen. Meist hat er gewonnen und den Gewinn dann sofort oder am nächsten Tag unter den Mitspielern und den Bediensteten verteilt. Wir, die ihm 10 Lira ausgeliehen hatten, bekamen das Geld am nächsten Tag von seinem Chefadjutanten zurück."*[123]

Seit einigen Jahren jedoch erscheinen verstärkt Darstellungen und Biografien, in denen er als Privatmann und Mensch im Mittelpunkt steht. Auch wenn einige Kritiker vor einer zu persönlichen Darstellung Atatürks warnen – einfach aus der Sorge heraus, dass darunter eventuell der offizielle Atatürk Schaden nehmen könnte –, so scheinen die türkischen Leser doch an den menschlichen Zügen Mustafa Kemal Atatürks Gefallen gefunden zu haben. Die historische Bedeutung des Staatsgründers wird dadurch nicht geschmälert. Im Gegenteil, versuchen solche Publikationen ein realistisches Bild zu zeichnen, womit Atatürk für den Leser menschlicher wird; es entsteht dadurch eine größere Nähe. Da er zumindest den überwiegenden Teil seines Lebens offen in der Mitte seiner Mitstreiter und nicht zurückgezogen lebte, sind viele menschliche Züge bekannt, auch wenn Augenzeugen nicht immer darüber berichteten oder schrieben.

> *„Die Wahrheit ist, dass Mustafa Kemal als Revolutionär vom 18. Lebensjahr an bis zu seinem letzten Atemzug ein Idealist war, der nie in der Sache Zugeständnisse machte. In dieser Hinsicht war er mit seinen Zeitgenossen nicht vergleichbar und auch in keiner Weise zu kritisieren. Wir können jedoch Schwächen Mustafa Kemals als Mensch und Politiker suchen und auch finden.“*[124]

Kein Geheimnis waren seine Leidenschaften. Er wird als charmant bezeichnet, dem „schwachen Geschlecht“ zugetan und liebte das Vergnügen. Dabei tanzte er, trank Alkohol oder küsste Frauen in aller Öffentlichkeit, weil er diese Dinge nicht verbergen wollte.[125] Inwiefern er dadurch auch als „gutes“ Beispiel fungierte, muss fraglich bleiben. Zumindest konnte man das Getratsche eingrenzen. Er soll ein beeindruckender Gesprächspartner gewesen sein. *Falih Rıfkı* attestierte Mustafa Kemal eine Liebe zum Wort und eine schnörkellose und belustigende Art, dasselbe zu führen.[126]

Adjutanten beschrieben seinen Alkoholkonsum als vernachlässigbar; andere Quellen berichten jedoch über das genaue Gegenteil oder lassen zumindest eine genaue Aussage offen. Ferner konsumierte er tagtäglich eine Unzahl türkischer Mokka und Zigaretten. Sein früher Tod mit 57 Jahren an Leberzirrhose belegt den sehr ungesunden Lebenswandel und der Alkohol dürfte dafür hauptverantwortlich gewesen sein Dazu kommt sein nächtliches Arbeitspensum; er arbeitete am Schreibtisch oft bis zum Morgengrauen und hat sich in Bücher und Berichte regelrecht vergraben. Als er die lange Rede *(Nutuk)* vorbereitete, war er wochenlang fast ohne Schlaf. Als ihn seine Schwester eines Morgens darauf ansprach und ihm nahelegte, sich doch etwas zu schonen, gab er zu verstehen, dass es nun einmal wichtige Geschäfte gebe, die das Land und deren Zukunft beträfen und nicht aufgeschoben werden könnten.[127] In der Spätphase seines Wirkens, als er sich schon aus gesundheitlichen Gründen vom politischen Tagesgeschäft zurückgezogen hatte, konnte es sein, dass er nach einer langen Nacht bis zum späten Nachmittag schlief.

Der Botschafter des Deutschen Reichs Rudolf Nadolny berichtet in einer etwas überzogenen Anekdote, dass *„der Gazi meiner Frau niemals zu nahe getreten ist, sondern sie immer sehr respektiert hat. Auch hat er nie versucht, mich betrunken zu machen.“*[128] Nadolny fährt in seinem Bericht fort und kommt auf seinen Besuch im Sommerhaus des Staatsoberhaupts in Yalova in der Nähe İstanbuls zu sprechen:

> *„Es wurde dabei Milch getrunken. In Ankara aber lebte er anders. Da trank er täglich ungefähr 50 Tassen Kaffee, rauchte ungefähr 150 Zigaretten, trank die ganze Nacht Rakı, und hinzu kamen noch die ‚Adoptivtöchter‘. Kein Wunder, dass er an der Leber erkrankte und mit 63 (sic) Jahren gestorben ist.“*[129]

Dass die ausländischen Beobachter recht gut über die Gewohnheiten Mustafa Kemals informiert waren, verwundert kaum im ländlichen Ankara der 1920er Jahre. Die Mengen seines Konsums sind dabei stellenweise übertrieben und nebensächlich und sollen eher als tendenzielle Bewertungen verstanden werden. Auch in türkischen Quellen existieren trotz Verschönerungen ähnliche Beschreibungen über seine schlechten Angewohnheiten:

> *„Er liebte Zigaretten und türkischen Mokka sehr. Es kam vor, dass er am Tag 10–15 Mokka trank und 40–50 Zigaretten rauchte. Das Glücksspiel mochte er nicht und hat Spielsüchtigen Ratschläge erteilt. Alkohol hat er*

prinzipiell nicht am Tag getrunken und wurde böse, wenn jemand am Tag trank. Obwohl er selbst sehr lange an Abendrunden verweilte, trank er wenig. Wenn wichtige politische und militärische Dinge zu besprechen waren, hat er keinen Alkohol zu sich genommen und sich so darauf konzentriert, dass er das Essen vergaß und den Schlaf dazu. Wenn er wach wurde, stand er unverzüglich auf, rauchte eine Zigarette und trank einen Kaffee, während er einen Blick auf die Zeitungen warf. Danach hat er sich gebadet, rasiert und angezogen und ist in den Salon gegangen.“[130]

Die erste Bekanntschaft mit dem Anisschnaps Rakı soll er einer Überlieferung *Falih Rıfkıs (Atay)* zufolge in seiner İstanbuler Zeit auf der Militärakademie gemacht haben. Als er eines Tages mit seinem Kameraden von der Militärakademie *Ali Fuad (Cebesoy)* die Große Prinzeninsel *(Büyükada)* besuchte und sein mitgebrachtes Bier ausging – Geld für ein Restaurant hatten die jungen Offiziersanwärter keines –, probierte er vom Rakı seines Freundes.[131]

Ferner hatte Mustafa Kemal Atatürk kein besonderes Gespür für Geld und seine Privatfinanzen. Adjutant *Salih Bozok* vermerkt in seinen Memoiren, *„dass Geld für ihn nie eine Rolle gespielt hatte und er seinen Sold innerhalb der ersten beiden Wochen mit seinen Freunden durchbrachte und bis zum Ende des Monats ohne Geld auskommen musste“*.[132] Darum musste er sich in früheren Jahren oft Geld von Freunden ausleihen. In einem seiner Notizbücher hat er die Ausgaben für Kaffee und Zigaretten mit Datum vom 21. März 1904 aufgelistet und dazu vermerkt:

„Heute habe ich meine finanzielle Situation betrachtet und erkannt, dass die Ausgaben weit über den Einnahmen liegen. Bisher ist es mir gar nicht in den Sinn gekommen, über Ein- und Ausgaben Buch zu führen. Jedoch erleide ich als Konsequenz dieser ausufernden Berechnungen Qualen, unter denen ich ideell und materiell erdrückt werde. Wenn ich jetzt nur auf das Datum und den Ort der Ausgaben schaue, fällt mir meine ausschweifende Art auf. (...) Schuld daran sind aber weniger übermäßige Ausgaben, denn karge Einnahmen. Mustafa Kemal.“[133]

Mustafa Kemal hatte einen ausgeprägten Macht- und Führungsanspruch, man würde heute sagen, er besaß ausgeprägte Führungskompetenzen. Neben diesem eigenen Anspruch erfuhr er aber auch eine große Akzeptanz. *Ali Fuat (Cebesoy)* berichtet, dass unter den Nationalisten viele Anspruch auf eine Führungsrolle erhoben. Mustafa Kemal wurde jedoch aufgrund seiner Fähigkeiten als Einziger von vielen akzeptiert.

Jedoch agierte er als Politiker und Staatspräsident wie ein Alleinherrscher, wobei er selbst und einige enge Beobachter den Vorwurf eines Diktators entschieden zurückwiesen.[134] Für wichtige politische Ziele spielte er seine Gegner gnadenlos aus und hatte auch keine Skrupel ehemalige enge Mitstreiter politisch zu opfern. Er setzte mit allerlei Pragmatismus und Tricks seine Ziele durch. Bestes Beispiel ist der Prozess der Republikgründung vom 28.–29. Oktober. Abgeordneter konnte nur derjenige werden, der die Zustimmung von Mustafa Kemal erhielt.

Mustafa Kemal wird ein sehr gutes Gedächtnis für Namen und Ereignisse nachgesagt. Selbst nach Jahren sollen ihm Namen oder Zusammenhänge aus der Vergangenheit eingefallen sein. So besuchte er während des Unabhängigkeitskrieges 1922 ein Dorf und verlangte nach dem Ortsvorsteher. Als vor ihm eine Frau auftauchte, war er positiv überrascht. Es stellte sich heraus, dass der gewählte Ortsvorsteher, der Ehemann dieser Frau, an der Front gefallen war und ihr die Funktion als Ortsvorsteherin übertragen worden war. Als 12 Jahre später in der Türkei 1934 das passive Wahlrecht für Frauen eingeführt wurde, erinnerte er sich an diese Frau namens *Hatı Çırpan* und machte sie bei den Wahlen 1935 zu einer der ersten türkischen Parlamentarierinnen.

Mustafa Kemal Atatürk war stolz, starrsinnig und unnachgiebig in der Sache. So goutierte er zwar eine Mitgliedschaft seines Landes im Völkerbund; diese sollte jedoch auf Einladung und nicht durch Antrag der Türkei erfolgen. Die diplomatischen Verhandlungen haben dann Früchte getragen, als auf dem Höhepunkt des türkischen Integrationsprozesses in die westliche Welt der Völkerbund 1932 der Türkei die Mitgliedschaft anbot. Mustafa Kemal Atatürk hat sich in der internationalen Politik als friedfertiger Staatsmann einen guten Namen gemacht, obwohl er in seiner gesamten Zeit als

Staatspräsident in 15 Jahren nie auf Staatsbesuch im Ausland war. Er empfing aber unzählige ausländische Staatsgäste, wie z. B. den griechischen Präsidenten Venizelos. Am 30. Oktober 1930 besuchte dieser die Türkei und kam in Ankara mit Mustafa Kemal zusammen. Sie unterzeichneten einen „Freundschafts- und Neutralitätsvertrag", nur wenige Jahre nach dem Krieg zwischen ihren beiden Ländern und dem Bevölkerungsaustausch. Am 12. Januar 1934 schlug Venizelos Atatürk für den Friedensnobelpreis vor. Zur Begründung führte er an, dass Atatürk mit einem Land, mit dem er im Krieg stand, Frieden geschlossen und eine gesellschaftliche Revolution durchgeführt habe.

Zu erwähnen ist auch der offizielle Besuch des persischen Schah Reza Pahlavis, der am 10. Juni 1934 die Türkei besuchte. Beim Abendempfang nach der Ankunft in Ankara in der iranischen Botschaft überraschte Atatürk den persischen Schah mit einer Telefonverbindung in die Schweiz zu einem Sohn des Schahs, der dort studierte. Diese Geste und die Tatsache, dass sich der Schah und Atatürk auf Türkisch verständigen konnten, sorgten auf Anhieb für ein reibungsloses Verständnis. Auf Drängen Atatürks hat Reza Pahlavi die Reiseroute dann verlängert und man gelangte u. a. nach İstanbul. Der Besuch dauerte insgesamt 27 Tage.

Von Adolf Hitler und Benito Mussolini hielt er nicht viel. Er hatte den Zweiten Weltkrieg wohl heraufziehen sehen, weil er des Öfteren über den Irrsinn referierte, der sich inmitten Europas anzubahnen schien. 1927 wurde in einer italienischen Schule in İzmir der Jahrestag der Machtergreifung der Faschisten gefeiert, und die Schüler nahmen in Schwarzhemden und Stiefeln an dieser Feier teil. Als Mustafa Kemal davon erfuhr, ließ er kurzerhand die Schule schließen, und die Verantwortlichen mussten innerhalb von 48 Stunden das Land verlassen.

Das Wohnhaus – die Çankaya-Villa

Als Mustafa Kemal am 27. Dezember 1919 über das *Dikmen*-Tal nach Ankara kam, bezog er Quartier in der Landwirtschaftsschule *(Ziraat Okulu)* in *Keçiören*, außerhalb der damaligen Stadtgrenzen. Außerhalb der Städte und befestigter Anlagen war Anatolien damals jedoch aufgrund des Machtvakuums unsicher, weil vielerorts Wegelagerer und Rebellen ihr Unwesen trieben. Kleinere Übergriffe schwappten sogar bis nach Ankara über, und eines Nachts wurden mehrere Kugeln auf das große Schulgebäude abgefeuert. Mustafa Kemal zog darauf in das kleine zweistöckige Gebäude des Stationsvorstehers im Bahnhof Ankara, das er sowohl als Arbeitsstätte als auch privat nutzte. Die Vorteile lagen auf der Hand. Das Parlament und die Telegrafen- und Poststelle waren in der unmittelbaren Umgebung, und wichtige Gäste, die in der Stadt eintrafen, konnte er umgehend begrüßen. Deshalb wurde das Gebäude umgangssprachlich als „Direktion“ bezeichnet. Jedoch lag das Gebäude zu zentral inmitten der Geschäftigkeit eines Bahnhofs mit störendem Geräuschpegel. Da er als Präsident der Großen Nationalversammlung der Türkei Würdenträger empfing, wurde das Haus überdies zu klein und war wenig repräsentativ.

Während eines Ausritts mit dem Journalisten *Ruşen Eşref (Ünaydın)* auf der Çankaya-Anhöhe entdeckte er versteckt zwischen Rebstöcken und Obstbäumen vereinzelt unscheinbare, ein- bis zweistöckige Häuser. Mustafa Kemal fand Gefallen an der Idee, wenigstens den Sommer weiter außerhalb der Stadt zu verbringen. Der Vorsitzende des „Vereins zur Verteidigung der Nationalrechte“ in Ankara *(Müdafaa-i Hukuk Cemiyeti) Rıfat (Börekçi) Efendi*, der in Personalunion auch Mufti von Ankara war, erfuhr von dieser Idee. Er hatte unter den Händlern und Geschäftsleuten der Stadt 6 000 Lira gesammelt und für den Preis von 4 500 Lira ein zweistöckiges Landhaus von der Ankaraer Händlerfamilie *Bulgurluzade* erworben. Offiziell erwarb die Stadtverwaltung Ankara das Haus, und es ging auf Wunsch Mustafa Kemals in den Besitz der türkischen Streitkräfte über.

Neben dem zweistöckigen Hauptgebäude gehörten zum Anwesen noch zwei weitere kleinere Häuser, in denen das Hauspersonal, die Adjutanten und die Wachmannschaft unterkamen. Das Anwesen war auch als „Kasapyan-Sommerhaus“ bekannt, weil es ursprünglich von einem gleichnamigen armenischen Händler aus Ankara erbaut worden war. Als *Kasapyan* im Zuge der Armenier-Deportation Ankara und die Türkei verließ, verkaufte er das Anwesen an einen englischen Kaufmann. Dieser hat es wiederum später an die Familie der *Bulgurluzadeler* verkauft.[135] Bevor Mustafa Kemal das Haus bezog, wurde es noch nach den Wünschen und dem Geschmack von *Fikriye Hanım* eingerichtet. Im Erdgeschoss befanden sich ein großer Eingangsbereich und ein großes Esszimmer, in dem die bekannten Tafelrunden stattfanden. Zudem gab es noch eine Ecke, in der ein Billardtisch stand. Mustafa Kemal spielte leidenschaftlich gerne Billard.

Das Wohnhaus wurde 1923 um ein zweistöckiges Gebäude erweitert. Nach der Trennung von seiner Frau *Latife* lebte er mit einigen seiner Adoptiv- und Pflegekindern zusammen, weshalb ständig Erweiterungsbedarf bestand. Beim Umbau des Hauptgebäudes sackte jedoch eine Seite des Gebäudes ab. Da das Anwesen auch nicht mehr den repräsentativen Ansprüchen genügte, wurde die Idee eines umfangreichen Neu- und Ausbaus geboren. Ingenieure der deutschen Holzmanngruppe wurden nach Ankara eingeladen. Mustafa Kemal beauftragte 1930 den bekannten österreichischen Architekten Prof. Dr. Clemens Holzmeister mit einem Neubau. Holzmeister hatte sich durch den Bau vieler Kirchen und Kathedralen in Österreich einen Namen gemacht, weshalb einige Kritiker ein Wortspiel erfanden: Der Name des Stadtteils *Çankaya* stamme ursprünglich von *çankaya*, so die Behauptung, und *çan* bedeutet Glocke bzw. Kirchenglocke.[136]

Mustafa Kemal ließ Holzmeister freie Hand; er äußerte einzig den Wunsch, dass man die Bäume nicht fällen möge. Es wurde neben dem alten ein neues Gebäude errichtet. Die Baustoffe dafür kamen durchweg aus Österreich. Da das Haus mit der Lieblingsfarbe des Präsidenten, Rosa, gestrichen wurde, hieß es von Beginn an „das rosa Palais“ *(Pembe Köşk)*. Mustafa Kemal veranstaltete in diesem Palais Konzerte, Bälle und Kongresse, und es gab ein spezielles Billard- und Herrenzimmer. *İsmet İnönü* lebte lange im *Pembe Köşk*. Ein weiteres Gebäude, das später errichtet wurde und eine große Bedeutung hatte, war der *Camlı Köşk*, in dem die Schwester Mustafa Kemals, *Makbule*, wohnen sollte und das als Empfangsgebäude für ausländische Staatsgäste genutzt wurde.

Tafelrunden in Çankaya

Seitdem Mustafa Kemal das zweistöckige Haus in den Hügeln Çankayas bezogen hatte, lud er abends regelmäßig zu Tafelrunden ein, die als gesellschaftliche Anlässe bei den Eingeladenen im Ankara der 1920er Jahre sehr beliebt waren. Diese Abendgesellschaften dauerten oft bis in die frühen Morgenstunden, und viele warteten vergeblich auf eine Einladung, die meist sehr kurzfristig ausgesprochen wurde. Enge Mitstreiter und Freunde wie *İsmet (Inönü)* gehörten zu den Stammgästen. Ferner auch Journalisten, Schriftsteller, hohe Militärs, Abgeordnete und Minister der Regierung, wie u. a. Außenminister *Dr. Tevfik Rüştü (Aras)*, Innenminister *Şükrü (Kaya)*, Wirtschaftsminister *Celal (Bayar)* und Generalstabschef Marschall *Fevzi (Çakmak)*. Ferner der Ideologe, Autor und Politiker *Yusuf (Akçura)*, der nationalistische Philosoph, Soziologe und politische Publizist *Ziya (Gökalp)* oder der Schriftsteller *Ahmet (Ağaoğlu)*. Ferner der Journalist und Abgeordnete *Falih Rıfkı (Atay)*, der in seinem Buch „Çankaya“ über diese Tafelrunden sehr ausführlich berichtet und auch ansonsten ein äußerst naher Beobachter Mustafa Kemals war.

In den ersten Jahren, insbesondere von 1920 bis 1923 bis zur Gründung der Republik, saßen in der abendlichen Runde meist nur Männer, mit denen Mustafa Kemal eine lange, entbehrungsreiche Kriegskameradschaft verband. Obwohl viele seiner Gefährten verheiratet waren, begleiteten einige Gemahlinnen ihre Männer erst ab dem Zeitpunkt, als Mustafa Kemal selbst verheiratet war.

Dominiert wurden diese abendlichen Anlässe von den Themen der Helden des Unabhängigkeitskrieges und den Architekten der modernen Republik, sodass die Frauen nach einiger Zeit seltener teilnahmen. Es kam auch vor, dass Mustafa Kemal noch mit einem Adjutanten auf die Jagd ging, nachdem die letzten Gäste gegangen waren. Einmal unterhielt er sich mitten in der Nacht draußen im Garten mit einem Wachsoldaten. Seine Frau *Latife* stürzte wutentbrannt auf den Balkon und maßregelte ihn mit lauter Stimme, warum er zu dieser Zeit noch mit jemand anderem etwas zu teilen habe als mit seiner Frau.

Mustafa Kemal stellte bei diesen abendlichen Treffen nicht selten revolutionäre Vorhaben und Ideen einer kleinen Gruppe von nahe stehenden Entscheidungsträgern vor, um anhand deren Reaktionen die Durchführbarkeit zu messen. Zu speziellen Themen wurden auch ausgewiesene Experten und Wissenschaftler eingeladen, die ihre Fachmeinung zu bestimmten Aspekten äußern sollten. Nicht selten ließ er auch kurzfristig während des Abends noch nach solchen Experten schicken, wenn deren Meinung eingeholt werden musste. Wenn derjenige nicht auffindbar war, wurde das Thema auf einen der nächsten Tage verschoben.[137]

So kam es, dass Themen, die ursprünglich in einer lockeren Runde besprochen worden waren, später in Gesetzesvorhaben gegossen wurden. Die Abendgespräche hatten somit einen bedeutenden Einfluss auf die Tagespolitik. *Falih Rıfkı (Atay)* berichtet, dass bei den Teilnehmern immer auf einen Ausgleich zwischen ideologischen Strömungen und persönlichen Präferenzen geachtet wurde. Mustafa Kemal beobachtete gerne ideologische Schlagabtausche und zog für sich daraus wichtige Schlüsse. In unmittelbarer Reichweite befand sich immer eine Schiefertafel, die er nicht selten benutzte, um ein politisches oder wissenschaftliches Problem darauf darzustellen.

Bei diesen Gelegenheiten wurde auch Alkohol getrunken. Jedoch achteten die Gäste darauf, zumindest nicht betrunken zu wirken oder anderweitig ausfällig zu werden, weil man sonst länger keine Einladung mehr erhielt. Mustafa Kemal selbst trank viel, aber es kam selten vor, dass man ihm den Alkohol angemerkt hätte. Über Mustafa Kemals Trinkverhalten an den Tafelrunden hatte sich *Latife Hanım* ihrer Mutter gegenüber beschwert und seine engsten Mitstreiter scharf kritisiert:

> *„(...) obwohl sie selbst wenig trinken, bringen sie meinen Mann zum ununterbrochenen Trinken. Wie viele Abende habe ich die Tafelrunde vom Fenster aus beobachtet. Kılıç Ali, Nuri Conker und auch Recep Zühtü haben den ganzen Abend bis morgens nur ein Glas getrunken. Mein Mann hat Flaschen geleert. Wenn er keinen Alkohol getrunken hatte, ist er morgens aufgestanden, so schnell wie ein Schwert, welches man dem Feind zückt. Wenn er Alkohol getrunken hatte, ist er zwar aufgestanden, aber schleppte seine Füße, als ob er Bleischuhe angezogen hätte. Es geht hier nicht um mich, aber wenn sie das Volk und den Staat im Sinn gehabt hätten, dann hätten sie Mustafa Kemal Pascha (...) nicht so viel zum Trinken animieren und nicht die Zeit so geringschätzig verprassen dürfen. Ich bin seine Frau und werde natürlich gegen diese Dinge ankämpfen. Aber leider bin ich unbewaffnet und alleine."*[138]

Jedoch verbot Mustafa Kemal den Alkoholausschank für alle, wenn jemand am Tisch Platz nahm, der als frommer Mensch bekannt war und den Alkoholgenuss anderer in seiner Anwesenheit als Geringschätzung seiner eigenen Person empfunden hätte. Hierdurch zeigte er nicht nur Verständnis und Toleranz für andere Lebensentwürfe, sondern auch Sinn für das Werteverständnis der damaligen Zeit. In den Jahren ab 1935, als er praktisch keine aktive Politik mehr betrieb, wurden diese Abendveranstaltungen mühsamer. Mustafa Kemal Atatürk tendierte dabei zu langen Monologen. In den letzten Monaten vor seiner schweren Krankheit brachte er Zusammenhänge durcheinander, und sein Erinnerungsvermögen ließ deutlich nach. Er litt zu jener Zeit unter Verfolgungswahn und fürchtete, dass man nach seinem Leben trachtete.

Mustafa Kemal – Ehemann und Liebhaber

Über Mustafa Kemals Liebesleben gibt es unzählige Anekdoten, auch wenn aus Gründen der Ehrfurcht und des gesellschaftlichen Anstandes bei seinen Adjutanten wenig über seine Romanzen und Liebschaften nachzulesen ist. Ausgenommen davon sind die beiden Frauen *Fikriye* und *Latife*, die offiziell an seiner Seite weilten. Im Allgemeinen wird er aber als Frauenheld und Draufgänger beschrieben, der auch während seiner Ehe kein Liebesabenteuer ausließ.[139]

Viel berichtet wird über die Brieffreundschaft, die er mit *Corinne Lütfü* geführt hatte. Madam *Corinne Lütfü* war die Frau seines Kameraden *Ömer Lütfü Bey*, den er seit der gemeinsamen Zeit auf der Militärakademie in İstanbul kannte. Sie war italienischer Herkunft und durch ihren Vater, der Arzt und Dolmetscher war, nach İstanbul gekommen. *Ömer Lütfü Bey* fiel auf dem Schlachtfeld. Mustafa Kemal führte eine freundschaftliche Beziehung zur Witwe *Corinne Lütfü* und teilte mit ihr auch politische Ideen.

In Sofia hatte er eine Beziehung zu einer Bulgarin namens *Dimitrina (Miti) Kovatcheva*. Sie war die Tochter des bulgarischen Generals und damaligen Verteidigungsministers Bulgariens, *Stilyan Kovatchev*. Weiter ist die Rede von einer Französin und zwei Ungarinnen sowie weiteren kleineren romantischen Verbindungen zu Töchtern bulgarischer Politiker während seiner Zeit in Sofia. Sein Biograf *Aydemir* glaubt, dass es im Leben Mustafa Kemals keinen Platz für eine große Liebe gegeben habe und er deswegen auch nie richtig lieben konnte.[140]

Aber nur zwei Frauen in seinem Leben, eine als Geliebte und die andere als Ehefrau, dürften einen nachweisbaren Einfluss auf Mustafa Kemal ausgeübt haben. *Fikriye Hanım* und *Latife Hanım* waren die beiden Frauen, die um seine Gunst konkurrierten, weil er sich schon in seine künftige Frau *Latife* verliebt hatte, als die Liaison mit *Fikriye* noch andauerte. Beide Frauen erfahren in der historischen Nachbetrachtung eine wichtige Funktion als Vorreiterinnen für Frauenrechte und den Feminismus in jenen Jahren. Sie trugen beide zum Aufbau eines kemalistischen Frauenmodells bei, und auch an der zunehmenden Teilnahme der Frau am öffentlichen Leben konnte der Erfolg der revolutionären Durchdringung gemessen werden.

Privates trat aufgrund Mustafa Kemals Sendungsbewusstseins aber oft in den Hintergrund, was beide Beziehungen scheitern ließ. Er heiratete *Latife*, obwohl *Fikriye* ihn wahrscheinlich mehr liebte. So berichtete die Schwester *Makbule*, dass eine Frau ihn nur aufgrund seines Ansehens geliebt hatte; damit meinte sie *Latife*.[141]

Fikriye, die Braut ohne Brautschleier

Fikriye war die Tochter eines Bruders seines Stiefvaters *Ragıp Bey*. Sie lebte schon in Saloniki und später auch in der İstanbuler Wohnung im Stadtteil *Akaretler-Beşiktaş* über längere Phasen mit seiner Familie zusammen. Während sich die Mutter mit *Fikriye* sehr gut verstand und sie wie eine eigene Tochter behandelte, war ihr Verhältnis zur Schwester *Makbule* eher belastet. Sie verhielten sich wie Katze und Hund.[142] Nach einem Streit zwischen beiden hatte *Fikriye* für eine längere Zeit das Haus verlassen. *Fikriye* hat nach langem Zögern einen reichen Ägypter geheiratet, den sie nach einer Weile aber dann wieder verließ. Wieder ging sie im Hause Mustafa Kemals ein und aus und fühlte sich wie die Hausherrin.

Fikriye war eine schöne und attraktive Frau. Vereinzelt wurde behauptet, dass sie und Mustafa Kemal sich heimlich von einem Imam *(Imam Nikahı)* hatten vermählen lassen. Sie führten aber in letzter Konsequenz eine wilde Ehe, und darüber war in erster Linie die Mutter nicht erfreut. *„Fikriye, die Braut ohne Brautschleier"* ist der Titel eines Buches von Halil İbrahim Özcan aus dem Jahr 2007.[143] Trotz Bedenken kam sie auf Mustafa Kemals ausdrücklichen Wunsch mit der Mutter und Schwester im November 1920 von İstanbul nach Ankara. Als *Fikriye* den Heiratswunsch äußerte, erklärte ihr Mustafa Kemal, dass er schon mit dem türkischen Volk verheiratet sei. Nach der Eroberung İzmirs wurde in den Zeitungen über eine andere junge Frau berichtet. Sie war die Tochter einer gutsituierten Handelsfamilie, in dessen Villa Mustafa Kemal seinen Befehlsstand errichtet hatte. *Fikriye* spürte, dass ihr der geliebte Mustafa Kemal langsam entglitt. Als sie an Tuberkulose erkrankte, wollte Mustafa Kemal sie nach München in die Kur schicken. Sie weigerte sich mit den Worten:

> „*Mein Pascha, schicken Sie mich nicht weg. (...) Ich weiß um meine Krankheit und dass sie mich umbringen wird (...) Aber an Ihrer Seite werde ich zumindest glücklich sterben. (...) Im Übrigen kann ich schon lange nicht mehr ohne Sie leben. Ich möchte eine der Hände sein, die Sie wie eine Flagge in die Luft heben.*“[144]

Zum Schluss fuhr sie dann trotzdem nach München, wo sie sich erholen konnte und wöchentlich ein bis zwei Briefe an Mustafa Kemal schrieb. Er hatte aber die Angewohnheit, auch persönliche Angelegenheiten durch seine Adjutanten erledigen zu lassen; er diktierte ihnen Briefe und ließ sich auch persönliche Briefe vorlesen. Seine Adjutanten mussten ihm bei *Fikriye* jedoch versprechen, ihre Briefe auf keinen Fall zu beantworten, und einige Umschläge wurden auch gar nicht geöffnet.[145]

Nachdem *Fikriye* von der Hochzeit mit *Latife Hanım* erfuhr, unterbrach sie ihren Kuraufenthalt und tauchte trotz der strikten Weisung Mustafa Kemals im Mai 1924 in Ankara auf. Die Nachricht ihres Eintreffens erreichte ihn im Beisein seiner Frau *Latife*. Scheinbar ohne Gemütsregung nahm er die Nachricht entgegen, während *Latife* aufsprang, um nicht die Frau warten zu lassen, die so viel für Mustafa Kemal getan hatte, so ihre Worte.[146] Im Empfangszimmer trafen die drei aufeinander, und es herrschte trotz üblicher Freundlichkeiten eine eisige Atmosphäre. *Fikriye* blieb zum Abendessen und über Nacht. Als sie am zweiten Tag immer noch nicht abzureisen gedachte, machte sich bei *Latife* Unbehagen breit. Da war eine Frau, „*die ihren Pascha zurückhaben wollte in einer Zeit, die Polygamie noch erlaubte*“.[147]

Im İstanbuler Stadtteil *Erenköy* wurde ein Appartement hergerichtet, und *Fikriye* brach nach einem weiteren Tag nach İstanbul auf. Wenige Wochen später reiste sie mit dem Nachtzug wieder nach Ankara. Der Wachhabende in *Çankaya* bat sie in ein Wartezimmer. Sie lehnte jedoch schroff ab und sprach: *„Ich werde nirgends hingehen, ich bin die Frau dieses Hauses."*[148] Als die Wachen dann noch erkannten, dass sie eine Pistole mitführte, war klar, *Fikriye* stellte eine große Gefahr dar. Sie teilten ihr mit, dass heute ein Treffen mit Mustafa Kemal nicht möglich sei und wimmelten sie ab. Auf der Rückfahrt zum Bahnhof hatte sie sich in der Kutsche mit dieser Pistole selbst das Leben nehmen wollen und sich angeschossen. Ob sie plante, Mustafa Kemal und *Latife* zu erschießen, ist nicht sicher. Da die Kugel vom Rücken her in ihren Körper eingedrungen war, hielten sich auch Gerüchte, wonach *Fikriye* Opfer eines Anschlags geworden sein soll. Sie wurde schwer verletzt ins Krankenhaus eingeliefert und der Gesundheitsminister *Dr. Refik Saydam* kümmerte sich persönlich um sie. Die Kugel hatte einen Lungenflügel schwer verletzt, doch trotz ihres ernsten Zustandes glaubten die Ärzte, sie retten zu können. Nach einer Woche bekam sie hohes Fieber und eine schwere Lungenentzündung; nach zwei weiteren Tagen verstarb *Fikriye* am 31. Mai 1924 in Ankara. Es existieren unterschiedliche Angaben über ihre letzte Ruhestätte. Spekulationen werden geführt über diverse Orte wie den *Kuğulu Park* mitten in der heutigen Stadt, einen alten Friedhof im Stadtteil *Ulus* oder ein Atatürk-Denkmal beim Ethnografischen Museum.

Als einige Tage darauf Mustafa Kemal *Latife* fälschlicherweise als *Fikriye* ansprach, kam es zu einem Streit zwischen den Eheleuten. *Latife* machte Mustafa Kemal für den Tod *Fikriyes* verantwortlich und machte ihm eine Szene:

> *„Es gibt nicht den einen Grund, sondern viele. Ich überlege gerade, wo ich beginnen soll. Ich habe Sie als jemanden mit sehr fortschrittlichen Ideen schätzen gelernt. Ich habe Sie liebend und sehr freudig geheiratet. Sie waren mir gegenüber sehr mildtätig. Sie haben sich mir gegenüber wie ein westlicher Mann verhalten, der seine Frau an seiner Seite führt und mit ihr teilt. Dann haben Sie aber begonnen, ihre Gedanken vor mir zu verheimlichen und mich von ihren Aktivitäten fernzuhalten. Sie haben angefangen, mit einigen Freunden aus ihrem Umkreis bis in die Morgen-*

stunden zu trinken und sich zu unterhalten. Ich bin wie eine Sklavin im Harem alleine eingeschlossen gewesen. Zuerst wie ein Adjutant behandelt zu werden und dann wie eine Sklavin, natürlich hat dies meinen Stolz als Frau gekränkt. Sie haben nicht das Recht, mich so verächtlich zu behandeln. Und trotzdem habe ich Geduld bewiesen. Das Ereignis um Fikriye wurde zum Tropfen, der das Fass zum Überlaufen brachte. Sie haben sowohl mich geheiratet als auch eine andere Frau geliebt.“[149]

Mustafa Kemal antwortete darauf:

„Als ich dich heiratete, gab es Fikriye noch. Mit der Heirat habe ich doch Stellung bezogen. Diese Frau ist heute gestorben. Ihr Tod hat mich wirklich traurig gemacht. Wenn ich mich in dieser Trauer versprochen und anstelle von Latife Fikriye gerufen habe, muss man dies tolerieren. Ich verstehe deine Gefühle, jedoch hat es keinen Sinn, aufgrund eines falschen Wortes unser Haus für drei Tage in eine Hölle zu verwandeln.“[150]

Latife Hanım (Uşakizade)

Hatte Mustafa Kemal eine Heirat mit *Fikriye* noch ausgeschlossen, so änderte er seine Meinung, als er im September 1922 in das zurückeroberte İzmir kam. Vor der Besetzung der Stadt durch griechische Truppen 1919 brachten viele Familien ihr Hab und Gut in Sicherheit oder exilierten ins Ausland. So auch der reiche Kaufmann *Uşakizade Muammer Bey*, einer der einflussreichsten Männer in der Stadt, der mit seiner Familie nach Marseille ausreiste. Seine Mutter war nicht zu einer Reise zu bewegen und blieb mit einigem Personal zurück. Als sie nach drei Jahren erkrankte und der Vater nach İzmir zurückkehren wollte, überzeugte ihn seine mittlerweile 23-jährige Tochter *Latife* davon, sie könne doch alleine als Vorhut nach İzmir reisen, um nach der Großmutter zu schauen.

Als *Latife* am 17. Juni 1922 in İzmir ankam, hatten sich die Zeiten geändert. Ein gewisser Mustafa Kemal führte eine anatolische Unabhängigkeitsbewegung an, die der griechischen Armee schwere Niederlagen in Anatolien zufügte. Als Vorboten der herannahenden Befreiungsarmee kamen im Sommer 1922 täglich mehrere hundert Christen in die Stadt, die vor den Nationalisten flohen und über den Hafen von İzmir nach Griechenland ausreisen wollten.

Latife Hanım – ihr Name hat auch die Bedeutungen Anekdote und Scherz – hatte mittlerweile den Familienbesitz, die weiße Villa *(Beyaz Köşk)*, bezogen und notwendige Reparaturarbeiten ausführen lassen. Sie hatte die Erzählungen über Mustafa Kemal und seine Heldentaten gehört und war gespannt auf den Retter von İzmir. Als die Sieger in die Stadt zogen,

> *„hatten wir die Helden alle ohne Kopfbedeckung empfangen. Die Mädchen, mit denen ich zusammen war, waren zwar verängstigt, sie könnten deswegen zurechtgewiesen werden. Aber genau das Gegenteil war der Fall: Mustafa Kemal Pascha und seine Offiziere waren sehr erfreut, uns zu sehen."*[151]

Die junge Frau bot in den folgenden Tagen den Familienbesitz als Hauptquartier für Mustafa Kemal und später ein weiteres Gebäude als Sanatorium für die schwer erkrankte Mutter an, die zur Gesundung nach İzmir reisen sollte. Nach einigen Tagen im Hotel nahm er das Angebot an; die weiße Villa lag im Villenvorort *Göztepe*, außerhalb der brennenden Stadt. Von Anbeginn imponierte ihm das selbstbewusste, forsche Auftreten der jungen Frau. Sie verkörperte ein modernes Frauenbild, ausgebildet im Ausland, mehrsprachig und kulturell gebildet. Sie trat in der Domäne der Männerwelt auf und widersprach auch in Anwesenheit anderer Männer, ein mutiges und unerhörtes Benehmen. Mustafa Kemal sollte dies nach der Heirat selbst erfahren, als sie ihn im Beisein anderer als Kemal rief und maßregelte.

Sie war jedoch nicht nur Hausherrin für Mustafa Kemal und seine Entourage, sondern bot ihm sehr gute Dienste als Übersetzerin und Sekretärin an. Sie übersetzte ihm täglich die wichtigsten Artikel aus der ausländischen, vorwiegend französischsprachigen Presse, und er diktierte ihr Briefe und andere Schriftstücke. Ferner trat sie auch schon in jener Zeit als Ratgeberin auf. Sie hatte sich mit ihren politischen Vorstellungen nicht zurückgehalten, insbesondere bezüglich der künftigen Rolle der Frau in der türkischen Gesellschaft. Obwohl beide ähnliche Ideen verfolgten, gingen *Latifes* Ansichten bei der Rollenverteilung zwischen Mann und Frau viel weiter; für viele türkische Aktivistinnen ist sie die Gründerin des türkischen Feminismus. Zeitgenossen wollten in der jungen Frau aus İzmir gar das weibliche Pendant zu Mustafa Kemal erkennen.

Tod der Mutter und Heirat

Mustafa Kemals Mutter *Zübeyde* bekundete in Ankara trotz ihrer Herzkrankheit starkes Interesse, die Frau kennenlernen zu wollen, an der ihr Sohn Gerüchten zufolge Gefallen gefunden hatte. Die Ärzte sprachen die Empfehlung aus, dass sie sich in einem Küsten- und Meeresklima besser fühlen würde; einzig die Reisefähigkeit der Mutter machte ihnen Sorgen. *Salih Bozok* hatte die Aufgabe, in İzmir eine Bleibe zu finden, die sich als Sanatorium eignete. Und man befand durch kräftiges Werben der jungen *Latife* in eigener Sache ein Gebäude der Familie *Uşakizade* für ideal. Mustafa Kemal hatte İzmir in der Zwischenzeit für eine längere Anatolienreise verlassen; er erhielt von *Salih Bozok* aber verschlüsselte Telegramme mit Informationen über *Latife Hanım*. Eine Heirat betrachteten enge Vertraute wie *İsmet Pascha* und *Salih Bozok* als wünschenswert.

> „*Wir glaubten, wenn Mustafa Kemal Pascha heiratet, würde er nicht mehr so wie früher jeden Abend trinken und ein besseres, gesünderes Leben führen. Nur Fethi Bey (Okyar) vertrat die Ansicht, eine Heirat mit Latife Hanım werde nicht von Erfolg gekrönt sein. Als Grund gab er an, dass Latife Hanım keine Frau sei, die die Fähigkeit habe, Mustafa Kemal Pascha zu lenken. Leider sollte Fethi Bey am Ende recht behalten.*“[152]

Mutter *Zübeyde* war mittlerweile gegen den Rat der Ärzte mit einem Sonderzug nach İzmir aufgebrochen, und Mustafa Kemal gab folgende Instruktionen:

„Sollte meine Mutter auf der Reise sterben, so bringt sie nach Ankara, wenn ihr in der Nähe seid. Solltet ihr schon näher an İzmir sein, so beerdigt sie an einer Stelle, die ich jederzeit besuchen kann.“[153]

Zübeyde Hanım überstand die Reise gut, und *Latife* kümmerte sich um die Schwiegermutter in spe. Sie soll nach den meisten Überlieferungen sehr vom Wesen der jungen Frau angetan gewesen sein. *Salih Bozok* berichtet jedoch, dass sie eindeutig gegen *Latife* votierte, weil die junge Frau nicht ihren Mustafa, sondern den Mustafa Kemal Pascha und den Gazi Pascha liebte. *„(...) Die liebt nicht meinen Mustafa (...) Bring mich schnell nach Ankara, mein Sohn. Lass' uns Mustafa sagen, dass daraus nichts wird.“*[154]

Bevor sie aber ihrem Sohn diesen mütterlichen Rat selbst hätte überbringen können, verstarb sie am 15. Januar 1923 66-jährig in İzmir. Mustafa Kemal hielt an seinem offiziellen Programm in *İzmit* und *Bursa* fest und sollte erst am 27. Januar 1923 in İzmir eintreffen. Die Mutter war zu jenem Zeitpunkt schon seit 11 Tagen beigesetzt. Nach der Ankunft teilte er *Salih Bozok* seine Entscheidung mit, *Latife Hanım* heiraten zu wollen. Jener verschwieg den mütterlichen Rat und sollte sich in den kommenden Jahren deswegen öfter Vorwürfe machen.

Danach fuhr Mustafa Kemal zum Grab seiner Mutter, wo er eine Ansprache hielt.

„Meine Jahre sind mit dem Kampf und ihre mit Sorge und Trauer vergangen. (...) Meine Mutter hatte die letzten dreieinhalb Jahre in İstanbul Tag und Nacht Tränen vergossen. Und dieses ständige Weinen hat ihr das Augenlicht genommen. (...) Zweifellos bin ich traurig, meine Mutter verloren zu haben. Jedoch finde ich großen Trost. Die Regierung, die unsere größte aller Mütter, unser Vaterland an den Rand des Abgrunds und des Nichts gebracht hatte, ist selbst im Nichts begraben worden. Somit kann meine Mutter bis in alle Ewigkeit in diesem Boden ruhen, und die Fahne der nationalen Unabhängigkeit wird über dieser Erde bis in alle Ewigkeit wehen (...).“[155]

Makbule bezeichnete ihren Bruder als emotionalen Menschen, der nach dem Tod der Mutter geweint hatte. Auch wenn dies nach ihrer Aussage das letzte Mal gewesen sein soll, so verweist dies auf die sehr tiefe Zuneigung, die er seiner Mutter entgegengebracht hatte. Zwar hatte er sie viele Jahre nicht gesehen, doch aus der Zeit in Ankara wird berichtet, dass Mustafa Kemal jeden Morgen nach dem Ankleiden seiner Mutter eine Nachricht sandte und um eine kurze Unterredung bat.

Dabei hatte er der Tradition gemäß die Hand seiner Mutter geküsst und an seine Stirn geführt und sich nach ihrem Befinden erkundigt. Wenn er nicht abkömmlich war oder außerhalb Ankaras weilte, sandte er mit dem jungen Offizier *Esat Nedim Bey* einen Stellvertreter zu seiner Mutter, der ihre Hände küsste und seine besten Grüße ausrichtete.

Noch auf dem Friedhof wandte er sich dem Vater *Latifes* zu, der mittlerweile mit der Familie eingetroffen war, und hielt um die Hand der Tochter an. Das war eine Überraschung, berichtet die Schwester *Latifes* Jahrzehnte später, denn *„Atatürk war jemand, der nicht ans Heiraten dachte. Jedoch war für unsere Familie keine andere Form des Zusammenlebens denkbar.“*[156] *Latife* hatte sich Bedenkzeit erbeten, wie es sich für ein gutes Fräulein gehörte und der üblichen Koketterie entsprach. Andere Quellen wissen zu berichten, dass er schon viel früher um ihre Hand angehalten und er sich innerhalb von zwei Wochen drei Körbe eingefangen hatte. Er hatte darauf *Latife* in ein Nebenzimmer geschickt, wo sie ein Bild von ihm bringen sollte. Als er sie aufforderte, es umzudrehen, las sie auf der Rückseite einen von im verfassten Dreizeiler: *„Schau auf dieses Bild, und wenn du immer noch Nein sagst, dann werde ich nicht noch einmal einen Antrag machen.“*[157] Diesen Antrag konnte und wollte sie nicht ausschlagen. Am 29. Januar 1923 lud Mustafa Kemal in İzmir befreundete Kommandanten, Bekannte und Verwandte der Familie und einige Notabeln aus İzmir zu einem Nachmittagstee in die Villa der Familie *Uşakizade*. Die Hauptakteure und die Familien vereinbarten ein Stillschweigen, und selbst der Zentralkadi *Ömer Fevzi ibni Hüseyin* wurde erst nach seiner Ankunft über den wahren Grund der Zusammenkunft in Kenntnis gesetzt. Die Gesellschaft staunte nicht schlecht, und einen bleibenden Eindruck hinterließ auch der Ablauf des Zeremoniells. Der Kadi wollte zwar eine traditionelle religiöse Trauung vornehmen, doch unterschrieb *Latife* als Gattin den Ehevertrag mit. Bei einer herkömmlichen Zeremonie wurde die Braut hinter einer geschlossenen Türe um Einverständnis gebeten, und Vater oder Vormund leisteten an ihrer Stelle die Unterschrift. *Latife* wurde als Braut inmitten einer gemischten Gruppe von Männern und Frauen direkt angesprochen. Außerdem wurden wichtige Hochzeiten an Donnerstagen vor dem islamischen Freitagsgebet abgehalten. Der 29. Januar 1923 war jedoch ein Montag.

Auf der Suche nach den Gründen für diese überstürzte Heirat mag Zuneigung eine Rolle gespielt haben, aber die politische Botschaft stand klar im Vordergrund. Bei einer Abendrunde hatte er noch vor der Hochzeit mit *Latife* festgestellt:

> *„Wir haben in unserem Land viel zu tun. Unsere Bevölkerung arbeitet heutzutage nur mit halber Kraft, weil wir die Frau aus der Produktion herausgenommen haben. Wir haben die Frau zu einem Wesen gemacht, das gebärt, Hausarbeiten verrichtet und kocht. (...) Die Frau muss die gleichen Rechte wie der Mann bekommen und genauso wie der Mann in der Produktion stehen. Wer muss bei diesen Aspekten Vorreiter sein? WIR, und wie werden wir Vorreiter? Indem wir die Dinge, die wir von den Frauen anderer Männer erwarten, erst einmal bei unseren eigenen Frauen anwenden. Sollen die Frauen ihre Kopftücher ablegen, so müssen erst einmal unsere Frauen die Kopftücher ablegen, um dann zu Recht diese zivile Tat von den Staatsbürgern einzufordern. (...) Ich bin aber unter uns der einzige Junggeselle. Und da ich an der Spitze stehe, muss das Beispiel von mir erfolgen. Deswegen werde ich heiraten.“*[158]

So hatte er in *Latife* eine Frau gefunden, die gebildet war, scheinbar charakterlich zu ihm passte und eine kongeniale Partnerin war. Nebenbei führte die Heirat mit einer Tochter eines reichen und einflussreichen Unternehmers zu einer Allianz zwischen der aufsteigenden kemalistischen Elite und der Bourgeoisie. Mustafa Kemal hat diese Ehe von Anbeginn für den geplanten Modernisierungsprozess und die Medien benutzt. Die *New York Times* schrieb:

„Mustafa Kemal heiratet; die Braut ist die Tochter eines reichen Händlers aus İzmir! Es wird mitgeteilt, dass der nationale Anführer der Türkei heute die Tochter des reichen Handelsmanns Muammer Uşaki Bey aus İzmir ehelicht. Es wird weiter berichtet, dass Mustafa Kemal eine Aussteuer im Wert von 1 Mio. Türkische Lira aufgebracht habe. Frau Kemal, die in London und Paris ihre Ausbildung genossen hatte, ist bekannt als entschiedene Verteidigerin der Rechte von Frauen und trägt nicht den traditionellen türkischen Gesichtsschleier.“[159]

Jedoch nutzte auch *Latife* ihre Position und forderte exponiert die Einführung von Frauenrechten. Auch wenn das Paar anfangs glücklich schien, stand unter Berücksichtigung dieser Aspekte die Ehe unter keinen guten Vorzeichen. Dazu gesellte sich noch, dass *Latife* das luxuriöse Leben in der Villa und der mediterranen Hafenstadt İzmir gegen das provinzielle Ankara eintauschen musste. Hier teilte sie das Schicksal vieler Frauen, die ihren Männern nach Ankara folgten. Und zuletzt der Altersunterschied: *Latife* war 24 Jahre jung und Mustafa Kemal 41 Jahre alt.

Die erste First Lady in Ankara

Nach einer kurzen Hochzeitsreise, die unterbrochen wurde von etlichen offiziellen Terminen und öffentlichen Auftritten, kam das Paar in Ankara an. *Latife* muss beim Anblick dieser provinziellen Kleinstadt schockiert gewesen sein. Nach einer Begrüßungszeremonie am Bahnhof fuhr das Paar auf die Anhöhe nach *Çankaya*, wo Mustafa Kemal seit 1920 in einem zweistöckigen Landhaus, umgeben von Weinreben, wohnte. *Latife* erlebte gleich nach der Ankunft in Ankara, was ihr in den kommenden Jahren als First Lady bevorstehen würde. Ihr Mann war so sehr mit der Modernisierung und Umgestaltung des Landes beschäftigt, dass er sie schon am ersten Abend in Ankara bis um Mitternacht alleine ließ.

Das Haus in *Çankaya* ähnelte aufgrund der Adjutanten und Leibwächter eher einem militärischen Hauptquartier denn einer Privatwohnung. In den ersten Wochen hat *Latife Hanım* das Haus völlig umgekrempelt; sie ließ Räume frisch streichen oder tapezieren und neue Möbel kaufen. Adjutanten und Sekretäre hatten bisher zu jedem Zimmer des Hauses Zugang, wenn Mustafa Kemal nach ihnen rief. Nun wohnte im zweiten Stock aber eine Frau, die für neue Regeln sorgte.

Am 1. März 1923 besuchte sie als erste türkische Frau das Parlament und wohnte einer Sitzung bei. Sie nahm dabei in der Besucherloge Platz, in der sich auch europäische Diplomaten, wie der französische Botschafter *Mengin* und der russische Botschafter *Aralov*, aufhielten. Einige Abgeordnete bedankten sich bei ihr für die Ehre, die ihnen durch ihren Besuch in der Großen Nationalversammlung zuteil wurde. Für andere, wie den Abgeordneten *Hamdullah Suphi*, war sie das Symbol der Revolution. *„Ihre Person war heute im Namen der türkischen Frau für eine Revolution verantwortlich. Sie haben uns heute aus Ihrer Loge wie eine Fahne der Revolution in Begeisterung versetzt."*[160] *Latife Hanım* nahm die politische Rolle neben ihrem Mann durchaus dankbar an. Sie begleitete ihren Mann anfangs bei fast allen Terminen, und auch auf Inlandsreisen war sie stets an seiner Seite. Bei Reisen durch das konservative Anatolien fungierte *Latife* als ein Beispiel für das neue Frauenbild. Sie ist auf vielen Fotos als einzige Frau mit ihrem Mann inmitten der lokalen Männergesellschaften zu sehen. Sie trug zwar noch ein Kopftuch, aber das lange Haar ließ sie schon einmal auf die Schultern fallen. Und sie trug wie ihr Mann oft einen Reitrock mit Reitstiefeln und Sporen. Dieses Auftreten wurde nicht immer kritiklos hingenommen. So wies der Mufti von *Adana* vor dem Besuch des Paares darauf hin, dass die gemeinsame Reise Mustafa Kemals mit seiner Frau nicht gegen die Regeln der Scharia verstoße, aber ihre Kleidung schon.

In den ersten Jahren gab es nur selten gesellschaftliche Anlässe in Ankara, auf denen sich das Ehepaar hatte präsentieren können. Meist hielt man sich im Kreis der engen Vertrauten während der Tafelrunden in *Çankaya* auf. Diese veränderten sich durch *Latifes* Anwesenheit erheblich, weil nun auch andere ihre Gattinnen mitbrachten. Einige Male kam es vor, dass *Latife* ihren Mann als Kemal ansprach und stellenweise auch in einem erregten Ton.[161] Die Etikette schrieb selbst für die Gattin Anreden wie *„Mein Herr (Beyim)"* oder *„Mein Pascha (Paşam)"* in der Öffentlichkeit vor. Mustafa Kemal ließ anfänglich noch Nachsicht walten und überspielte diese verbalen Verfehlungen; bei anderen regte sich Unmut. Ein anderes Vorkommnis führte dann aber zu einer ernsthaften Auseinandersetzung des Paares und zu einer Zerreißprobe. *Latife Hanım* hatte großes Interesse an der Politik entwickelt und bedrängte ihren Mann darum massiv, er möge doch das passive und aktive Wahlrecht für die Frauen einführen. Nachdem der Friedensvertrag von Lausanne am 24. Juli 1923 unterzeichnet war, wurden Neuwahlen anberaumt, woraufhin *Latife Hanım* Ansprüche auf ein Abgeordnetenmandat anmeldete. Prinzipiell sollten Frauen in der Politik Einzug halten, jedoch sprach sich Mustafa Kemal entschieden gegen die Kandidatur seiner Frau zu jenem Zeitpunkt aus. Mit der Begründung, dass er zu Hause Ruhe haben wolle, reagierte er auf das Ansinnen seiner Frau.[162]

Ein „normaler" Tag in *Çankaya* begann damit, dass die Gemahlin sehr früh am Morgen aufstand, um die Meldungen ausländischer Agenturen und die ausländische Presse durchzusehen, die mit einigen Tagen Verspätung in Ankara eintraf. Beim Frühstück gab sie ihrem Mann einen umfassenden Presseüberblick. *Latife* war eine wichtige Verbindung zur Außenwelt, und Mustafa Kemal war durch sie sehr gut über die politischen Entwicklungen in der Welt informiert. Die Angewohnheit zu frühstücken verdankt Mustafa Kemal ebenfalls seiner Frau, die diesen festen Morgentermin einführte. Bis dato bestand sein Frühstück nach dem Ankleiden aus einem türkischen Mokka und einer Zigarette.

Trennung

Mustafa Kemal begab sich gemeinsam mit *Latife Hanım* am 30. August 1924 auf eine sechswöchige Inlandsreise. In der Stadt *Tokat* kam es bei einem Abendessen auf Einladung eines Abgeordneten der Stadt zum Eklat. *Latife* war seit dem ersten Herzinfarkt Mustafa Kemals vom Vorjahr sehr besorgt um seine Gesundheit. Sie hatte ihn zu mehreren Diäten bewegen und seinen Zigarettenkonsum anfangs erfolgreich reduzieren können. Noch früh an jenem Abend forderte sie ihren Mann deshalb zum Aufstehen auf. Sie äußerte diesen Wunsch immer forscher, doch der überhörte ihr Drängen. Dies versetzte sie noch mehr in Rage, sodass sie aufstand und entgegen allen bekannten Etiketten wutentbrannt den Abendtisch verließ und sich in den zweiten Stock des Gebäudes begab. Dort trampelte sie mit ihren Schuhen solange auf den Holzboden, bis Mustafa Kemal nach *Salih Bozok* rief und ihn aufforderte, oben nachzuschauen, welcher Hausbedienstete denn diesen Lärm verursachte. Dabei soll allen Anwesenden klar gewesen sein, dass die Verursacherin *Latife* gewesen war.[163] Nach dem vorzeitig beendeten Abendempfang kam es zu einem sehr lauten Streit. *Latife* schrie zwischenzeitlich ihren Mann an:

> *„Ich bin nicht Deine Frau. Wäre ich Dein Gehstock, würdest Du mir mehr Interesse entgegenbringen. (...) Willst Du mich mit Tuberkulose anstecken und töten?? (...)“*[164]

Mustafa Kemal zog an diesem Abend das Fazit, dass ein Fehler in seinem Leben die Heirat war.[165] Die Reise führte sie weiter bis nach *Erzincan* und *Erzurum*, wo ein schweres Erdbeben gewütet hatte; die eheliche Auseinandersetzung wurde fortgeführt. Nach einem Abendessen mit dem Gouverneur und den örtlichen Notabeln kam es zu einer weiteren, entscheidenden Auseinandersetzung. Sie machte ihm eine Eifersuchtsszene, weil er beim Abendessen offensichtlich mit der Ehefrau des Divisionskommandeurs geflirtet hatte. Die sehr lautstark geführte Auseinandersetzung endete mit der Drohung Mustafa Kemals, seine Frau möge endlich schweigen, weil er sonst langsam seine Geduld verliere. Darauf antwortete sie: *„Ich schweige nicht (...) Willst Du mich töten? (...) Bitte töte mich, ich schweige nicht.“*[166] Daraufhin hörte man Mustafa Kemal eine Türe zuschlagen, und *Latife* weinte sehr lange.

Am nächsten Tag schickte er seine Frau alleine nach Ankara zurück und gab ihrem Begleiter einen an *İsmet Pascha* gerichteten Brief. Darin hatte er die Trennung von seiner Frau angeordnet. Auf der Rückfahrt wurden *Latife* die Konsequenzen dieser Entscheidung bewusst, und sie bereute das Geschehene. In einem letzten Versuch schrieb sie einen Brief an ihren Mann, in dem sie sich entschuldigte und versprach, künftig keine solchen Szenen mehr zu machen. In *Kayseri* auf halber Strecke wurde Mustafa Kemal telegrafisch über die Reumütigkeit seiner Frau in Kenntnis gesetzt und befahl, dass sie auf ihn warten sollte. Das Schreiben an *İsmet Pascha* sollte zwar vernichtet werden, doch gab er *Salih Bozok* auch den Auftrag, den zerrissenen Brief aufzubewahren. Somit ist er der Nachwelt erhalten, und man kann darin lesen:

> *„Mein lieber İsmet, Lâtife kommt vor mir nach Ankara. Wir haben es nicht als passend betrachtet, gemeinsam die Reise fortzusetzen, weil wir nach den zwei Jahren herausgefunden haben, dass es keine Möglichkeit für ein gemeinsames Leben gibt. (...) Meine Entscheidung ist unumgänglich. Ich möchte nicht, dass ihre Ehre oder Würde und die ihrer Familie darunter Schaden leiden. Ich werde ihr und ihrer Familie gegenüber meine Freundschaft erhalten. Über die Art und Weise der Trennung werden wir in Ankara entscheiden. (...)“*[167]

Obwohl die Trennung nochmals abgewendet werden konnte, lief die Ehe immer schlechter. Vielleicht wäre vieles anders gekommen, wenn aus ihrer Ehe gemeinsame Kinder entsprungen wären; die Politiker *Rıza Nur* und *Hüsrev Gerede* berichten jedoch unabhängig in ihren Memoiren darüber, dass Mustafa Kemal aufgrund einer Jugendkrankheit keine Kinder zeugen konnte.[168] Das gleiche erwähnt auch *Falih Rıfkı (Atay)* eher beiläufig, weil man ein solches Thema aus Gründen der Ehrfurcht nicht in die Öffentlichkeit trug. Am 5. August 1925, nach knapp zweieinhalb Jahren Ehe, wurde die Scheidung von Mustafa Kemal und *Latife Hanım* offiziell verkündet. Beide sollen sich versprochen haben, weder über die Gründe der Trennung noch über ihr Eheleben Einzelheiten preiszugeben. *Latife* traf zeitlebens keine Aussagen, obwohl sie unzählige Anfragen und Angebote türkischer Medien hatte. *Falih Rıfkı (Atay)* lobte dieses Verhalten als tugendhafte, vorbildliche Loyalität zu Mustafa Kemal Atatürk und seinem Lebenswerk. Die Journalistin *İpek Çalışlar* berichtet, dass auch Familienangehörige und deren Nachkommen durch das Testament ihrer Tante *Latife* zum Stillschweigen angehalten worden seien.[169] *Latife* nahm mit der Gesetzgebung zum Nachnamen den Namen *Uşşaki* an. Sie lebte bis zu ihrem Tod am 12. Juli 1975 abwechselnd in İstanbul und İzmir und wurde in der Familiengruft in İstanbul beigesetzt.

Adoptiv- und Ziehkinder

Mustafa Kemal sollte nie wieder heiraten, und obwohl er keine eigenen Kinder haben konnte, hielten sich Gerüchte über einen leiblichen Sohn lange. Der Junge *Abdurrahim Tuncak*, den er schon 1916 in *Diyarbakır* adoptierte und danach zur Mutter nach İstanbul schickte, wurde von einigen als sein leiblicher Sohn angesehen.

Wie viele einflussreiche und wohlhabende Menschen damals erfüllte er sich diesen Wunsch anderweitig, indem er einige Waisenkinder adoptierte oder stellvertretend die Kosten für die Ausbildung anderer Kinder trug, wenn die leiblichen Eltern nicht die finanziellen Möglichkeiten dafür besaßen. Insgesamt neun Kinder, andere Quellen sprechen gar von zwölf, hatte er in seine Obhut genommen. Einige der adoptierten Waisenkinder wuchsen im Haushalt des Staatspräsidenten auf. Die bekanntesten der Kinder sind die drei Mädchen *Afet (İnan)*, *Sabiha (Gökçen)* und *Ülkü (Adatepe)*. Daneben adoptierte er die Mädchen *Nebile, Rukiye (Erkin)*, *Zehra (Aylin)* und die Jungen *Mustafa, Abdurrahim* und *İhsan.*

Von diesen Adoptiv- und Ziehkindern lebte bis ins Jahr 2012 am längsten *Ülkü Adatepe*. Auf mehreren Fotos ist sie mit Mustafa Kemal Atatürk abgelichtet, mal auf einer kleinen Inlandsreise, mal auf der Schaukel.

Ülkü Adatepe ist die Tochter von *Vasfiye Hanım*, die von Atatürks Mutter *Zübeyde* in Saloniki als Ziehkind in den Haushalt mit aufgenommen wurde. *Vasfiye* begleitete die Familie nach İstanbul und nach Ankara und lebte nach dem Tod der Mutter Atatürks unter Obhut der Schwester *Makbule* weiter in Ankara. Als *Vasfiye* einige Jahre später den Ankaraer Bahnhofsvorsteher *Mehmet Tahsin Bey* heiratete und sich alsbald Nachwuchs ankündigte, bestimmte Atatürk, dass das Kind, gleichgültig ob Junge oder Mädchen, den Namen *Ülkü* (Idee, Ideal) tragen sollte. Mit neun Monaten nahm er das Mädchen in seine Obhut. Als er starb, war *Ülkü* gerade fünf Jahre alt, weshalb sie sich meist nur sehr vage an ihren „geistigen" Vater erinnern konnte.

Ülkü Adatepe trat in den Jahren vor ihrem Tod oft in den Fokus der türkischen Medien und Öffentlichkeit, weil sie als einzige „Verwandte" eine gewisse Exklusivität bei Aussagen über Mustafa Kemal Atatürk besaß. So zeigte sie sich in der Diskussion um den Dokumentarfilm „Mustafa" verwundert, weil sie nicht von den Produzenten vorab um Rat gebeten wurde. Neben *Ülkü Adatepe* sind insbesondere die Pflegetöchter *Afet İnan* und *Sabiha Gökçen* zu nennen, auch weil sie in ihren Berufen sehr erfolgreich und für die Rolle der Frau in der jungen Republik vorbildlich und richtungsweisend waren.

Afet Inan machte sich einen Namen als Professorin für Geschichte und Soziologie. Als Mustafa Kemal 1925 in İzmir mehrere Schulen besuchte, machte er die zufällige Bekanntschaft mit der damals 17-Jährigen. Sie war ursprünglich in Saloniki geboren, und ihre Familie siedelte noch vor Ausbruch des Ersten Weltkrieges nach Anatolien über. Da sie Interesse an fremden Sprachen und an einem Universitätsstudium bekundete, überzeugte er ihre Eltern und schickte sie nach Lausanne, wo sie Französisch lernte. Nach zwei Jahren kehrte sie nach İstanbul zurück und beendete 1929 das französischsprachige Lyzeum *„Notre Dame de Sion"*. Sie promovierte später in Genf und arbeitete nach ihrer Rückkehr für verschiedene Universitäten in der Türkei, zuletzt an der Universität Ankara. Man munkelte, dass sie nur Leiterin des Instituts für die Geschichte der Revolutionen Atatürks werden konnte, weil sie seine Ziehtochter gewesen sei. *Afet İnan* wurde darüber hinaus auch eine

Liebesbeziehung zu Atatürk nachgesagt. *Aydemir* bezeichnet sie als die einzige Frau im Leben Mustafa Kemals, die darüber hinaus einen sehr positiven Einfluß auf ihn gehabt haben soll.[170] Mit ihren Büchern „Die Schlüssel zur Geschichte" *(Tarihinin Anahtarları)*, „Anthropologischer Charakter des türkischen Volkes und Geschichte der Türkei" *(Türkiye Halkının Antropolojik Karakterleri ve Türkiye Tarihi)* und insbesondere „Erinnerungen an Atatürk und Dokumente" *(Atatürk Hakkında Hatıralar ve Belgeler)* steht ihre Wissenschaftlichkeit aber außer Frage. Alle zwei Jahre vergibt die renommierte türkische Geschichtsstiftung *(Tarih Vakfı)* mittlerweile einen nach ihr benannten Historikerpreis. *Afet İnan* starb im Alter von 77 Jahren am 8. Juni 1985.

Sabiha (Gökçen) hieß ein anderes Adoptivmädchen, deren Eltern verstorben waren und das durch ihren älteren Bruder erzogen wurde. Mustafa Kemal machte 1925 in *Bursa* die Bekanntschaft mit ihr und nahm sie mit Erlaubnis ihres Bruders in Pflege. Den Nachnamen *Gökçen* verlieh ihr Mustafa Kemal nach Einführung des Nachnamengesetzes. Bei einer Flugschau begann sie sich für Flugzeuge zu interessieren, und Mustafa Kemal unterstützte tatkräftig ihren Wunsch, Pilotin zu werden, auch wenn er selbst für das Fliegen nicht sehr viel übrig hatte. Nach einer Flugausbildung in Russland wurde sie die erste türkische Pilotin. Sie nahm an der Militäroperation zur Niederschlagung des Aufstandes in Dersim 1937 teil und war damit nicht nur die erste türkische Militärpilotin, sondern eine der ersten weltweit. Da Frauen jedoch per Gesetz der Beruf als Militärpilotin noch untersagt war, arbeitete sie lange Jahre als Fluglehrerin. Anfang des Jahres 2001 verstarb sie 88-jährig, und im gleichen Jahr wurde der Flughafen auf der asiatischen Seite İstanbuls auf ihren Namen getauft.

Die anderen Zieh- und Adoptivkinder standen lange nicht so im Mittelpunkt der Öffentlichkeit, obwohl er auch ihnen eine gute Ausbildung angedeihen ließ. So studierte der Junge *Abdürrahim* ab 1929 an der Technischen Universität in Berlin. 1937 begann er als Elektroingenieur bei der Elektrizitätsbehörde in Ankara. Er hatte von der Mutter *Zübeyde* einige persönliche Gegenstände geerbt, darunter einen Koran. *Abdurrahim Tuncak* wird Jahre später einem Journalisten anvertrauen: *„Es war für mich die größte Ehre meines Lebens, in dem Haus aufzuwachsen, in dem er aufgewachsen ist, und durch seine Mutter erzogen zu werden, die auch ihn erzogen hat."*[171]

Indem er die Träume seiner Pflegekinder realisierte, hat er sich auch selbst den Traum eines sorgenden Vaters erfüllt. Dies gilt umso mehr für die Mädchen, die entgegen den damals üblichen Laufbahnen für Frauen Karrieren einschlugen und für viele türkische Frauen eine Vorreiterfunktion erfüllen sollten.

Die Schwester Makbule Atadan

Nach dem Tod der Mutter lebte *Makbule* weiter in einem Nebengebäude auf dem Anwesen des Präsidentenpalastes. Das *Çamlı Köşk* wurde speziell für sie gebaut und ist heute noch Teil des ehemaligen Präsidentenanwesens, das neuerdings der Ministerpräsident als Amtssitz nutzt. Bei der Gesetzgebung zum Familiennamen verlieh ihr Mustafa Kemal den Nachnamen *Atadan* (vom Vater). 1930 wurde sie Mitglied der „Republikanischen Freiheitspartei" (SCF), einer Oppositionspartei, deren Gründung von Mustafa Kemal akzeptiert wurde. Die Partei bestand jedoch nur drei Monate, bevor sie sich auflöste. *Makbule* lebte weiter in der Nähe ihres Bruders, nahm aber danach nur selten an politischen oder gesellschaftlichen Anlässen des Staatspräsidenten teil.

1935 heiratete sie den Abgeordneten *Mecdi Boysan*. Nach dem Tod Mustafa Kemal Atatürks 1938 erwarb der türkische Staat das *Çamlı Köşk* und gestaltete es zum Empfangsgebäude für ausländische Staatsgäste um. *Makbule Atadan* geriet etwas in Vergessenheit. Sie verstarb 1956 mit 69 Jahren in Ankara. Damit war die letzte Blutsverwandte des Staatsgründers verstorben.

Neben treu ergebenen Mitstreitern hatte Mustafa Kemal aber auch erbitterte Gegner. Schon zu Beginn des Unabhängigkeitskrieges kamen Rivalitäten auf. Nach der Besetzung der osmanischen Hauptstadt İstanbul entschieden sich Intellektuelle und Jungtürken zur Flucht nach Anatolien zu Mustafa Kemal, weil ein Aufstand in İstanbul aussichtslos schien. Obwohl viele der Regimekritiker der Überzeugung waren, dass Mustafa Kemal einer der Männer war, der einen solchen Aufstand anführen konnte, hatte man Bedenken, wie man ihn danach daran hindern könnte, Alleinherrscher zu werden.[172] Ähnliche Aussagen trafen schon oppositionelle Abgeordnete nach dem militärischen Sieg gegen Griechenland. Einige hatten in konspirativen Kreisen gar den Wunsch geäußert, dass ihn eine Kugel des Feindes treffen möge.[173]

Rauf (Orbay), Ministerpräsident und Oppositionsführer, forderte Mustafa Kemal nach der Verkündung des Friedensvertrages von Lausanne mit dem Hinweis zum Rücktritt auf, dass er einen solchen schon Jahre zuvor angekündigt habe.[174] Der Herrschaftsanspruch Mustafa Kemals war einigen unangenehm. Ein sehr leidenschaftlicher Gegner kemalistischer Ideen war ein Abgeordneter namens *Ali Şükrü*. Dieser verschwand Anfang 1923. Als man seine sterblichen Überreste fand, wurde eine Untersuchungskommission einberufen, die einen Mord aufdeckte. Der Befehlshaber der Privatgarde Mustafa Kemals, *Topal Osman* (Osman der Hinkende), wurde für diesen Mord verantwortlich gemacht. Anlass soll ein Wortwechsel zwischen Mustafa Kemal und *Ali Şükrü* in der Nationalversammlung gewesen sein. *Topal Osman* erfuhr von diesem Ereignis, bestellte den Abgeordneten in seine Wohnung in *Çankaya* und erwürgte ihn.

Topal Osman wurde als Volksheld verehrt und war der Anführer von Freischärlern, die während des türkischen Befreiungskrieges in der Schwarzmeerregion um *Trabzon* Hunderte von Pontus-Griechen ermordeten. Deswegen war die Ernennung dieser Miliz zu Mustafa Kemals Leibgarde nicht unumstritten. Nach dieser Tat musste Mustafa Kemal handeln, um nicht in den Verdacht zu geraten, Hintermann dieser Ermordung zu sein.

Als er wenige Tage später die Festnahme von *Topal Osman* und die Auflösung seiner Miliz befahl, kam es zu Gefechten, bei denen *Topal Osman* lebensgefährlich verwundet wurde und verstarb. Teile der Miliz umstellten daraufhin das Haus Mustafa Kemals in *Çankaya*. Da Frauen und Kinder freies Geleit erhielten, zog sich Mustafa Kemal kurzerhand einen Tschador über und entkam somit mit den anderen als Frau getarnt dem sicheren Tod. *İpek Çalışlar* berichtet darüber sehr ausführlich in ihrem Buch „Latife Hanım – Mrs. Atatürk", indem sie die Erzählungen der Schwester *Latifes Vecihe (İlmen)* aufgreift. Die Schwester wusste weiter zu berichten, dass *Latife* auf einer Kiste mit einer Lammfellmütze auf dem Kopf vor dem Fenster stand, um den Angreifern glaubhaft zu machen, dass Mustafa Kemal sich weiter im Gebäude aufhielt.[175] Aufgrund dieser Darstellung musste sich die Autorin vor Gericht verantworten, weil die Anklage ihre Darstellung als einen Angriff auf das Leben und Werk Atatürks bewertet hatte. Mit dem Gesetz Nr. 5816 *„Gesetz über Straftaten gegen das Ansehen Atatürks"* aus dem Jahr 1951 existiert eine Gesetzesgrundlage, die sehr breit auslegbar erscheint. Das Strafgesetz wurde maßgeblich vom deutschen Juristen Prof. Ernst Hirsch entwickelt. Notwendig wurde ein solches Gesetz, weil es Anfang der 50er Jahre verstärkt zu Zerstörungen von Atatürkbüsten und Denkmälern gekommen war. Das Gesetz wurde verabschiedet, um diesen Zerstörungen Einhalt zu gebieten. *İpek Çalışlar* wurde vom zuständigen Richter jedoch freigesprochen, weil es zu keiner Herabwürdigung Atatürks gekommen sei. Im Gegenteil bewertete der Richter diese Geschichte als ein Beispiel für die Größe und Intelligenz des Staatsgründers.

Neben politischen Auseinandersetzungen führten die Antagonismen aber auch zu Mordanschlägen. Im Januar 1924 wurde auf Mustafa Kemal und seine Frau in İzmir ein Handgranatenanschlag verübt. Er blieb unverletzt, aber seine Frau trug leichte Verletzungen davon. In der türkischen Presse wurde über den Anschlag nicht berichtet. *Ziya Hurşit*, ehemaliger Abgeordneter der Fortschrittspartei, plante 1926 ebenfalls in İzmir einen Anschlag auf Mustafa Kemal. Das Attentat konnte jedoch schon Tage zuvor vereitelt werden, und die drei potenziellen Attentäter und *Hurşit* selbst wurden festgenommen. Diesen Attentatsversuch nahm Mustafa Kemal zum Anlass, mit allen oppositionellen Kräften abzurechnen. Im Laufe der Untersuchungen stellte sich heraus, dass es noch weitere Hintermänner gab. Unter den Verdächtigen befanden sich unzählige ehemalige und aktuelle Abgeordnete, Offiziere und der ehemalige Gouverneur von Ankara. Das Ankaraer Freiheitsgericht trat in İzmir zusammen und klagte neben den Genannten auch die Generäle a. D. *Kazım Karabekir, Refet Pascha* und *Ali Fuat* an. Es kam zu einem Schauprozess, an dessen Ende 13 Angeklagte hingerichtet wurden. *Kazım Karabekir, Ali Fuat* und *Refet Pascha* wurden unter frenetischem Beifall der Zuhörer zwar freigesprochen, doch zogen sie sich alle drei für immer aus der Politik zurück. Von *Ziya Hurşit* übermittelt *Kılıç Ali*, der selbst Mitglied des Freiheitsgerichts war, die Anekdote, dass er dem Gefängnisdirektor vor seiner Hinrichtung 200 Türkische Lira gegeben habe, die für seinen Bruder bestimmt waren, der damit sein Grab errichten lassen sollte. *Hurşit* habe dem Gefängnisdirektor gedroht, wenn er das Geld einstecke, er ihn mit beiden Händen in der anderen Welt erwarte.[176]

In einem weiteren Prozess in Ankara, der mit dem Mordversuch in Verbindung stand, wurden im gleichen Jahr nochmals 46 Personen angeklagt, darunter Mitglieder der jungtürkischen Bewegung und ehemals enge Mitstreiter Mustafa Kemals, wie *Rauf (Orbay), Doktor Adıvar* und seine Frau *Halide Edip (Adıvar)*. Vier Angeklagte wurden zum Tode verurteilt, und *Rauf (Orbay)* erhielt eine langjährige Gefängnisstrafe. Durch diese Verfahren waren die meisten Gegner beseitigt worden. Die junge Republik hatte damit aber ihre Unschuld verloren.

İsmet İnönü

Neben den Widersachern stehen Mitstreiter wie *İsmet İnönü*, der ihn trotz einer nicht immer konfliktfreien Beziehung politisch beerben sollte. Die herausgehobene Rolle *İsmet İnönüs* zeigt sich alleine beim Besuch des Atatürk-Mausoleums in Ankara heute. Auf dem weitläufigen Areal gegenüber der Halle, in der Atatürks Katafalk eingelagert ist, befindet sich die Grabstätte *İsmet İnönüs*. Auch wenn seine Grabstätte deutlich kleiner gestaltet ist, sind die beiden politischen Führer im Tode weitgehend vereint, die die Republik im ersten Vierteljahrhundert ihres Bestehens nachhaltig geprägt hatten.

Mustafa İsmet İnönü wurde am 24. September 1884 in İzmir als Sohn von *Cevriye* und *Haci Reşit* geboren. Der Vater *Haci Reşit* arbeitete damals am Provinzgericht in İzmir; er stammte ursprünglich aus dem südostanatolischen *Malatya*. Nach der Grund- und Mittelschule, die er unter anderem in *Sivas* besuchte, trat er 1903 in die Militärakademie in İstanbul ein. Wie Mustafa Kemal hatte er in verschiedenen Regionen des Osmanischen Reiches gedient. So war er in *Edirne, Saloniki* und im Jemen stationiert, wo er bei der Unterdrückung eines Aufstandes 1913 mitwirkte. Nach seiner Beförderung zum Oberst arbeitete er 1915 unter Kriegsminister *Enver Pascha* bei der Ausarbeitung der Militärreformen mit und traf während des Ersten Weltkrieges im Kaukasus wieder auf Mustafa Kemal. Militärisch erlebte er seinen persönlichen Höhepunkt als Oberbefehlshaber über die Truppen der Westfront während des Unabhängigkeitskrieges. Seine politische Karriere begann im April 1920, als er als Abgeordneter der Stadt *Edirne* ins Parlament gelangte. Er vertrat die Nationalbewegung bei den Waffenstillstandsverhandlungen in *Mudanya* und stand als Außenminister bei den Friedensverhandlungen in Lausanne der türkischen Delegation vor. Nach der Ausrufung der Republik wurde er Ministerpräsident des Landes; er war gleichzeitig stellvertretender Parteivorsitzender der Republikanischen Volkspartei.

İsmet İnönü wird von seinem Biografen *Şevket Süreyya Aydemir* als der „Zweite Mann“ *(İkinci Adam)* bezeichnet. Obwohl er dem Staatsgründer als zweiter Staatspräsident der Republik nachfolgte und dieses Amt bis 1950 innehatte, wird diese Einschätzung nicht von allen geteilt. Seine politische Rolle wird kritisch beleuchtet, und für einige hatte er nicht das politische Genie eines Mustafa Kemal Atatürks. Gegen Ende seines politischen Wirkens verunglimpfte ihn die Opposition nur noch als „tauben İsmet“ in Anspielung auf seine Schwerhörigkeit. Schon bei den Friedensverhandlungen in Lausanne musste man ihm vieles wiederholen oder vorlesen, weil er es nicht gehört hatte. *İsmet İnönüs* Politik der Beschwichtigung – kritische Stimmen reden hier von Unentschlossenheit, wenn er einen Schritt nach vorne tat und zwei zurück – hat das Land aber immerhin unbeschadet durch den Zweiten Weltkrieg gebracht. Die Türkei konnte bis kurz vor Kriegsende ihre Neutralität bewahren, bevor sie symbolisch Deutschland den Krieg erklärte und sich auf die Seite der Sieger stellte. Trotz der Kritik ist unbestritten, dass *İsmet İnönü* der kongeniale Partner Atatürks war; beide ergänzten sich. *İnönü* war dem Atatürk-Biografen *Lord Kinross* zufolge die Antithese von Atatürk. Atatürk war unorthodox, flexibel, unberechenbar und unabhängig; *İnönü* war vorsichtig und loyal. Atatürk war auch überzeugt davon, dass sich *İnönü* mit dem Posten des zweiten Mannes zufriedengab und nicht gegen ihn agierte.

Über die Jahre nahmen aber auch die Differenzen zwischen beiden aufgrund unterschiedlicher politischer Grundüberzeugungen, u. a. in der Wirtschaftspolitik, der Steuergesetzgebung und in der *Hatay*-Frage, zu. Einen wichtigen Streitpunkt stellten die häufigen Einmischungen Mustafa Kemals in die Tagespolitik dar. Mustafa Kemal unterhielt als Präsident mit engen Vertrauten und Abgeordneten wie *Nuri Coker, Salih Bozok* und *Kılıç Ali* eine Art „Küchenkabinett“. Da er stets über die aktuellen Gerüchte unterrichtet war, lud er oft Regierungsmitglieder zu den Abendrunden ein, wo er seinem Unmut über die Politik freien Lauf ließ. Atatürk hatte auch schon einmal des Nachts angerufen, um dem aus dem Bett geeilten *İsmet İnönü* mitzuteilen, was er von einer Personalfrage, wie der Besetzung eines Ministerpostens, halte.

Es kam auch vor, dass Atatürk das Kabinett oder einzelne Minister öffentlich rügte, um *İnönü* zu einer Kabinettsrevision zu bewegen. Beim Rücktritt des Ministers *Recep Peker* wurde *İnönü* übergangen, weil Atatürk öffentlich ohne Wissen des später verärgerten *İnönü* dem Geschassten den Rücktritt nahelegte. Hinzu kamen weniger bedeutende Themen, wie der Streit um das landwirtschaftliche Anwesen außerhalb der damaligen Stadt (heute: *Atatürk Orman Çiftliği*) und der Aufbau einer Bierbrauerei auf dem Gelände des Anwesens. Das landwirtschaftliche Anwesen wurde mit staatlichen Mitteln aufgebaut. Im Sommer 1937 schlug Atatürk vor, dass das Landwirtschaftsministerium das Anwesen kaufen sollte. Atatürk forderte praktisch eine staatliche Übernahme, weil das Anwesen Verluste einfuhr. *İsmet İnönü* hatte sich gegen diesen Vorschlag mit dem Argument zur Wehr gesetzt, dass der Staat nicht ein zweites Mal für dasselbe Gut Finanzmittel bereitstellen könne.

Der Streit zwischen beiden weitete sich auf die Brauerei aus. Atatürk wollte die Brauerei, die wirtschaftlich auf gesunden Füßen stand, nicht verstaatlichen. *İnönü* dagegen wollte nicht akzeptieren, dass der Staat nur bei Verlustgeschäften einschreiten solle und forderte, dass, wenn schon eine staatliche Übernahme stattfände, dann für beide Objekte. Die Meinungsverschiedenheit entwickelte daraufhin eine solche Eigendynamik, dass *İsmet İnönü* am 25. Oktober 1937 die Konsequenz zog und von seinem Amt zurücktrat.

Der Kontakt zwischen Atatürk und *İnönü* brach ab, bis die schwere Krankheit Atatürks ausbrach. *İnönü* hielt Kontakt zu den Adjutanten des Staatspräsidenten und war gut über dessen Gesundheitszustand unterrichtet.

İsmet İnönü sollte Mustafa Kemal Atatürk am 11. November 1938, einen Tag nach dessen Tod, als Nachfolger beerben. Er hatte das Amt bis 1950 inne. Ende des gleichen Jahres wurde er auf dem ersten außerplanmäßigen Parteikongress der CHP zum Parteivorsitzenden gewählt und erhielt den Titel „Nationaler Chef" *(Milli Şef)*. Politisch hat er 1945 die Weichen für eine Mehrparteiendemokratie gestellt. 1961 wurde er dann noch einmal nach dem Militärputsch von 1960 für vier Jahre Ministerpräsident der Republik Türkei. Am 25. Dezember 1973 verstarb *İsmet İnönü* 89-jährig.

Deutsche „Entwicklungshelfer"

Mustafa Kemal hatte schon sehr früh ein eher gespaltenes Verhältnis zu Deutschland und den Deutschen. Das Verhalten des germanophilen *Enver Pascha* war ihm suspekt. Er hatte vor dem Ausbruch des Ersten Weltkriegs und dem Eintritt der Osmanen aufseiten des Deutschen Reiches orakelt, dass diejenigen, die den Deutschen folgten, eine Niederlage erleiden würden.[177] Diese Aussage hatte er getroffen, als die deutschen Truppen Richtung Paris marschierten. 1914 schrieb er aus Sofia in großer Vertrautheit an *Salih Bozok*, dass er die allgemeine Mobilmachung der osmanischen Armee verurteile. Die Gefahr lag für ihn in der Unberechenbarkeit der Situation, weil man nicht voraussehen konnte, von wo aus der Feind angreifen würde. Weiter schreibt er in jenem Brief:

> *„Ich bin mir nicht sicher, dass die Deutschen aus diesem Krieg siegreich hervorgehen werden. Zwar marschieren sie mit einer Blitzgeschwindigkeit Richtung Paris und überrennen dabei eiserne Festungen. Die Russen sind aber an den Karpaten angekommen, und sie bedrohen den Verbündeten der Deutschen, die Österreicher. Aus diesem Grund wird den Deutschen nichts anderes übrig bleiben, als einen Teil ihrer Truppen zur Verteidigung der Österreicher abzustellen. Die Franzosen werden diese Schwächung nutzen und vehement gegen die Deutschen ankämpfen. Dies wird die Deutschen dazu bewegen, ihre Kräfte aus Österreich zurückzurufen, und ein Zickzackkurs macht das Schicksal einer Armee sehr fraglich. Ich bin mir über den Ausgang dieses Krieges sehr unsicher."*[178]

Trotz dieser eher kritischen Einschätzungen vor dem Ersten Weltkrieg zeigten Mustafa Kemal und die neue Türkei sehr großes Interesse an einem Transfer von Know-how und einem kulturellen und gesellschaftlichen Austausch mit europäischen Ländern und Deutschland. Schon sehr früh hat die junge Republik Studenten mit Stipendien für eine Hochschulausbildung in das europäische Ausland und auch nach Deutschland entsandt. Die Stipendiaten waren von hochrangiger Bedeutung, und Mustafa Kemal wandte sich mit persönlichen Briefen an die Auserwählten, um sie über die Bedeutung ihres Auslandsstudiums in Kenntnis zu setzen.

Jedoch konnte eine ganze Generation von Ingenieuren, Ärzten, Architekten usw., die das Land für eine durchdringende Modernisierung benötigte, nur in der Türkei selbst ausgebildet werden. Dazu war Anfang der 30er Jahre der Aufbau eines modernen Universitätssystems notwendig geworden. Durch das Gesetz zur Wiederherstellung des Berufsbeamtentums in Nazideutschland hatten sich Deutsche jüdischer Abstammung im April 1933 in der Notgemeinschaft der Deutschen Wissenschaft im Ausland organisiert. Der Frankfurter Pathologe Prof. Phillip Schwartz gründete eine Anlaufstelle in Zürich mit der Zielsetzung, jüdische Wissenschaftler, die aufgrund des Rassengesetzes ihre Stellen verloren hatten, ins Ausland zu vermitteln. Schwartz wusste, dass der Genfer Pädagoge Albert Malche schon ein Jahr zuvor den Auftrag von der türkischen Regierung erhalten hatte, das türkische Hochschulsystem zu bewerten und Reformvorschläge zu unterbreiten. Schwartz suchte den Kontakt zur türkischen Regierung und zu Malche, zumal der Bericht Malches schonungslos aufdeckte, dass das türkische Hochschulsystem grundlegend neu strukturiert werden musste und die meisten der bisherigen Hochschullehrer in der Türkei den neuen Anforderungen kaum entsprachen.

Das Ergebnis der Unterredungen mit Vertretern des türkischen Bildungsministeriums in Ankara war ein erster Vertrag. Die Notgemeinschaft verpflichtete sich als Erstmaßnahme auf die Vermittlung von 30 deutschen Wissenschaftlern. Ein Jahr darauf waren es schon mehr als 40 deutsche Professoren, die allein am Aufbau der neuen İstanbul-Universität mitwirkten. Dies war der Anfang einer Erfolgsgeschichte, in deren Rahmen 200 deutsche Wissenschaftler an den Universitäten in İstanbul und Ankara wirkten. Viele von ihnen hinterließen einen nachhaltigen Einfluss, wie der Rechtswissenschaftler Prof. Ernst Hirsch, der den Lehrstuhl für Handels- und Seerecht an der Universität İstanbul übernahm. Hirsch, der insgesamt 19 Jahre in der Türkei arbeitete, hielt schon nach einigen Jahren seine Vorlesungen auf Türkisch und publizierte in Türkisch. Er arbeitete mit türkischen Kollegen das türkische Handelsrecht aus, wie auch einzelne Gesetze zum Urheber- und Hochschulrecht. Ferner publizierte er Lehrbücher auf Türkisch, u. a. zur Rechtsphilosophie und der Methodik, mit der ganze Generationen von türkischen Juristen ausgebildet wurden.

Insgesamt lebten und arbeiteten in jenen Jahren ca. 1000 Deutsche, die aufgrund ihrer jüdischen Herkunft oder der ihres Ehepartners vor dem Naziregime geflohen waren, in der Türkei. Mustafa Kemal hielt seine schützende Hand über die Deutschen und Österreicher, weil sie in unzähligen Bereichen am Aufbau und der Modernisierung des Landes mitwirkten. Neben Wissenschaftlern wirkten auch Musiker und Komponisten wie Paul Hindemith, der später am Konservatorium in Ankara tätig war. So auch der ehemalige Intendant der Weimarer Staatskapelle, Ernst Prätorius, der das Konservatorium in Ankara und das Staatsorchester aufbaute und auch erster Dirigent des Ensembles war. Die Architekten Bruno Taut – er schuf unter anderem den Katafalk für den verstorbenen Mustafa Kemal Atatürk –, Martin Wagner und Clemens Holzmeister, der das neue Parlamentsgebäude baute, schufen eine Vielzahl wichtiger Gebäude in İstanbul und Ankara. Der Intendant der Städtischen Oper in Berlin, Carl Ebert, wurde Berater für den Aufbau des Schauspiel- und Opernbetriebes in Ankara und leitete auch die Ausbildung von Schauspielern und Sängern. Unter den Emigranten waren neben Eduard Zuckmayer, Ernst Reuter, Julius Stern und George Tabori auch Assistenten, die ihren Lehrmeistern folgten.

Nach dem Tode Mustafa Kemal Atatürks gerieten die Emigranten unter Druck, weil Hitlerdeutschland alle Staaten anwies, Juden auszuweisen und zu verfolgen. Ferner wurden von türkischer Seite die Auflagen für Hochschullehrer strenger, indem türkische Sprachkenntnisse schneller eingefordert und die Gehälter dem Niveau türkischer Wissenschaftler angepasst wurden. Oberregierungsrat Dr. Herbert Scurla besuchte im Mai 1939 İstanbul und Ankara, um offiziell dic Situation der deutschen Wissenschaftler in der Türkei näher zu beleuchten; inoffiziell führte er wohl auch die Aufgabe der Bespitzlung aus. In seinem Bericht werden die Forderungen des nationalsozialistischen Deutschlands deutlich. Die Zuflucht am Bosporus, wie Prof. Fritz Neumark das Exil in der Türkei betitelte, wurde ungemütlicher. Die Pässe der Deutschen sollten nicht mehr verlängert werden, und sie wurden aufgefordert, die türkische Staatsbürgerschaft anzunehmen. Nachdem den Exilanten die Reisepässe abgenommen und sie staatenlos geworden waren, wurden sie in den Wirren des Zweiten Weltkrieges in anatolischen Städten wie *Çorum* und *Yozgat* in Arbeitslagern interniert. Nach dem Zweiten Weltkrieg kehrten fast alle Emigranten bis 1953 nach Deutschland zurück oder wanderten hauptsächlich in die USA aus.

9.

Eine Epoche geht zu Ende

Krankheit und Tod

Schwester *Makbule* bezeichnete die Gesundheit ihres Bruders zeitlebens als gut. Sie berichtete von einer Malariaerkrankung als Jugendlicher, von einem Rippenbruch als Folge eines Sturzes vom Pferd und der Kriegsverletzung, die er sich auf den Dardanellen zugezogen hatte. Dass die Familie über keine weiteren Krankheiten und Verletzungen zu berichten weiß, mag auch daran liegen, dass Mustafa Kemal Jahrzehnte von seiner Familie getrennt lebte und in Briefen oder Telegrammen Krankheiten lieber verschwieg. Mustafa Kemal hatte zeit seines Lebens ein Nierenleiden, und er besuchte bei vielen Gelegenheiten Thermalquellen, insbesondere die Quellen in Yalova am Marmarameer. Nach der Ankunft in Samsun am 19. Mai 1919 fuhr er in die Ortschaft *Havza*, wo er alle fünf bis sechs Stunden ein heißes Bad nahm, um die Schmerzen zumindest einigermaßen zu lindern.

Wenige Tage nach der Rückeroberung von İzmir am 9. September 1922 erlitt Mustafa Kemal einen leichten Herzanfall, der zur Folge hatte, dass der behandelnde Arzt den Genuss von Zigaretten und Alkohol untersagte. Da Mustafa Kemal sein Hauptquartier im Familienanwesen von *Latife Hanım* aufgeschlagen hatte, sorgte sie für die strikte Einhaltung der ärztlichen Ratschläge. Sie ließ den Alkohol aus dem Haus entfernen und rationierte das Rauchen. Etwas mehr als ein Jahr später, wenige Tage nach der Proklamation der Republik, erlitt er am 11. November 1923 während des Mittagessens einen weiteren Herzanfall. Zufälligerweise war der damalige Gesundheitsminister *Dr. Refik Saydam* im Haus, der die Lungenentzündung *Latife Hanıms* behandelte, und umgehend eingreifen konnte. Zwei Tage später hatte er einen weiteren leichten Herzanfall. Der eigens aus İstanbul angereiste Herzspezialist *Prof. Neşet Ömer (İrdelp)* empfahl weniger Arbeit, einen Aufenthalt am

Meer und eine strenge Diät: keinen Alkohol, keinen Kaffee und keine Zigaretten. *Latife Hanım* wachte über die Einhaltung der Diät. Mustafa Kemal äußerte sich *Ali Fuat (Cebesoy)* gegenüber:

> *„Sie haben mir mitgeteilt, wie betrübt sie aufgrund meiner Krankheit sind. Die Betrübnis wird immer noch aus ihrem Verhalten deutlich. Jetzt geht es mir gut, sogar so gut, dass wir einen türkischen Mokka trinken und eine Zigarette rauchen sollten. (...) Dann hat er geklingelt und nach einem türkischen Mokka verlangt und weiter ausgeführt: (...) Nun kann ich pro Tag zwei Zigaretten und ebenso viel Kaffee trinken. Wenn möglich, werde ich beides ganz sein lassen. Alkohol darf ich keinen zu mir nehmen. Ich esse nur das, was die Ärzte auf eine Liste gesetzt haben. Du weißt, wie ernst und sorgfältig Latife beim Thema Schonkost und Diät ist. Da kann man nicht mit ihr spaßen, und ich gehorche ihr aufs Wort, wie ein Kind."*[179]

Er hatte anfänglich die Diät eingehalten, schließlich hatte der Anfall auch ihn erschreckt. Seine Frau hatte die Anzahl der Besucher am Krankenbett eingeschränkt. Auf einen Teller legte sie ihm jeden Tag zehn Zigaretten, und mit dieser Tagesration musste er auskommen. Kaum zwei Wochen später begann er wieder mit seinen alten Lastern. Ein Hausdiener hatte ihm ohne Wissen seiner Frau Dutzende Zigarettenpackungen besorgt, die er in seinem Arbeitszimmer versteckte. Als sein Generalsekretär, *Hasan Rıza Soyak*, eines Tages das Zimmer betrat und eine Packung Zigaretten auf dem Arbeitstisch sah, ließ Mustafa Kemal sie umgehend in der Schublade mit der Bemerkung verschwinden, dass es sich dabei um Zigaretten handele, die Besuchern gereicht würden.

Am 22./23. Mai 1927 erlitt Mustafa Kemal einen weiteren Infarkt. Wieder wurde die Diagnose Übermüdung gestellt; er war in jenen Monaten mit der langen Rede beschäftigt und hatte stellenweise 30 Stunden ohne Schlaf am Text gearbeitet. Diesmal wurden mit Prof. Dr. Kraus aus Berlin und Prof. Dr. von Romberg aus München zwei Spezialisten in die Türkei zur genaueren Diagnose und Konsultation eingeladen. Der İstanbuler Leibarzt Professor *Neşet Ömer* war darüber nicht sehr erfreut und schimpfte: *„Wenn sie nur* *einen Satz mehr diagnostizieren als ich, dann zerreiße ich mein Medizindiplom und beende meine Tätigkeit als Arzt.“*[180] Die Deutschen stellten die gleiche Diagnose und verboten Alkohol und Zigaretten. Mustafa Kemal versprach Besserung; aber kaum hatten die beiden bei der abschließenden Untersuchung den Raum verlassen, verlangte er nach einer Zigarette und türkischem Mokka.

Ende 1937 erlitt er eine Lungenembolie, doch sollten die Symptome damals schon auf eine viel ernstere Krankheit hinweisen. Wie sich später herausstellte, litt er unter einer chronischen Lebererkrankung. *Falih Rıfkı (Atay)* berichtete:

> *„Wir wussten damals nicht, dass der Grund aller dieser Dinge in einer unheilbaren Leberkrankheit zu suchen war. Am Anfang begann sein Gedächtnis nachzulassen. Danach kam die Phase, in der ständig seine Nase blutete. Ich kann immer noch nicht verstehen, weshalb die Ärzte, die ihn ständig begleiteten, diese Symptome und den allgemeinen Verfall nicht beachtet hatten und zu einem anderen Schluss kamen. Als die Nase blutete, sagten sie, wir beobachten dies und es geht vorbei. Dann begann der Juckreiz.“*[181]

Es juckte Mustafa Kemal an Armen und Beinen, und komödienhaft diagnostizierte ein Arzt Ameisenbefall. Während die Ameisenhaufen auf dem Anwesen in *Çankaya* entfernt wurden, wurde Atatürk nach Yalova ausgelagert. Dort war er mit einer Trinkkur beschäftigt, als der Arzt des Thermalhotels, *Dr. Nihat Reşat Belger*, bei einer Routineuntersuchung die Diagnose stellte: Leberzirrhose. Atatürk reagierte gefasst auf diesen Befund und fragte nur: *„Und was machen wir jetzt?“*[182] Der Zufall der ärztlichen Diagnose führte später zu Diskussionen, ob man die Krankheit nicht hätte früher erkennen müssen und dadurch Atatürk nicht so früh gestorben wäre. Nach zweiwöchigem Aufenthalt in Yalova fuhr Atatürk in das nahe *Bursa*, wo am 2. Februar 1938 ein Ball der Stadt zu seinen Ehren stattfand. Zur Überraschung vieler erschien er abends im Ballsaal, und nichts war zu bemerken von seiner Krankheit. Seine Haut hatte schon eine gelbe Farbe angenommen, aber an diesem Abend hatte er sich gepudert. Er amüsierte sich und tanzte Walzer, und nach Mitternacht zelebrierte er den Tanz „Sarı Zeybek“, eine spezielle Form der türkischen Zeybek-Volkstänze.

Berater, allen voran Ministerpräsident *Celal Bayar*, schlugen die Hinzuziehung eines ausländischen Experten vor. Atatürk wiegelte anfangs ab, weil in einer politisch schwierigen Situation wie der *Hatay*-Frage das Ausland nicht seine Krankheit als Zeichen der Schwäche bewerten sollte. Nachdem man ihm bedeutete, ausländische Regierungen wären schon längst über die Schwere seiner Krankheit informiert, willigte er ein. Der französische Spezialist Prof. Dr. Noël Fissenger untersuchte ihn am 28. März 1938 in Ankara. Er diagnostizierte eine vergrößerte Leber und eine Wasseransammlung in der Magengrube. Fissenger erklärte ihm unmissverständlich, dass er seinen Anweisungen penibel folgen müsse, und verschrieb eine strenge Diät. *„Sie mögen ein großer Armeeführer sein, der große Schlachten gewonnen hat. Aber jetzt bin ich ihr Kommandant.“*[183] so Fissengers Worte. Das allein hat Atatürk imponiert, weil kein türkischer Arzt bisher so „rücksichtslos“ mit ihm gesprochen hatte. Fissenger war überzeugt, das Leben Atatürks um 7–8 Jahre verlängern zu können, wenn seine Ratschläge befolgt würden. Atatürk hielt sich in den ersten Wochen durchaus daran. Jedoch nahm er am 19. Mai 1938 an den Jubiläumsfeierlichkeiten zur Landung in *Samsun* im Jahr 1919 teil und bestieg danach einen Zug nach *Mersin*. Vor dieser Zugfahrt hatten die Ärzte gewarnt, weil Bettruhe oberstes Gebot war. Er fuhr in die Tiefebene der *Çukurova*, um vor Ort für die Zugehörigkeit der *Hatay*-Region zur Türkei zu werben. Erschöpft kam er am 27. Mai 1938 in İstanbul an.

Am 5. September 1938 ließ er durch einen Notar sein Testament verfassen. Sein ganzes Vermögen sollte in den Besitz der Republikanischen Volkspartei übergehen, die die Erlöse aus den Anteilen an der *Türkiye İş Bankası* nach seinen Direktiven verwalten sollte. So sollten seine Adoptivtöchter lebenslang ihren Unterhalt beziehen und auch die Ausbildung der Kinder *İsmet Inönüs* finanziert werden. Seine Schwester *Makbule* erhielt für die Dauer ihres Lebens Wohnrecht im *Çamlı Köşk* in *Çankaya*. *Salih Bozok* berichtete, dass Atatürk extrem zugenommen hatte und bei den einfachsten Bewegungen, wie Aufstehen oder Zubettgehen auf Hilfe angewiesen war. Fissenger wurde wieder konsultiert und musste eine extreme Verschlechterung innerhalb kürzester Zeit feststellen. Die Leber war sehr angegriffen, und als Konsequenz hatte sich viel Wasser im Unterleib gesammelt. Fissenger kam zum Ergebnis, dass Atatürks Leben noch um zwei Jahre verlängert werden könnte. Da er sich aber nur am Anfang an die Bettruhe hielt und danach weiter Gäste empfing und arbeitete, verschlechterte sich sein Gesundheitszustand zunehmend. Am 7. September 1938 wurden ihm durch *Prof. Dr. Mim Kemal Öke* im Beisein von Fissenger erstmals 12 Liter Wasser aus dem Bauchraum durch eine Punktion extrahiert. Dies wirkte sehr schmerzlindernd, und Atatürk erlebte einige gute Tage. Seine Adjutanten wachten abwechselnd an seinem Bett, und *Salih Bozok* vertraute er in jenen Tagen an:

> *„Gestern Abend hatte ich große Probleme. Ich musste mich übergeben und hatte mein Gedächtnis verloren. Ich glaube, die Kichererbsen haben mir nicht gutgetan. (...) Ich bin voll und ganz ein anderer Mensch. Ich kann mich gar nicht mehr erinnern, Salih. Ich bin nicht mehr der Mann von früher.“*[184]

Am 27. September 1938 fiel er erstmals in ein Koma, das eine Nacht dauerte. Als er am nächsten Tag aufwachte und seine Adoptivtochter *Afet İnan* am Krankenbett erblickte, flüsterte er ihr ins Ohr: *„Mein Mädchen, so ist es, wenn man stirbt.“*[185] Am Abend des 16. Oktober 1938 fiel er in ein viertägiges Koma, währenddessen sich die Ärzte um die beste Behandlungsmethode stritten. Als er wieder aufwachte, verschwieg man ihm die Dauer des Komas.

Atatürks größter Wunsch war die Teilnahme an den Feierlichkeiten zum 15-jährigen Bestehen der Republik in Ankara. Am 29. Oktober 1938 war er jedoch in İstanbul ans Krankenbett gefesselt, und die Feierlichkeiten in Ankara fanden ohne ihn statt. *Atay* überliefert, dass am späteren Abend des 29. Oktobers ein kleines Schiff von Militärkadetten auf dem Rückweg der Feierlichkeiten in İstanbul am Dolmabahçe-Palast vorbeifuhr. Die Jugendlichen riefen seinen Namen und sangen die Nationalhymne. *Kılıç Ali* sprang zum Fenster und bedeutete ihnen, sofort weiterzufahren. Die Jugendlichen glaubten jedoch, Atatürk erkannt zu haben und skandierten seinen Namen. Atatürk soll diese Szene von seinem Bett aus mit Tränen erfüllten Augen miterlebt haben.[186]

Seit dem 29. Oktober 1938 hatte sich die Situation täglich verschlechtert. Wachphasen wechselten mit langen Schlafperioden. Am 7. November wurden die Schmerzen so unerträglich, dass er seinen Ärzten eine weitere Punktion befahl, obwohl sie sehr skeptisch waren. Obwohl er sich tags darauf durch die Schmerzlinderung in guter Verfassung zeigte, verschlechterte sich sein Zustand danach rapide. In der Nacht zum 8. November 1938 erkannte er nicht mehr die Personen in seiner Umgebung. Als *Prof. Neşet Ömer İrdelp* ihn untersuchte und darum bat, die Zunge auszustrecken, verstand er ihn nicht und sprach urplötzlich: *„Aleykümselam"* (Und Gott sei mit Dir).[187] Die Erwiderung des Grußes „Grüß Gott" waren seine letzten Worte. Atatürk fiel danach in ein schweres Koma, aus dem er nicht wiedererwachte. Am 9. November um Mitternacht wurde in den Krankenbericht notiert: *„Seit 20.00 Uhr hat die Geistesabwesenheit zugenommen. Der allgemeine Zustand wird immer ernster."*[188] Schwester *Makbule* berichtet über den Morgen des 10. November:

> *„Ich sah ihn, die Augenwimpern waren ausgefallen, sein Gesicht errötet, die Augen geschlossen, und er lag ohnmächtig da. Dr. Nihat Reşat (Belger) Bey war an seiner linken Seite. Sie führten mit einem Gerät Luft zu, damit er leichter atmen konnte. Als ich den Arzt fragte, ob mein Bruder aufwachen wird, antwortete er mir: Natürlich. Und wann? Das kann ich Ihnen nicht sagen. Ich öffnete meine Hände und habe Gott inständig darum gebeten, er möge Atatürk retten."*[189]

An diesem Morgen waren die Ärzte noch mit allerlei medizinischen Maßnahmen beschäftigt, obwohl sie eigentlich wussten, dass das Ende unweigerlich nahte. Man verabreichte ihm weiter ein Glukoseserum, benetzte seine Lippen und prüfte Reflexe. Der Generalsekretär des Staatspräsidenten, *Hasan Rıza Soyak*, berichtet:

„Plötzlich gingen die himmelblauen Augen auf, und der Kopf fiel mit einer schnellen Bewegung auf die rechte Seite. Auch ich konnte in diesem Augenblick meinen Schmerz nicht zurückhalten. Ich habe mich hingekniet, seine rechte Hand in meine Hände geschlossen, sie geküsst und zu meinem Gesicht geführt. (...)“ [190]

Zu jenem Zeitpunkt zeigte die Uhr fünf Minuten nach neun am Morgen des 10. November 1938. Mustafa Kemal Atatürk war an den Folgen seiner schweren Krankheit verstorben.

Sein langjähriger Adjutant *Salih Bozok* verließ den Raum und begab sich in den ersten Stock des Serails, wo er sich mit einer Pistole in die Brust schoss. Er wollte nicht weiterleben ohne den Mann, der für ihn der eigentliche Lebensgrund war. Eine sofortige Notoperation rettete ihm das Leben. *Salih Bozok* sollte Abgeordneter im türkischen Parlament werden und am 25. April 1941 aufgrund der Spätfolgen seines Suizidversuchs sterben. Einen Tag nach seinem Tod stand in einem Nachruf in der Zeitung *„Yeni Sabah“*: *„(...) Nun ist Salih Bozok mit Atatürk vereint.“* [191]

Der große Staatsgründer findet seine letzte Ruhe

Landesweit wurde die Nachricht vom Ableben Mustafa Kemal Atatürks mit Bestürzung aufgenommen, und die Regierung ordnete eine mehrtägige Staatstrauer an. Nachdem der Leichnam einbalsamiert war, wurde er im Dolmabahçe Serail aufgebahrt, sodass den İstanbulern die Möglichkeit gegeben war, persönlich von ihrem geliebten Staatspräsidenten Abschied zu nehmen. Weil der Andrang so groß war – 200 000 Menschen sollen an seinem Katafalk insgesamt vorbeigegangen sein – wurde dieses Zeremoniell auf fast eine Woche ausgeweitet. Am 17. November war der Andrang so groß, dass eine Panik ausbrach, bei der 11 Menschen zu Tode kamen. In der Zwischenzeit wurde am 11. November 1938 *İsmet İnönü* zum zweiten Staatspräsidenten der Republik Türkei gewählt.

Da man befürchtete, dass ein obligatorisches Gebet zum Begräbnis *(cenaze duası)* in einer Moschee eventuell zu einer religiösen

Demonstration missbraucht werden konnte, hielt man dieses Gebet im *Dolmabahçe Serail* ab. Nach der Zeremonie wurde der Sarg mit einem Schiff nach *İzmit* gebracht und dort in einen Sonderzug verladen, der für die Strecke nach Ankara dann fast zwei Tage benötigte, weil er in den Bahnhöfen seine Fahrt verlangsamte bzw. anhielt, damit die Menschen Abschied von Mustafa Kemal Atatürk nehmen konnten. Eine Nation verabschiedete sich von ihrem Präsidenten und nationalen Führer. Am 20. November 1938 erreichte der Sonderzug seinen Bestimmungsort Ankara. Am Tag darauf wurde im Garten des Parlaments eine Zeremonie veranstaltet, und von dort wurde der Sarg in einem Zug durch die Stadt ins ethnografische Museum verbracht, wo er solange in einem Sarkophag aufgebahrt bleiben sollte, bis man ein geeignetes Mausoleum als letzte Ruhestätte gefunden bzw. gebaut hatte. Kurzzeitig wurde darüber spekuliert, ob man ihn auf dem Gelände des Staatspräsidentenanwesens beisetzen sollte, weil er zu Lebzeiten dies als seinen Wunsch geäußert hatte.

Man entschied sich zum Bau eines großen Grabdenkmals und Mausoleums auf dem Hügel *Rasattepe* außerhalb der damaligen Stadt, auf dem sich damals eine astrologische Beobachtungsstation befand. Der Hügel wurde von den Phrygern schon 1200 Jahre v. Chr. als Grabhügel angelegt. Archäologen untersuchten zunächst die kleine Anhöhe und fanden unzählige antike Gegenstände, die heute im ethnografischen Museum ausgestellt sind. Das Planungsprojekt wurde international ausgeschrieben, und eine von der türkischen Regierung eingesetzte unabhängige Jury – Mitglied war u.a. auch der deutsche Ingenieur Prof. Peter Bonatz – sollte die Vorschläge begutachten und bewerten. 47 Projektvorschläge, davon 27 aus dem Ausland, wurden eingereicht, und am Ende des Auswahlprozesses blieben drei Bauprojekte übrig. Es waren dies die Projekte des deutschen Architekten Prof. Johannes Krüger, des italienischen Architekten Prof. Arnoldo Foschini und der beiden türkischen Architekten Prof. Emin Onat und Assoc. Prof. Dr. Orhan Arda. Ende 1943 entschied sich die türkische Regierung dann für den Vorschlag der beiden türkischen Architekten.

1944 wurde mit dem Bau begonnen, und in vier Bauabschnitten schuf man das heutige Mausoleum Atatürks. Nach Fertigstellung wurden seine leiblichen Überreste am 15. Todestag, dem 10. November 1953, dort beigesetzt. Staatspräsident *Celal Bayar* eröffnete das Mausoleum feierlich. Heute ist das Atatürk-Mausoleum ein Wahrzeichen der Stadt und quasi Pilgerort Hunderttausender vorwiegend türkischer, aber auch ausländischer Besucher jährlich. Das Programm jedes ausländischen Staatsgastes sieht auch eine Kranzniederlegung und einen Eintrag in das Gedenkbuch im Mausoleum vor.

10.

Der Kemalismus und sein Erbe

Mustafa Kemal Atatürks Erbe ist die Kulturrevolution, die er gegen Opposition und innere Widerstände auch mit Gewalt und ohne Rücksicht umsetzte. Durchaus kann hier von einer Erziehungsdiktatur oder Revolution von oben gesprochen werden. Das politische Manifest des Kemalismus fasste er am 20. April 1931 in den sechs Pfeilern Revolutionismus *(Devrimcilik)*, Populismus *(Halkçılık)*, Etatismus *(Devletçilik)*, Republikanismus *(Cumhuriyetçilik)*, Laizismus *(Laiklik)* und Nationalismus *(Milliyetçilik)* zusammen. Das Parteiemblem der Republikanischen Volkspartei (CHP) führt allegorisch diese sechs Prinzipien als Pfeile.

Mit dem Begriff des Populismus definierte die kemalistische Ideologie ursprünglich die Nähe des Staates zu den Wünschen und Bedürfnissen des Volkes. Der in Westeuropa negativ besetzte Populismusbegriff als volksnahe Politik, die sich Vorurteilen und Ängsten der Bevölkerung für den eigenen Vorteil zunutze macht, ist ursprünglich nicht die Idee hinter dem kemalistischen Populismus. Die Nähe der Politik zum Menschen muss als Gegenentwurf zum aristokratischen Ansatz im Osmanischen Reich verstanden werden: als die Propagierung eines neuen Politikverständnisses. In Atatürks Worten klingt dies so:

> *„(...) Der neue türkische Staat ist ein Volksstaat, der Staat des Volkes. Die vergangenen Institutionen waren persönlichkeitsgebundene Staaten. Ein Volk kann nur vollständig von der Weltkarte ausradiert oder in der Menschengemeinschaft aufgehen, wenn es zu Unglücken und Vorkommnissen kommt, die einer Sintflut gleichkommen. Jedoch sind Personen zum Verderben verdammt. (...)“*[193]

Mit dem Begriff des Populismus in der kemalistischen Ideologie wird aber auch die Schaffung eines einzigen Nationalvolkes verbunden. Hinter vielen Reformen, wie z. B. auch der sog. Hutreform, stand die Idee der Erschaffung gemeinsamer Werte, auf

Grundlage derer ein Volk klassen-, ethnien- und religionsübergreifend entstehen sollte.

Hier ist das Prinzip des Nationalismus als komplementär zu betrachten. Mit Nationalismus verfolgte der ursprüngliche Kemalismus keinen völkischen Gedanken. Dem Nationalismusverständnis Mustafa Kemals wohnt das Prinzip des Staatsbürgers inne, ohne religiöse, ethnische und rassische Unterschiede. Jeder Bürger, der sich mit der Idee des Nationalstaates anfreunden konnte, sollte unabhängig von seiner religiösen oder ethnischen Zugehörigkeit Staatsbürger der Republik Türkei sein können. Erst türkische Nationalisten rückten das Türkentum Jahre später im ethnischen und rassischen Verständnis in den Vordergrund des Nationalismus. Mustafa Kemal und die frühen Kemalisten wussten nur zu genau, dass solche engen Definitionen von Nationalismus nicht die ideologische Klammer für den Zusammenhalt des Staates sein konnten. Der Nationenbegriff bzw. die Definition dessen, was ein Türke sei, war viel breiter angelegt. *„Ne mutlu Türküm diyene"* (Glücklich, wer von sich sagen kann: Ich bin Türke) definierte im Grunde jeden Menschen zum türkischen Staatsbürger, der mit dieser Aussage übereinstimmte. Jeder, ob Kurde, Tscherkesse oder Laze, konnte unter dem Oberbegriff Türkentum subsumiert werden. Der Nationalbegriff wurde also nicht im engeren Sinne religiös oder ethnisch definiert. Vielmehr sollten Sprache und Kultur die Klammer dieses kemalistischen Nationalismusverständnisses bilden. Die Gemeinsamkeit der Sprache als Kriterium für eine Nation war schon von Intellektuellen und Denkern in der Endphase des Osmanischen Reichs, wie bei *İsmail Gaspıralı* oder *Ziya Gökalp*, entwickelt worden.

Natürlich war diese Idee des Nationenbegriffs recht theoretisch und großteils einem Wunschdenken entsprungen. Diese Idee der Schaffung eines Nationalvolkes mit einer gemeinsamen Sprache führte in der praktischen Umsetzung aber zwangsweise zur Ausgrenzung, weil kulturelle und ethnische Vielfalt keinen Platz in dieser Theorie hatte. Unter dem Begriff des Türkentums wurde aktiv eine Homogenisierung und verdeckte Assimilierung angestrebt. Jeder war Türke oder konnte sich nach freien Stücken zum Türkentum bekennen. Jedoch beinhaltete das Konzept im Grunde nicht die Möglichkeit, das Türkentum offen abzulehnen und die Zugehörigkeit zu einer anderen ethnischen Gruppierung zu propagieren. Der türkische Nationalismus versteht sich dabei als ein nach innen zur Bildung der Nation gerichtetes Prinzip und leitete daraus keine imperialistischen und kolonialen Ansprüche ab.

Das Prinzip des Etatismus fußte in seiner Entstehung weniger auf einem ideologischen Unterbau, sondern entsprang eher einer historisch-pragmatischen Notwendigkeit. Da es an privatem Unternehmertum und Kapital nach der Gründung der Republik fehlte, war der Staat angehalten, selbst das für den Aufbau der Wirtschaft nötige Kapital und Engagement aufzubringen. Auch vor einer erneuten wirtschaftlichen Abhängigkeit vom Ausland schreckte man zurück; somit wird der Etatismus teilweise auch von einem Selbstbestimmungswillen, einem Unabhängigkeitsbestreben und Souveränitätsgedanken geleitet. Das Ziel war, all jene Produkte und Dienstleistungen im Inland selbst zu produzieren, für die die Produktionsfaktoren vorhanden waren. Die ökonomische Entwicklung wurde als Voraussetzung jedweder anderweitigen Entwicklung gesehen. *„Die ökonomische Entwicklung ist das Rückgrat für die Entwicklung einer freien, unabhängigen und stärker werdenden Türkei mit immer größerer Wohlfahrt.“*[193]

Der kemalistische Etatismus war keine nach kommunistischen und sozialistischen Gesichtspunkten konzipierte Staats- und Planwirtschaft mit dem ideologischen Ziel der gerechten Allokation durch den Staat. Es dauerte jedoch bis 1950, bis ein Liberalisierungsschub den Boden für die weitere marktwirtschaftlich orientierte Entwicklung der türkischen Wirtschaft ebnete. Auf dem Parteikongress der CHP im Mai 1931 wurden der Etatismus und die Fünfjahrespläne folgendermaßen definiert:

> *„Eines unserer wichtigsten Prinzipien ist das staatliche Engagement im wirtschaftlichen Sektor zum Ziel der allgemeinen Entwicklung unseres Landes und dem Wohlfahrtsgewinn für unser Volk. Jedoch geschieht dies unter Berücksichtigung des Grundprinzips der individuellen Freiheit des Unternehmertums.“*[194]

Der Republikanismus in seiner kemalistischen Ausprägung zielt in erster Linie auf die republikanische Staatsform, eine Regierungsform, in der das Volk als Souverän eine zentrale Bedeutung erlangt. Die Partei Mustafa Kemals wurde alsbald zur Republikanischen Volkspartei (CHP). Darüber hinaus wohnt dem Prinzip des Republikanismus aber auch eine Regierungsform inne, die unabhängig von Personen und Dynastien für die Ewigkeit geschaffen wurde. *„Mein unwichtiger Körper wird natürlich eines Tages zu Staub. Aber die türkische Republik wird für die Ewigkeit existieren"*[195], so Atatürks Aussage. Die Erfahrungen aus osmanischer Zeit hatten die Kemalisten zur Überzeugung gelangen lassen, dass eine andere Regierungsform effektiver, gerechter und moderner sei. Die Republik sollte dies leisten, auch wenn in den ersten Jahren Mustafa Kemal und sein Nachfolger ein strenges Regiment in einem Einparteien-System führten.

> *„Ich bin kein Diktator. Sie sagen, dass ich Macht besitze. Ja das ist richtig. Es gibt nichts, was ich wünschte und nicht umsetzen könnte. Ich gehe aber nicht mit Zwang und Ungerechtigkeit vor, und ein Diktator ist jemand, der die Selbstbestimmung anderer unterdrückt. Ich will regieren, indem ich die Herzen erobere und nicht breche."*[196]

Nahe Beobachter wie *Kılıç Ali* bezeichnen Mustafa Kemal als Demokraten. Obwohl derselbe vorgibt, Atatürk objektiv zu beschreiben und nicht so, wie er ihn versteht,[197] sind alle Darstellungen des Staatsgründers von seinen Mitarbeitern und engen langjährigen Gefährten unter dem Gesichtspunkt der Objektivität sehr kritisch zu betrachten. Ein Demokrat im heutigen Sinne war Mustafa Kemal sicher nicht, aber er war volksnah, und er war kein Despot und Diktator wie einige seiner Zeitgenossen. Während des ersten Geschichtskongresses 1930 hatte ihn in einer Pause ein Teilnehmer darauf hingewiesen, dass er in vielen Werken und Artikeln europäischer Autoren als Diktator bezeichnet werde. Mustafa Kemal beantwortet die Frage folgendermaßen: *„Ich bin kein Diktator und hatte auch nie eine Neigung dahingehend. Dass ich kein Diktator bin, können Sie daran sehen: Wenn ich einer wäre, hätten Sie dann diese Frage stellen können?"*[198]

Im Mittelpunkt des Revolutionismus standen in erster Linie grundlegende Reformen, die in kurzer Zeit von staatlicher Seite durchgeführt werden sollten. Der kemalistische Revolutionismus flankierte den Populismus und das demokratische Grundverständnis. Mustafa Kemal verstand darunter die Verabschiedung und Umsetzung von Reformen durch die herrschende Klasse, weil das Volk alleine dies nicht schaffen konnte. Gleichzeitig forderte der Kemalismus aber auch für das neue Staatssystem eine Reformoffenheit. Insofern wohnte dem Revolutionismus früher Kemalisten ein ständiger Drang nach Erneuerung und Veränderung inne. Ein Verharren war somit gleichbedeutend mit dem Anfang des Endes der Revolutionen. *„Das türkische Volk besitzt das Verlangen und den festen Entschluss, ohne Verharren und ohne Umkehr auf dem Weg der Zivilisation voranzuschreiten"*[199], so eine Aussage Atatürks. Dabei sollten sich nicht nur Institutionen wandeln, sondern auch Gedanken, Ideen und Personen. Revolutionismus bedeutet hier ständige Revolution. Mit Revolutionismus verbunden war jedoch auch der Wunsch nach Modernität und Verwestlichung. Die Revolutionen waren auf Fortschritt in Wissenschaft, Kultur und Kunst ausgerichtet. Somit wohnt diesem kemalistischen Begriff auch ein zivilisatorischer Aspekt inne. So Atatürk: *„Die Zivilisation ist ein solch kräftiges Licht, das jene, die es beiseitelassen, verbrennt und zerstört."* Und Atatürk führt weiter fort: *„Unzivilisierte Menschen sind dazu verurteilt, unter die Füße der zivilisierten Menschen zu geraten."*[200] Die Neudefinition der gesellschaftlichen Rolle der türkischen Frau erhält im Zusammenhang mit dem kemalistischen Zivilisationsbegriff eine zentrale Bedeutung.

Das kemalistische Laizismusprinzip ist das zentrale Prinzip der Atatürkschen Revolutionen. Die strikte Trennung von Religion und Staat bedeutet das Herauslösen religiöser Inhalte und Motive aus den politischen und gesellschaftlichen Entscheidungsprozessen. Der Mensch soll sich als gesellschaftliches Subjekt und politisches Individuum nur an die Verfassung und die Gesetze halten und sich nicht durch religiöse Vorstellungen und Vorschriften politisch beherrschen lassen. Die Religion sollte zum Element des Privatlebens, zur Frage des Gewissens eines jeden einzelnen Menschen werden. Die Ausübung des Glaubens, das Band zwischen Mensch und Gott, jedoch sollte durch den Staat nicht eingeschränkt werden. Der Laizismus war dabei auch eine wichtige Voraussetzung für das Wirken der anderen Prinzipien. So konnte z.B. der Republikanismus kaum ohne Laizismus funktionieren, so zumindest die urkemalistische Überzeugung. Auch wurde er als eine Vorbedingung für den kemalistischen Nationalismus gesehen, weil nach der Ideologie Mustafa Kemals keine Volksidee entstehen konnte, wenn das Volk sich nach dem islamischen Verständnis als religiöse Gemeinschaft und Gemeinde definierte. Ferner profitierten die Staatsbürger dadurch von der Gewissens- und Religionsfreiheit.

Neben diesen traditionellen Definitionen des Kemalismus suchen in der heutigen Türkei Anhänger unterschiedlichster Ideologien und politischer Richtungen Analogien zum Kemalismus und versuchen ihn als Referenz anzugeben. So erkennt ein liberaler Unternehmer im Etatismus eine geschichtliche Notwendigkeit, während ein Marxist darin einen sozialistischen Ansatz erkennen kann. Ultranationalisten definieren das kemalistische Prinzip des Nationalismus mit einem deutlichen Schwenk auf das Türkentum und die türkische Rasse. Fundamentalisten halten am Laizismusprinzip fest, weil es ihnen Religionsfreiheit garantiert. Linke Kemalisten zitieren gerne Aussagen Atatürks zum Bolschewismus und stellen die Freundschaft zu Lenin in den Mittelpunkt. Necmettin Erbakan glaubte als Parteivorsitzender der 1998 verbotenen Wohlfahrtspartei, dass Mustafa Kemal Atatürk Mitglied in seiner Partei *(Refah Partisi)* geworden wäre.[201]

Gemeinsam haben diese Menschen alle, dass sich nur die wenigsten als Kemalisten bezeichnen, aber alle einzelne Aspekte des Kemalismus für sich in Anspruch nehmen. Dies erschwert eine allgemeingültige Definition des Kemalismus, der im Türkischen auch als „Atatürkismus“ *(Atatürkçülük)* bezeichnet wird.

Für den bekannten türkischen Politikwissenschaftler *Prof. Dr. Baskın Oran* ist der Kemalismus sowohl die Ideologie, mit der die Republik begründet wurde, als zugleich jene, mit der die Republik unterzugehen droht. Zu Lebzeiten Atatürks waren es die Kemalisten, die auf den Westen ausgerichtet das Zivilisationsprojekt vorantrieben. Nun würden sich aber im Namen des Kemalismus die Enkel jener als Gegner eines EU-Beitritts herausstellen. Die Enkel derjenigen Traditionalisten dagegen, die sich in den 30er Jahren gegen die Reformen wehrten, hätten sich heute zu den deutlichsten Fürsprechern einer Westintegration gewandelt. Verkehrte Welt auf Türkisch. Der ursprüngliche Kemalismus ist nach *Oran* auf einer Entwicklungsebene stehen geblieben und sehnt sich nach dem autoritären Stil der 30er Jahre zurück:

> *„Da war die Zeit Atatürks, neben ihm noch die İsmet Paschas. Da war es wichtig, dass der Kemalismus monistisch war. Das gesamte Europa der damaligen Zeit, welches das Ziel war, was man erreichen wollte, war damals monistisch und faschistisch. (...) Heute ist aber mit dem Ziel der zeitgenössischen Zivilisation die Europäische Union gemeint. Aber die Kemalisten bezeichnen die EU als imperialistisch. Die EU kann gar nicht imperialistisch sein, weil nur ein einzelnes Land imperialistisch sein kann. (...)“*[202]

> *„Hätten Mustafa Kemal 1923 die Hälfte der heutigen Intellektuellen und Experten zur Verfügung gestanden, dann wäre die Türkei heute ein vollständig aufgebautes westliches Land und einer vollständig im Westen verwurzelte Gesellschaft“*[203]

glaubte Falih Rıfkı Atay 1968 schreiben zu können.

Diese Aussage ist ebenso anachronistisch wie die in der Türkei oft aufgeworfene Frage, für welche Politik Mustafa Kemal Atatürk stünde, würde er in der heutigen Zeit leben. Wäre er ein Gegner eines EU-Beitritts seines Landes oder ein leidenschaftlicher Verfechter der Europäischen Idee? Diese Frage muss offenbleiben. Zumindest wird Mustafa Kemal Atatürk sowohl von den EU-Befürwortern als auch von den EU-Skeptikern in der Türkei für ihre jeweilige Argumentation vereinnahmt.

Am Ende bleibt zu konstatieren, dass eine befürchtete Ent-Kemalisierung der Türkei nur in Teilen eingetreten ist. Atatürk, der Vater der Türken, wird von konservativ-islami(sti)schen Politikern insbesondere hinsichtlich seiner religions- und kulturpolitischen Reformen kritisch gesehen. Mitnichten trifft dies aber auf den Gazi Mustafa Kemal zu, den mutigen Offizier, der angefangen in den Kämpfen um die Dardanellen und insbesondere in den Kämpfen für die Unabhängigkeit des Landes als Antiimperialist und Architekt eines modernen Nationalstaates, ja gar als „islamischer Krieger“ auftrat. Auf Atatürk als Begründer des türkischen Nationalstaats, Kämpfer gegen den Imperialismus und als nationalistisches Ideal wird auch vonseiten der AKP und des Präsidenten Recep Tayyip Erdoğan oft rekurriert. In der AKP-Parteizentrale waren über Jahre überlebensgroße Konterfei von Atatürk und Erdoğan nebeneinander zu bewundern: Eine Inszenierung, mit der Erdoğan als der politische Führer der Türkei gezeigt wurde, der auf einer Stufe mit Atatürk steht. Das wird von vielen seinen Anhängern genau so gesehen.

Endnoten für Zitate

1 Türküm, Doğruyum, Çalışkanım. İlkem: Küçüklerimi korumak, Büyüklerimi saymak, Yurdumu, milletimi özümden çok sevmektir. Ülküm; yükselmek, ileri gitmektir. Ey Büyük Atatürk; Açtığın yolda, Gösterdiğin hedefe, Durmadan yürüyeceğime and içerim. Varlığım, Türk varlığına armağan olsun. Ne mutlu Türküm Diyene!

2 Terzi, Şermin: Çekilmeyen Atatürk filminin 56 yıllık macerası, Hürriyet, 28. Oktober 2007

3 Avcı, Cemal/Kara, Adem: Türk İnkılabının Tarihi – Bağımsızlığa Giden Yol, IQ Kültür Sanat, İstanbul 2007, S. 55

4 Yalçın, Soner: Ali Rıza Efendi ile Zübeyde Hanım evliliğinin trajik hikâyesi, erschienen in der Tageszeitung Hürriyet vom 18. Mai 2008, S. 25

5 Aydemir, Şevket Süreyya: Tek Adam: Mustafa Kemal, Band I, S. 31

6 Dündar, Can (Hrsg.): Özel Arşivinden Belgeler ve Anılarıyla Vehbi Koç, 2. Auflage, Doğan Kitap, İstanbul 2006, S. 66

7 Belli, Şemsi: Makbule Atadan anlatıyor: Ağabeyim Mustafa Kemal, S. 21f

8 Das dreistöckige rosa Gebäude steht als Museum in der heutigen Apostel-Paulus-Straße No. 75 im Stadtteil Dimitriya – es wurde vom griechischen Präsidenten Venizelos Mustafa Kemal zum Geschenk gemacht. Ein originalgetreuer Nachbau des Geburtshauses kann in Ankara im Atatürk-Landwirtschaftsanwesen (AOÇ) besichtigt werden.

9 Aydemir, Şevket Süreyya: Band I, S. 44f

10 Sönmez, Cemil: Atatürk'ün Annesi Zübeyde Hanım, AKD-TYK, Ankara 1998, S. 38

11 Çaycı, Abdurahman: Gazi Mustafa Kemal Atatürk – Milli Bağımsızlık ve Çağdaşlaşma Önderi (hayatı ve eseri), Atatürk Kültür, Dil ve Tarih Kurumu, Atatürk Araştırma Merkezi, Ankara 2002, S. 14

12 Sönmez, Cemil, S. 44–45

13 Çaycı, Abdurahman, S. 16

14 Dündar, Can (Hrsg.): Yaveri Atatürk'ü Anlatıyor Salih Bozok, İstanbul 2006, 7. Auflage, S. 20

15 siehe dazu auch weitere Forderungen bei Aydemir, Şevket Süreyya, Band I, S. 135

16 Çaycı, Abdurahman, S. 18

17 Aydemir, Şevket Süreyya: Band I, S. 105f

18 Mango, Andrew: Atatürk – Modern Türkiye'nin kurucusu – Remzi Kitabevi, İstanbul 2004, S. 157

19 Aydemir, Şevket Süreyya: Band III, S. 456

20 Palmer, Alan: Verfall und Untergang des Osmanischen Reichs, S. 322

21 Avcı, Cemal/Kara, Adem, S. 103

22 Liman von Sanders: Türkiye'de Beş Sene, Yenitepe Yayınevi, İstanbul 2006, S. 79

23 Kocatürk, Utkan: Doğumdan ölümüne kadar kaynakçalı Atatürk günlüğü, S. 39

24 Aydemir, Şevket Süreyya: Band I, S. 214

25 ebenda: Band I, S. 244–246 und Brief Otto Liman von Sanders an Enver Pascha, Privatarchiv

26 Dündar, Can (Hrsg.): Yaveri Atatürk'ü Anlatıyor Salih Bozok, S. 59

27 Çaycı, Abdurahman, S. 30–31

28 Dündar, Can (Hrsg.): Yaveri Atatürk'ü Anlatıyor Salih Bozok, S. 63

29 İnal, Halil İbrahim: Vahdettin ve Milli Mücadele, Nokta Kitap, İstanbul 2007, S. 26

30 Rill, Bernd: Kemal Atatürk, Rowohlt Bildmonographien, Hamburg 1985, S. 45

31 Quelle: Çukurova Universität (Hrsg.), Zentrum für türkologische Forschungen, http://www.turkoloji.cu.edu.tr/ATATURK/araştırmalar/ataturk_karlsbad_hatıraları.pdf S. 21 Afet: (Zugriff am 16. 12. 2008)

32 ebenda, S. 23

33 Zitiert nach Çaycı, Abdurahman, S. 34

34 ebenda, S. 36

35 Yücebaş, Hilmi: Atatürk ün nükteleri-Fıkraları-Hatırları, S. 132

36 Atay, Falih Rıfkı, S. 145

37 Çaycı, Abdurahman, S. 39

38 Palmer, Alan, S. 357

39 Kocatürk, Utkan, S. 127

40 Belli, Şemsi, S. 35f

41 Sönmez, Cemil, S. 65

42 Akyol, Taha: Ama Hangi Atatürk, Doğan Kitap, İstanbul 2008, S. 29

43 Velidedeoğlu, Veldet Hıfzı: Gazi M. Kemal Atatürk, Söylev Band I–II, 31. Auflage, Çağdaş Yayınları, İstanbul 1997, S. 42

44 Aydemir, Şevket Süreyya: Band II, S. 30

45 Atatürk'ün not defterleri: Genelkurmay Askeri Tarih ve Stratejik Etüt Başkanlığı Yayınları, Ankara Genelkurmay Basım Evi, Band VII, Ankara 2007, S. 179f

46 Çaycı, Abdurahman, S. 56

47 Atay, Falih Rıfkı, S. 196

48 Yurdakul, Yurdakul: Atatürk'ten hiç yayınlanmamış anılar, S. 69

49 Akyol, Taha, S. 51, Überlieferung von Rauf Orbay

[50] Yurdakul, Yurdakul, S. 71
[51] Sunay, Cengiz: Son Karar Misak-ı Milli, S. 51
[52] Quelle: Wikisource (Hrsg.), http://tr.wikisource.org/wiki/Sivas_Kongresi (Zugriff am 23. September 2009)
[53] ebenda, Zugriff am 23. September 2009
[54] Atay, Falih Rıfkı, S. 213
[55] Akyol, Taha, S. 106
[56] Sarıkoyuncu, Ali: Milli Mücadele Din Adamları II, S. 30f
[57] Akyol, Taha, S. 139
[58] Quelle: Große Türkische Nationalversammlung (Hrsg.), http://www. tbmm. gov.tr/tarihce/kb5.htm (Zugriff am 19. 7. 2008)
[59] Turgut, Hulusi (Hrsg.): Kılıç Ali'nin anıları: Türkiye İş Bankası Kültür Yayınları, 12. Auflage, İstanbul 2010, S. 373
[60] Akyol, Taha, S. 214
[61] Rill, Bernd, S. 63
[62] Atay, Falih Rıfkı, S. 309
[63] Avcı, Cemal/Kara, Adem, S. 243
[64] Yurdakul, Yurdakul, S. 55
[65] Akyol, Taha, S. 324f
[66] Velidedeoğlu, Veldet Hıfzı: Band I–II, S. 298
[67] Akyol, Taha, S. 326f
[68] Dündar, Can (Hrsg.): Yaveri Atatürk'ü Anlatıyor Salih Bozok, S. 80
[69] ebenda, S. 85
[70] Yurdakul, Yurdakul, S. 85
[71] Atay, Falih Rıfkı, S. 334f
[72] Dündar, Can (Hrsg.): Yaveri Atatürk'ü Anlatıyor Salih Bozok, S. 88
[73] u. a. die beiden Journalisten Ayşe Hür und Etyen Mahçupyan
[74] Köylü, Murat: Küllerinden Doğan Şehir – İzmit 1922, Kripto kitaplar, Ankara 2010, S. 51
[75] siehe E. Alexander Powell: Machtkampf im muslimischen Asien
[76] siehe Bericht von Greskovic abgedruckt in: Murat Köylü, S. 94–98
[77] Hür, Ayşe: 1922'de güzelim İzmir'e kimler kıydı? aus: Tageszeitung Taraf vom 14. September 2008, S. 12
[78] Köylü, Murat, S. 134 zitiert nach Bilal Şimşir
[79] Bozdağ, İsmet: Latife ve Fikriye Arasında Atatürk, Truva yayın, S. 83
[80] Hür, Ayşe, S. 12
[81] Kocatürk, Utkan, S. 298
[82] Köylü, Murat, S. 20f
[83] Quelle Wikipedia (Hrsg): http://tr.wikipedia.org/wiki/Saltanatın_Kaldırılması (Zugriff am 26. 3. 2011)
[84] Aydemir, Şevket Süreyya: İkinci Adam, I. Cilt (1884–1938), S. 227

85 Akyol, Taha, S. 365

86 Sonyel, Salahı: Gizli Belgelerle Lozan Konferansının Perde Arkası, Türk Tarih Kurumu, Ankara 2006, S. 45

87 Akyol, Taha, S. 356f

88 Aydemir, Şevket Süreyya: İkinci Adam, I. Cilt (1884–1938), S. 233ff

89 M. M. van Bruinessen: Aga, Scheich und Staat – Politik und Gesellschaft Kurdistans, Edition Parabolis, Berlin 1989, S. 405

90 Akçam, Taner: Ermeni Meselesi Hallolunmuştur, İletişim Yayınları, İstanbul 2008, S. 104–107

91 Akyol, Taha: Ortak Acı 1915 – Türkler ve Ermeniler, Doğan Kitap, 2. Auflage, Mai 2009, İstanbul, S. 115

92 Velidedeoğlu, Veldet Hıfzı: Band III, S. 226

93 Düzel, Neşe: Pazartesi konuşmaları: *Atatürk 'katiller' diye bağırıyordu*, Tageszeitung Radikal, 30. Mai 2005, S. 6

94 Akyol, Taha: Ortak Acı 1915 – Türkler ve Ermeniler, S. 114 ff

95 Turgut, Hulusi (Hrsg.), S. 218f

96 Öngider, Seyfi: Reportage in der Tageszeitung Radikal vom 24.–30. September 2006 unter dem Titel: "Çankaya'nın bütün adamları", Teil 1 vom 24. 9. 2006, S. 4

97 Atay, Falih Rıfkı, S. 410

98 ebenda, S. 454f

99 ebenda, S. 382

100 ebenda, S. 381f

101 ebenda, S. 447

102 Çalışlar, İpek: Latife Hanım, Doğan Kitap, İstanbul 2006, S. 128

103 Zitiert nach ebenda, S. 216

104 Atay, Falih Rıfkı, S. 450

105 Quelle: http://www.ankara.diplo.de/Vertretung/ankara/de/02_Die_Botschaft/Atatuerksbesuch/atatuerks_besuch_in_der_botschaft.html, (Zugriff am 3. 11. 2006)

106 Metger, Jörg und Goltz, Gabriel (Hrsg): Von Konstantinopel nach Ankara – ein Lesebuch zur Geschichte der deutschen Botschaft in der Türkei, Ankara 2006, S. 157f

107 DİE, Türkiye'de Toplumsal ve Ekonomik Gelişmenin 50 Yılı, S. 142

108 Atay, Falih Rıfkı, S. 489f

109 Quelle: Wikipedia (Hrsg.): http://tr.wikipedia.org/wiki/%C4%B0zmir_%C4%B0ktisat_Kongresi (Zugriff am 26. 3. 2011)

110 Atay, Falih Rıfkı, S. 492

111 Akyol, Taha: Ama Hangi Atatürk, S. 435

112 Baydar, Mustafa: Atatürk diyor ki, 11. Auflage, S. 55

113 ebenda, S. 54f

114 Bali, Rıfat N.: Atatürk'ün Dine Bakışı: erschienen in Toplumsal Tarihi, Ausgabe 153, September 2006, S. 19, siehe auch Der Koran – vollständige Ausgabe, 15. Auflage, Heyne Sachbuch 19/185 – Verlag Heyne München 1992, S. 547

115 Görgülü, İsmet: Atatürk'ün Özel Yaşamı – uydurmalar, saldırılar, yanıtlar, S. 99

116 Aydemir, Şevket Süreyya: İkinci Adam, Band III, S. 470ff

117 Atay, Falih Rıfkı, S. 485

118 Quelle: Gouverneursamt Kastamonu (Hrsg.): http://www.kastamonu. gov.tr/sayfa_goster.asp?h_id=100&tur=altkat, (Zugriff am 17. 2. 2008)

119 Atay, Falih Rıfkı, S. 479

120 ebenda, S. 482

121 Liman von Sanders, S. 144

122 Yurdakul, Yurdakul, S. 40

123 ebenda, S. 41ff

124 Atay, Falih Rıfkı, S. 421

125 Turgut, Hulusi (Hrsg), S. 576f

126 Atay, Falih Rıfkı, S. 353

127 Belli, Şemsi, S. 75

128 Metger, Jörg/Goltz, Gabriel (Hrsg), S. 178

129 ebenda, S. 178

130 Yurdakul, Yurdakul, S. 40f

131 Atay, Falih Rıfkı, S. 32

132 Dündar, Can (Hrsg.): Yaveri Atatürk'ü Anlatıyor Salih Bozok, S. 29

133 Atatürk'ün not defterleri: Genelkurmay Askeri Tarih ve Stratejik Etüt Başkanlığı Yayınları, Ankara Genelkurmay Basım Evi, Band I–II, Ankara 2004 , Band II, S. 109

134 Aydemir, Şevket Süreyya: İkinci Adam, Band III, S. 475 ff

135 Yalçın, Soner: Çankaya Köşkü'nün ilk sahibi Ermeni'ydi: erschienen in der Tageszeitung Hürriyet vom 25. März 2007, S. 21 und Yurdakul, S. 82

136 ebenda, S. 21

137 Yurdakul, Yurdakul, S. 45

138 Ċalışlar, İpek, S. 258f

139 ebenda, S. 328ff

140 Aydemir, Şevket Süreyya, Band III, S. 456ff

141 Belli, Şemsi, S. 54

142 Bozdağ, İsmet, S. 30

143 Özcan, Halil İbrahim: Çankaya'nın Duvaksız Gelini Fikriye, Nokta Yayınları, İstanbul 2007

144 Bozdağ, İsmet, S. 104f

145 Çalışlar, İpek, S. 279

146 ebenda, S. 278
147 ebenda, S. 280
148 Turgut, Hulusi (Hrsg.), S. 546
149 Çalışlar, İpek, S. 285
150 ebenda, S. 286
151 ebenda, S. 21
152 Turgut, Hulusi (Hrsg.), S. 530
153 Dündar, Can (Hrsg.): Yaveri Atatürk'ü Anlatıyor Salih Bozok, S. 95f
154 Bozdağ, İsmet, S. 124
155 ebenda, S. 130
156 Çalışlar, İpek, S. 68
157 ebenda, S. 69
158 Bozdağ, İsmet, S. 96f
159 Çalışlar, İpek, S. 115
160 ebenda, S. 141
161 Turgut, Hulusi (Hrsg.), S. 534
162 Çalışlar, İpek, S. 198
163 Turgut, Hulusi (Hrsg.), S. 533
164 Bozdağ, İsmet, S. 161
165 Aydemir, Şevket Süreyya: Tek Adam, Band III, S. 460
166 Bozdağ, İsmet, S. 163
167 ebenda, S. 180
168 Çalışlar, İpek, S. 328
169 ebenda, S. 10
170 Aydemir, Şevket Süreyya: Tek Adam, Band III, S. 463f
171 Quelle: Wikipedia: http://tr.wikipedia.org/wiki/Abdurrahim_Tuncak, (Zugriff am 26. 3. 2011)
172 Atay, Falih Rıfkı, S. 264
173 ebenda, S. 340
174 Gülbeyaz, Halil: Mustafa Kemal Atatürk – Vom Staatsgründer zum Mythos –, Parthas 2003, S. 164
175 Çalışlar, İpek, S. 193
176 Turgut, Hulusi (Hrsg.), S. 479
177 Atay, Falih Rıfkı, S. 88
178 Dündar, Can (Hrsg.): Yaveri Atatürk'ü Anlatıyor Salih Bozok, S. 52
179 Çalışlar, İpek, S. 229
180 Dündar, Can: Sarı Zeybek – Atatürk'ün Son 300 Günü, Doğan Kitap, 33. Auflage, İstanbul 2008, S. 29
181 Atay, Falih Rıfkı, S. 530
182 Dündar, Can: Sarı Zeybek – Atatürk'ün Son 300 Günü, S. 63
183 ebenda, S. 86

[184] Dündar, Can (Hrsg.): Yaveri Atatürk'ü Anlatıyor Salih Bozok, S. 159
[185] Dündar, Can: Sarı Zeybek – Atatürk'ün Son 300 Günü, S. 157
[186] Atay, Falih Rıfkı, S. 535
[187] Dündar, Can: Sarı Zeybek – Atatürk'ün Son 300 Günü, S. 182
[188] ebenda, S. 188
[189] Belli, Şemsi: S. 82f
[190] Dündar, Can: Sarı Zeybek – Atatürk'ün Son 300 Günü, S. 192
[191] Dündar, Can (Hrsg.): Yaveri Atatürk'ü Anlatıyor Salih Bozok, S. 181
[192] Baydar, Mustafa, S. 39
[193] ebenda, S. 113
[194] Meteksan Bilişim Grubu: Atatürk ve Devletçilik, Konsept Dergi, Nummer 10, 2007, S. 15
[195] Baydar, Mustafa, S. 84
[196] ebenda, S. 80
[197] Turgut, Hulusi (Hrsg.), S. 547
[198] ebenda, S. 564
[199] Baydar, Mustafa, S. 60
[200] ebenda, S. 61 (Atatürk Diktatör müdür A. M. Kumral S. 52)
[201] Akyol, Taha: Ama Hangi Atatürk, S. 549
[202] Düzel, Neşe, Pazartesi konuşmaları: Solun önceliği darbeyle mücadeledir; aus der Tageszeitung Taraf, 28. Juli 2008, S. 11
[203] Atay, Falih Rıfkı, S. 427

Quellenangaben

AKÇAM, Taner: *Ermeni Meselesi Hallolunmuştur - Osmanlı Belgelerine Göre Savaş Yıllarında Ermenilere Yönelik Politikalar*. [Die armenische Angelegenheit wurde beseitigt. Politiken bezüglich der Armenier in den Kriegsjahren nach osmanischen Dokumenten.] İstanbul 2008

ATATÜRK, Mustafa Kemal: *Atatürk'ün Not Defterleri*. [Atatürks Notizbücher. Bd. 1–2]. Ankara 2004

ATATÜRK, Mustafa Kemal: *Atatürk'ün Not Defterleri*. [Atatürks Notizbücher. Bd. 3–6]. Ankara 2005

ATATÜRK, Mustafa Kemal: *Atatürk'ün Not Defterleri*. [Atatürks Notizbücher. Bd. 7]. Ankara 2007

ATATÜRK, Mustafa Kemal: *Atatürk'ün Not Defterleri*. [Atatürks Notizbücher. Bd. 8]. Ankara 2008

ADIVAR, Halide Edip: *Türk'ün ateşle imtihanı. İstiklâl Savaşı Hatıraları*. [Die türkische Feuerprüfung. Erinnerungen aus dem Unabhängigkeitskrieg]. İstanbul 1998

AKYOL, Taha: *Ama Hangi Atatürk*. [Aber welcher Atatürk]. [2]İstanbul 2008

AKYOL, Taha: *Ortak Acı 1915 – Türkler ve Ermeniler*. [1915, gemeinsamer Schmerz – Türken und Armenier]. [2]İstanbul, Mai 2009

ARAZ, Nezihe: *Bir Zamanlar o da çocuktu – Adı: Mustafa*. [Auch er war zu einer Zeit ein Kind – Name: Mustafa]. Ankara 1999

ATAY, Falih Rıfkı: *Çankaya – Atatürk'ün doğumdan ölümüne kadar*. [Çankaya – von Atatürks Geburt bis zum Tod]. İstanbul 2004

AVCI, Cemal/**KARA**, Adem: *Türk İnkılabının Tarihi - Bağımsızlığa Giden Yol*. [Geschichte der türkischen Unabhängigkeit – Der Weg zur Unabhängigkeit]. İstanbul 2007

AYDEMİR, Şevket Süreyya: *Tek Adam: Mustafa Kemal*, C. I (1881–1919), C. II (1919–22), C. III (1922–38). [Der Einzige Mann: Mustafa Kemal. Bd. 1 (1881–1919), Bd. 2 (1919–22), Bd. 3 (1922–38)]. İstanbul 2011

AYDEMİR, Şevket Süreyya: *İkinci Adam*. I. C. (1884–1938), II. C. (1938–1950), III. C. (1950–1964). [Der Zweite Mann. Bd. 1 (1884–1938), Bd. 2 (1938–1950), Bd. 3 (1950–1964)]. İstanbul 2011

BAYDAR, Mustafa: *Atatürk diyor ki*. [Atatürk sagt, dass…] [11]İstanbul 1998

BELLİ, Şemsi: *Makbule Atadan anlatıyor: Ağabeyim Mustafa Kemal*. [Makbule Atadan erzählt: Mein großer Bruder Mustafa Kemal]. İstanbul 2005

BORAK, Sadi: *Atatürk ve din*. [Atatürk und Religion]. İstanbul 2004

BOZDAĞ, İsmet: *Latife ve Fikriye. İki Aşk arasında Atatürk*. [Latife und Fikriye. Atatürk zwischen zwei Lieben]. [4]İstanbul 2005

BRUNESSEN, van M. M.: *Agha, Scheich und Staat – Politik und Gesellschaft Kurdistans*. Berlin 1989

ÇALIŞLAR, İpek: *Latife Hanım*. [Frau Latife]. [7]İstanbul 2006

ÇAYCI, Abdurahman: *Gazi Mustafa Kemal Atatürk - Milli Bağımsızlık ve Çağdaşlaşma Önderi - hayatı ve eseri.* [Das Leben und Werk von Gazi Mustafa Kemal Atatürk. Führer der Nationalen Unabhängigkeit und der Modernisierung]. Ankara 2002

Der Koran – *Vollständige Ausgabe*. Heyne Sachbuch Nr.19/185. [11]München 1992

DEVLET ISTATISTIK ENSTITÜSÜ (Staatliches Statistikamt) – *Türkiye'de Toplumsal ve Ekonomik Gelişmenin 50 Yılı*. [50 Jahre gesellschaftliche und ökonomische Entwicklung in der Türkei]. Bd. 683. Ankara 1973

DÜNDAR, Can (Ed.): *Yaveri Atatürk'ü Anlatıyor - Salih Bozok*. [Erzählungen über Atatürk des Adjutanten Salih Bozok]. [7]İstanbul 2006

DÜNDAR, Can (Ed.): *Özel Arşivinden Belgeler ve Anılarıyla Vehbi Koç*. [Vehbi Koç nach Dokumenten und Erinnerungen aus dem Privatarchiv]. [2]İstanbul 2006

DÜNDAR, Can: *Sarı Zeybek - Atatürk'ün Son 300 Günü*. [Sarı Zeybek – Die letzten 300 Tage im Leben von Atatürk]. [33]İstanbul 2008

GARNİER, Jean-Paul: *Osmanlı İmparatorluğu'nun Sonu – II. Abdülhamit'ten Mustafa Kemal'e*. [Das Ende des Osmanischen Reiches – von Abdulhamid II. bis Atatürk]. İstanbul 2007

GÖRGÜLÜ, İsmet: *Atatürk'ün Özel Yaşamı – Uydurmalar – Saldırılar – Yanıtlar*. [Das Privatleben Atatürks: Erfindungen, Angriffe und Antworten]. [2]Ankara 2006

GÜLBEYAZ, Halil: *Mustafa Kemal Atatürk – Vom Staatsgründer zum Mythos*. Berlin 2003

GÜLER, Ali: *Mustafa Kemal'in Notları – Arşiv Belgelerinin Işığında*. [Mustafa Kemals Notizen im Lichte von Archivdokumenten]. Ankara 2000

GÜRER, Turgut: *Atatürk'ün Yaveri Cevat Abbas Gürer - Cepheden Meclise Büyük Önder ile 24 Yıl*. [Atatürks Adjutant Cevat Abbas Gürer. 24 Jahre mit Atatürk von der Front ins Parlament]. [4]İstanbul 2007

Haymatlos – *Exil in der Türkei 1933–1945*, Verein Aktives Museum, Band 8, Berlin 2000

İNAN, Afet: *Mustafa Kemal'in Karlsbad Hatıraları*. [Mustafa Kemals Karlsbad Erinnerungen]. Ankara 1999

İNAL, Halil İbrahim: *Vahdettin ve Milli Mücadele*. [Vahdettin und der Nationale Kampf]. İstanbul 2007

KİNROSS, Lord: *Atatürk. The Rebirth of a Nation*. London & Weidenfeld 1964

KOCATÜRK, Utkan: *Doğumundan ölümüne kadar: Kaynakçalı Atatürk Günlüğü*. [Von der Geburt bis zum Tod: Ein Atatürk Tagebuch mit Quellen]. Ankara 1999

KÖYLÜ, Murat: *Küllerinden Doğan Şehir – İzmir 1922*. [İzmir 1922 – Die auf Asche geborene Stadt]. [2]Ankara 2010

LEWİS, Bernard: *Modern Türkiye'nin Doğuşu*. [The Emergence of Modern Turkey]. [3]Ankara 1988

MANGO, Andrew: *Atatürk – Modern Türkiye'nin Kurucusu*. [Atatürk: Gründer der modernen Türkei]. [3]İstanbul 2004

MATUZ, Josef: *Das Osmanische Reich – Grundlinien seiner Geschichte*. [3]Darmstadt 1994

MARDİN, Şerif: *Bediüzzaman Said Nursi Olayı – Modern Türkiye'de din ve toplumsal değişim*. [Das Phänomen Bediüzzaman Said Nursi: Religiöser und gesellschaftlicher Wandel in der modernen Türkei]. [6]İstanbul 1997

METGER, Jörg/**GOLTZ**, Gabriel (Hrsg.): *Von Konstantinopel nach Ankara – ein Lesebuch zur Geschichte der deutschen Botschaft in der Türkei*. Ankara 2006

ÖZATA, Metin: *Atatürk – Bilim ve Üniversite*. [Atatürk: Wissenschaft und Universität]. Ankara 2007

ÖZCAN, Halil İbrahim: *Çankaya'nın Duvaksız Gelini Fikriye. [Fikriye, die Braut in Çankaya ohne Schleier]. İstanbul* 2007

PALMER, Alan: *Verfall und Untergang des Osmanischen Reiches*. München 1997

RILL, Bernd: *Kemal Atatürk*. Hamburg 1985

SARIKOYUNCU, Ali: *Milli Mücadele'de Din Adamaları II*. [Geistliche während dem Nationalen Kampf]. [3]Ankara 2002

SERAFIMOVA, Liliana: *Mustafa Kemal ve Miti Kovaçeva – Umutsuz Bir Aşkın Öyküsü*. [Die Geschichte einer hoffnungslosen Liebe: Mustafa Kemal und Miti Kowatschewa.] [2]İstanbul 2006

SANDERS, Liman von: *Türkiye'de Beş Sene*. [Fünf Jahre in der Türkei]. [2]İstanbul 2006

SONYEL, Salahı: *Gizli Belgelerle Lozan Konferansının Perde Arkası*. [Die Hintergründe der Lausanner-Konferenz anhand von geheimen Dokumenten]. Ankara 2006

SÖNMEZ, Cemil: *Atatürk'ün Annesi Zübeyde Hanım*. [Zübeyde Hanim, die Mutter Atatürks]. [3]Ankara 2007

SUNAY, Cengiz: *Son Karar Misak-ı Milli – Son Osmanlı Meclisi'nin yakın tarihe yön veren kararı*. [Die letzte Entscheidung: Der Nationalpakt. Die Entscheidung des letzten osmanischen Parlaments uns seiner Wirkungen auf die neuere Geschichte]. İstanbul 2007

ŞEN, Faruk/**HALM**, Dirk: *Exil unter Halbmond und Stern; Herbert Scurlas Bericht über die Tätigkeit deutscher Hochschullehrer in der Türkei während der Zeit des Nationalsozialismus*. Essen 2007

UELGER, Eriş S.: *Atatürk und die Türkei in der deutschen Presse (1910–1944)*. Hückelhoven 1993

VELİDEDEOĞLU, Veldet Hıfzı: *Gazi M. Kemal Atatürk: Söylev.* [Feierliche Rede]. Bd. I–III. [31]İstanbul 1997

VEREIN AKTIVES MUSEUM – *Haymatlos – Exil in der Türkei 1933–1945.* Bd. 8. Berlin 2000

WIDMANN, Horst: *Atatürk ve Üniversite Reformu.* [Atatürk und die Universitätsreform]. İstanbul 2000

YAVAŞLI, Aydoğan: *Ben Mustafa Kemal.* [Ich, Mustafa Kemal].[18]İstanbul 2006

YERASIMOS, Stefanos: *Milliyetler ve Sınırlar: Balkanlar, Kafkasya ve Ortadoğu.* [Völker und Grenzen: Balkan, Kaukasus und Mittlere Osten]. İstanbul 1994

YURDAKUL, Yurdakul: *Atatürk'ten hiç yayınlanmamış anılar.* [Unveröffentlichte Anekdoten von Atatürk]. [5]İstanbul 2007

YÜCEBAŞ, Hilmi: *Atatürk'ün nükteleri, fıkraları, hatırları.* [Pointen, Anekdoten und Erinnerungen Atatürks]. İstanbul 1963

DİE: (1973) Türkiye'de Toplumsal ve Ekonomik Gelişmenin 50 Yılı, Yayın No: 683, Ankara

Zeitungs- und Zeitschriftenartikel

BALİ, Rıfat N.: *Atatürk'ün Dine Bakışı.* [Die Sichtweise Atatürks auf die Religion]. erschienen in Toplumsal Tarihi. Ausgabe 153, September 2006, S. 14–19

CİVAOĞLU, Güneri: *Mustafa Kemal gizli Serviste.* [Mustafa Kemal in Geheimdienstberichten]. erschienen in der Tageszeitung Milliyet vom 10. Januar 2007, S. 17

DÜZEL, Neşe: *Pazartesi konumaları: Solun önceliği darbeyle mücadeledir.* [Montagsgespräche: Die Priorität der Linken ist der Kampf gegen den Putsch]. aus der Tageszeitung Taraf. 28. Juli 2008, S. 11

DÜZEL, Neşe: *Pazartesi konuşmaları: Atatürk 'katiller' diye bağırıyordu.* [Montagsgespräche: Atatürk hat „Ihr Mörder“ geschrien]. Tageszeitung Radikal. 30. Mai 2005, S. 6

HÜR, Ayşe: *1922'de güzelim İzmir'e kimler kıydı?.* [Wer hat mein schönes İzmir 1922 zerstört?]. aus der Tageszeitung Taraf vom 14. September 2008, S. 12

MAHÇUPYAN, Etyen: *Kıymık: Pasta, paspas ve Kemalizm.* [Kıymık: Kuchen, Fußmatte und Kemalismus]. aus der Tageszeitung Taraf. 15. Juli 2008, S. 10

METEKSAN Bilişim Grubu: *Atatürk ve Devletçilik.* [Atatürk und Etatismus] erschienen in der Zeitschrift Konsept. Nummer 10, S. 14–16

ÖNGİDER, Seyfi: Reportage in der Tageszeitung Radikal vom 24.–30. September 2006 mit dem Titel: "Çankaya'nın bütün adamları". [Alle Männer Çankayas]. Teil 1 vom 24.9.2006, S. 4

TERZİ, Şermin: *Çekilmeyen Atatürk filminin 56 yıllık macerası.* [Das 56-jährige Abenteuer des nicht gedrehten Atatürkfilms]. aus der Tageszeitung Hürriyet. 28. Oktober 2007, S. 12–13

YALÇIN, Soner: *Misyonerler 2000 yıldır Anadolu'da.* [Missionare sind seit 2000 Jahren in Anatolien]. aus der Tageszeitung Hürriyet. 22. April 2007, S. 24

YALÇIN, Soner: *Çankaya Köşkü'nün ilk sahibi Ermeni'ydi.* [Der erste Besitzer des Çankaya Köşk war ein Armenier]. erschienen in der Tageszeitung Hürriyet vom 25. März 2007, S. 21

YALÇIN, Soner: *Ali Rıza Efendi ile Zübeyde Hanım evliliğinin trajik hikâyesi.* [Die tragische Geschichte der Hochzeit von Ali Rıza Efendi und Zübeyde Hanım]. erschienen in der Tageszeitung Hürriyet vom 18. Mai 2008, S. 25

Quellenangabe:
Alle Abbildungen entstammen der offiziellen Webseite des Türkischen Staatspräsidentenamtes und des Atatürk Mausoleums.